"C 理论"系列丛书

# 非线性成长

## 吉利之路

吴晓波
杜健
李思涵
著

中信出版集团 | 北京

图书在版编目（CIP）数据

非线性成长 : 吉利之路 / 吴晓波 , 杜健 , 李思涵著 .
-- 北京 : 中信出版社 , 2021.10
ISBN 978-7-5217-3299-3

Ⅰ . ①非… Ⅱ . ①吴… ②杜… ③李… Ⅲ . ①汽车企业－工业企业管理－经验－杭州 Ⅳ . ① F426.471

中国版本图书馆 CIP 数据核字（2021）第 129034 号

非线性成长——吉利之路
著者：　　吴晓波　杜健　李思涵
出版发行：中信出版集团股份有限公司
（北京市朝阳区惠新东街甲 4 号富盛大厦 2 座　邮编　100029）
承印者：　三河市科茂嘉荣印务有限公司

开本：787mm×1092mm 1/16　　印张：23.5　　字数：250 千字
版次：2021 年 10 月第 1 版　　印次：2021 年 10 月第 1 次印刷
书号：ISBN 978-7-5217-3299-3
定价：68.00 元

# 总　序

## C 理论：后真相时代的真相

在这英雄辈出的市场经济时代，人们，尤其是“学者们”，情不自禁地问：是时代造就了英雄，还是英雄造就了时代？160 余年来国人的工业化之梦终成正果：重回“世界第一制造大国”。是第一次、第二次，还是第三次工业革命的巨大风口鼓动了这些企业家英雄？还是第四次工业革命，或称“新一轮科技革命”？或是企业家们成就了这一轮又一轮的工业革命？

最近有一个很流行的时代描述：“后真相时代”。其定义是这样的：“后真相时代，立场越极端，敌人越鲜明，越容易迎合和操控民意。这个时代流行的，是断言、猜测、感觉，是通过对事实进行观点性包装，强化、极化某种特定看法。”原来如此！

每一次工业革命的兴起，每一个大国的崛起，都伴随着影响世界的伟大经济理论和管理理论的流行。从英国亚当 · 斯密的《国富论》、法国法约尔的《工业管理与一般管理》、德国韦伯的《新教伦理与资本主义》、美国人泰勒的《科学管理原理》、熊彼特的《经济发展理论》、福列特女士的《福列特论管理》、大内的《Z理论》，到日本藤本隆宏的《丰田生产模式》、韩国金麟洙的《从模仿到创新》，没有一个经济大国的崛起是没有理由的，也没有一个经济大国的崛起是没有其独特而又有普遍意义的管理创新的！时不我待，伴随着中华民族的伟大复兴，基于中国企业管理实践的“C理论”亦将应运而生！

而今，中国经济的快速发展意味着什么？当“中国式现代化”登上世界大舞台之时，基于中国实践而又能影响世界的经济理论和管理理论是什么？身处“后真相时代”的“喧嚣”中，如何形成这样的理论？管理学的本源在于揭示价值创造的规律。在忙于将西方理论引入中国，并用中国企业的进步去验证西方管理学的意义和价值的同时，中国的管理学者们还真得好好思考一下自己在中国情景下从事管理研究的意义和价值，沉下心来对中国企业的伟大实践进行深入的研究，以回归管理学者的本质。

面对彻底放下历史包袱，成功运用西方现代管理理论与方法，又浸润、融入中国千年文化底蕴，与当代科技革命紧密结合而取得巨大成功的中国企业，恐怕我们得先从“赛先生”这里开始补课。

眼下还有两个比较流行的名词:“民科”与“官科”，即所谓“民间科学”与“官方科学”。二者有什么关系？有人说“官科”主要由政府支持，“民科”则是民间自发的自由探索，犹如金庸小说中的“名门正派”与“江湖豪侠”。在眼下的管理学研究中，似乎“官科”就是各高校主导的西学，“民科”则是由笃信传统文化或称“国学”的研究者主导的，大家各执己见。

其实，在我们看来，就科学而言，本无“官民”或“等级”之分，科学是客观规律，所谓“官科”或“民科”，都不能完全代表科学。作为社会科学的管理学，是因组织的存在而存在的学问。它根植于在有限资源的限制下追求效用最大化的企业竞技场，它研究竞技场中勇士们的竞争规则、制胜行为和战略、战术及精神，这一切又都受到组织外部和内部情景的影响。

很多时候，人们习惯于从现象中总结规律，是为“经验科学”；但人们也能感觉到现象背后还有某种更抽象的东西，当人们能够通过“实验科学”的手段来探知这些规律，进而运用于实践，它所建立起的架构、规则和范式则能普适地造福人类。在这所谓的“管理学丛林”中，我们还是欣喜地发现：中国的管理学正在进入一个“百花齐放”的新阶段，其中一个很典型的现象，就是新名词、新概念的涌现。兴奋之余，我们也不得不反躬自省：这些新名词、新概念，是不是忘掉了一些假设或前提？是不是忘掉了一些最基本的科学原理？是不是谁的嗓门大、听众多，谁就是对的？谁引证的企业厉害，谁就能证明他有一套理论或范式？这好像又回到了“后真相时代”……

人们时常会把某些成功企业家视为“神人”，可是这些人有时也会一个趔趄“跌下神坛”；人们总是过度关注“某某企业家说过……”“某某企业家做过……”，似乎可以“照猫画虎”，让自己也成为一代枭雄。成功的企业家自有其伟大和神奇之处，一些明明白白的常识，经他们之口就成了“醍醐灌顶”的金句，可一转眼，他们自己却又往往倒在一些更为“浅显”的常识上。管理与管理学的区别就在这里。管理讲实效，管理学讲客观规律。人类文明的进步就在于，对客观规律的认识才是推动社会前进的“发动机”。

结果的成功能证明过程的正确吗？我们应该向失败者学习，还是向成功者学习？托尔斯泰在其名著《安娜·卡列尼娜》中说：“幸福的家庭都是相似的，不幸的家庭各有各的不幸。”而在企业实践中，“失败的原因往往是相似的，成功之路则各不相同”。管理学者的科学精神，首先在于摆正管理科学研究与管理实践之间的关系。它们之间有着必然的紧密联系，但一定是有所区别的，同时也不仅仅是“经验”与“实证”或“规范”的关系。现实中更多的情况是：基于个别企业的经验直接得出的“有效”结论，与运用西方理论范式的“科学”统计和演绎方法得出的脱离中国实际的结论，二者并存。

作为研究者，我们常以“理性精神”自许，有批判理性的前提是要有批判的能力。这就需要我们在认真学习和借鉴前人理论和经验的同时，深入中国的企业，以全球视野和科学方法来“大胆假设，小心求证”，研究企业管理的真正科学规律，揭示蕴藏于千变万化的企业行为背后的管理真谛。

古希腊先贤亚里士多德曾作下面这张图（见下页），其中的四个维度分别是理论、知识与技能、智慧、实践。

这里的“phronesis”这个词是很有意思的，它是指基于实践的智慧，有人将它译为“实践科学”或“实践智慧”，是管理研究中最为人们所乐道的内容。通过这个框架，反思实践与理论的关系，能够端正我们的研究理性。

回到管理研究工作的本源。管理研究的本源是什么？管理研究的科学意义在哪里？我们认为，管理研究的本源就在于揭示组织的价值创造原理和规律，并将之与价值分享机制联系起来，形成某种可持续发展的良性循环。

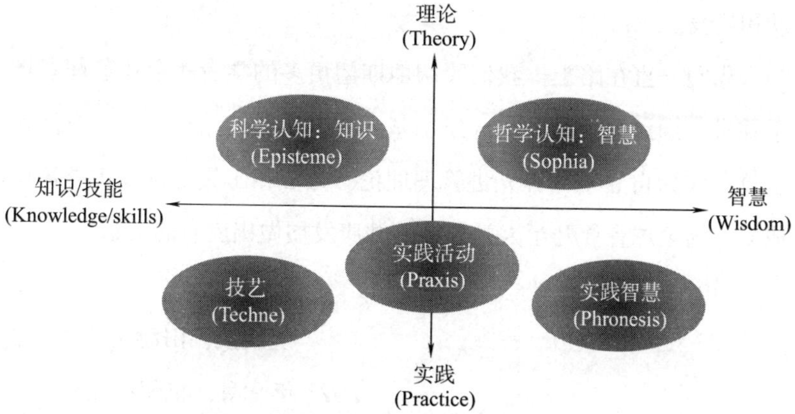


与学习相关的亚里士多德语义学精要概述

翻译自：Amann, W. (2017). Phronesis 2.0 and its impact on an executive's learning. Presentationgiven during the research workshop on April 6, 2017, University of Twente.

作为长期关心和研究中国领先企业管理实践的学人，我们致力于用科学的批判和建设性思维，将曾经或正在华为等企业一线奋斗的管理者们的实践经验提炼出来，通过“睿华创新管理研究院”这个新型智库平台，推出凝结了三十多年管理科学研究成果的“C理论”系列丛书。该丛书分“理论系列”和“实践系列”两部分。“理论系列”以学者的理论探讨为主，是从中国实践出发，对变革（change）、超越追赶（catch-up and beyond）、混沌与范式转变（chaos and paradigm shift）、妥协与灰度（compromising and grey management）、共创共建共赢共享（co-create, co-construction, co-win, co-share）等理论的探索；“实践系列”则通过学者和曾经的资深管理者的合作，对一个个鲜活的企业案例进行系统性的科学剖析，从各个方面总结出实用而又不失智慧和理性的管理案例和管理实务，能为当下经理人的管理工作提供切实的帮助和启发。

我们一直在路上。我们殷切地期望更多的学者和企业管理者携手并进，通过系统研究，开发出基于中国实践的管理理论、方法和工具，成为自立于世界先进管理理论、方法和工具之林的优秀知识成果，为全球企业乃至人类社会的健康发展做出应有的贡献！

吴晓波、田涛

2021 年 9 月，杭州、北京

# 目录

# 自序

当我试驾着3.8秒零百加速的“极氪001”飞快地驰骋在杭州湾吉利汽车研究院的试车场上时，忽然有一种恍若隔世的感觉：19年前我受聘吉利集团“CEO管理顾问”时，在吉利汽车宁波北仑工厂试驾“美日汽车”的情景一下子浮现在眼前……生产线上的敲敲打打，特别是居然在一个大土坑中像油漆家具般用砂纸手工打磨车壳……往事历历在目，真有天壤之别！作为吉利曾经的“管理顾问”，我怎么能够不为之感动和自豪！

值此书完稿之时，我翻出自己三年多前写的小文《我的汽车情缘》，感慨万千，就以这篇小文为本，略作修改，作为自序。

## 一、缘起沃尔沃

1997年6月，正在英国剑桥大学制造研究院（IfM, Institute for Manufacturing）做访问学者的我，得到了去瑞典哥德堡参加国际技术与创新管理学会年会（IAMOT）的机会。其间我参观访问了沃尔沃汽车厂，其质量优先与安全优先的理念和创新管理体系给我留下了极为深刻的印象，从此我与汽车结下了不解之缘。“汽车一定会成为中国人生活中的必备品，势将成为中国经济的支柱”成为我的信念。

1998年，我第一次访问日本，即与朋友去了日本的“汽车之都”丰田市，参观丰田汽车工厂，“看板管理”“丰田生产模式”“混流生产线”等，令我目不暇接，深感钦佩。2000年到2001年，我在美国麻省理工学院斯隆管理学院做富布莱特高级访问学者期间，与以《改变世界的机器》一书闻名的“麻省理工汽车研究小组”有了接触，自费去了两次当时的世界汽车之都底特律，考察了通用、福特和克莱斯勒三大汽车企业的总部及多家配件工厂。在看到底特律衰落迹象的同时，我又深深为他们所开发的新能源原型车和美国国会的“下一代汽车计划”所震动。这触发了我的思考，也让我看到了新汽车范式崛起的曙光。

缘分天注定。2002年，受时任吉利集团CEO徐刚先生之邀，我受聘担任了吉利集团CEO管理顾问。这真是冥冥之中的命运安排！尽管我对汽车行业的理解还很肤浅，但多年来对汽车和汽车产业的情结居然有了用武之地。

2002年夏天，记得是在台风登陆的间隙，我第一次去吉利汽车宁波北仑工厂李书福和徐刚的联席办公室，简短的寒暄之后即去看现场。车间里忙碌而紧张，看得出员工们的高涨士气。然而，生产线的装备和管理显然与我之前看过的沃尔沃、丰田、克莱斯勒三个巨头企业有天壤之别……居然有那么多的敲敲打打，居然还有手工打磨油漆……当时我开玩笑地说：“看了这样的装配现场，我也不会买你们的车!”但我们三人午餐时聊起汽车在中国的普及、汽车工业的未来，却又不约而同地信心满满。我们坚信，以中国人的学习和拼搏精神，以中国市场潜在的巨大需求，我们一定能够挤进去、赶上去！我说:“哪一天吉利汽车领先了，我一定买!”

2003 年，日本丰田生产模式之父、东京大学著名教授藤本隆宏先生在网上看到我担任吉利汽车 CEO 管理顾问的消息，专程来杭州找我，要求我安排他去看看吉利的汽车工厂。参观考察临海工厂回来后，他又约我共餐，席间我问他的观感，他摇摇头说“差距太大了”，不相信中国汽车工业在短期内会有大的发展。当时确实是吉利汽车最困难的时候，没钱，没人，没技术，只有“汽车疯子”的奋斗胆略和诱人的愿景。

而这个“顾问”，我做得也不容易，一切都是“干中学”(learning by doing)。当时，省里的一些领导和很多同行都认为吉利汽车的基础太差，不相信吉利能造出好车。主要领导曾建议我给吉利找个“洋拐棍”(与成名的国外汽车企业合资是当时流行的做法)，我回答:“残酷的现实是，那些‘洋拐棍’事实上都是‘洋指挥棒’。吉利汽车在开放环境中的独立自主精神值得支持和赞赏!”

就是在这样差的条件下，吉利的民营企业家以坚忍不拔的奋斗精神感动了一大批汽车行业的专家和一大批有知识、有抱负、有情怀的有志之士，凭着他们的艰苦奋斗，吉利汽车发展迅速，在人们的质疑甚至嘲笑中，傲然崛起。

多年后，吉利集团高级副总裁张爱群女士回忆起当年我给吉利高管们做“品牌管理”报告时的情景，仍然让我脸红。现在回想起来，那时大家都是那么稚嫩，但骨子里都有一种强烈的“初生牛犊不怕虎”的精神。

那时的我又怎么会想到，缘起沃尔沃的汽车情结会有吉利收购沃尔沃的伟大结局！

## 二、从弄潮儿到领潮人的“非线性成长”

时间过得飞快，2012 年，藤本隆宏教授应我邀请来参加浙江大学与剑桥大学制造研究院共同主办的第七届“全球化制造与中国”国际会议，并做大会主旨报告。他又一次提出访问吉利汽车，我介绍他去参观了工厂。此次考察回来，他的说法与十年前完全不同了。他感到非常吃惊，对这样一个低起点的民营企业的进步，尤其是在管理技术方面的进步，感到非常震撼和钦佩！

谁能想到，吉利汽车在短短的二十年中，能够从“一无所有”到全球先进？从“老百姓买得起的车”美日、豪情到“老百姓买得起的好车”自由舰、博越、博瑞，再到领先的智能互联汽车领克、极氪……；从没有研发到合作成立研发中心 CEVT，再到拥有全球一流水准的杭州湾研发基地；从收购英国的锰铜出租车公司、澳大利亚 DSI 变速器公司到全面收购沃尔沃轿车，再到近年来收购马来西亚宝腾汽车、路特斯汽车、美国太力飞行汽车、沃尔沃客车，又成为戴姆勒汽车的最大股东……吉利已经拥有了全产业链的世界级汽车研发设计、制造和创新能力，并进一步从汽车设计制造走向全方位的“智能出行服务”，实现了从“追赶”到“超越追赶”的蜕变。

2017 年，我与一批专家去吉利汽车访问，看到新推出的吉利与沃尔沃的合资品牌车领克，不由赞叹，这真是物美价廉的创新

“智联车”！2018 年初，我成为领克 01 车的第一批车主，真应了 2002 年的那句“哪一天吉利汽车领先了，我一定买”！

有人说吉利缺乏颠覆性的创新，是这样吗？从车型的表面来看，是的。但是，吉利这二十年的造车历程，是按部就班、循序渐进就能实现的吗？是大胆利用资本、大肆收购就能实现的吗？表象的背后，是大量学习中的创新乃至创新中的跃迁，从理念到文化，从流程建立到流程变革，从个人行为规范到组织机制，从封闭到开放，从二次创新中的学习到“忘却学习”，从技术创新与商业模式创新的双轮驱动到拥抱新一轮科技革命的范式转变……凡此种种，当我们的认知能够透过表象看到本质时就会发现，吉利的成长，就是“非线性成长”！

## 三、中国经济快速发展浪潮中的感慨

我这二十余年的汽车情缘，也是千千万万中国人的汽车梦的缩影。不同的是，我的汽车情缘在冥冥之中多了一些超越时空的情愫和缘分。从一家民营企业的崛起，到一个产业的发展，我们可以看到中国经济发展之路的曲折和漫长，企业家、经理人、工程师、工人……他们超越自我、不屈不挠的奋斗历程是多么令人钦佩！

随着我国基础设施的不断完善，村村通公路，那么多曾经的“穷山恶水”变成美丽乡村，越来越多的人在闲暇时开着越来越精良的国产车，在美丽的田野中欣赏着祖国的大好河山，怎能不让人感慨万千？

我为自己没有做旁观的“学者”，而是深入企业，做了力所能及的理论联系实际的工作，而感到骄傲和荣耀。

以前我在参加各种国际学术会议时，经常听到外国专家说，中国企业没有创新，只是“盲目的模仿者”（Copy Cat）。如今，以吉利为代表，中国企业用事实证明了自己。投身中国企业的发展之路，也让我和我的研究团队在创新管理的研究中形成了自己的理论体系：源自中国企业实践的“C 理论”。大量的中国企业从二次创新走向原始创新，直至抓住“范式转变”的机会窗口，实现了从追赶到超越追赶，这就是发展中国家摆脱“路径依赖”，跨越“中等收入陷阱”，实现美好生活的“非线性成长”之路！

纵观改革开放四十多年来中国制造业的发展历程，中国企业面临的外部环境发生了巨大变化，机遇与挑战并存：经济增长模式发生根本转变，传统的粗放发展模式不可持续；消费结构升级带来市场环境的深刻变革；新一轮科技革命带来了新产业、新商业模式、新业态发展的历史机遇；全球经济格局的变化以及中国在世界经济中的地位提升，使中国企业全面进入全球化发展的新阶段。

源于实践，又高于实践，进而有效指导更多企业的实践，是学者开展有责任的研究的境界和使命。通过对吉利汽车的研究，探究中国企业从追赶到超越追赶的成功之路，发现具有普适性的管理规律，加以提炼升华，具有重要的理论与现实意义。越来越多的研究发现，在中国企业的管理实践中，情境作为前因扮演着非常重要的作用，如网络化情境、多层次的市场空间情境、多样的技术体制情境和制度转型情境。作为研究中国企业管理的学者，当我们将西方已有的管理理论应用于研究和诠释中国管理实践时，一些中国情境与源自西方情境的理论相矛盾，难以被已有的管理理论有效解释，这体现出中国企业管理理论的独特性和重要性，更意味着中国企业管理中的创新具有更大、更深远的世界意义。科学没有国界，我们相信，对中国企业管理的科学研究将形成新的、可以通行全球的、国际公认的学术成果，进而正面影响世界的文明与进步。

中国企业在这个波澜壮阔的时代中后来居上，“从麻雀变凤凰”，从“削足适履”到“进入无人区”，从“追赶”到“超越追赶”，自有其道理所在。这正是当下中国管理学界开展科学研究的重大责任和机会:深入实际，沉到底、顶到天，用科学的态度和方法去揭示真理，诠释真理，普及真理。

“2021 年，吉利控股集团迎来创业 35 周年，是吉利迈进科技转型和可持续发展的关键之年。35 年来，吉利逐步实现了从汽车制造公司向智能电动出行科技公司的转型，致力于打造未来立体出行新生态。”因这些美好的愿景，更因与吉利的那份“汽车情缘”，我极其快乐地带着我们的团队，致力于从吉利的成长历程中深入挖掘和系统梳理出中国民营企业的非线性成长特征与规律，并雄心勃勃地期望此书的出版能为基于中国管理实践的管理理论“C 理论”的形成添上重要的一笔。期望能得到学界和管理实践界的批评指正，期望有更多志同道合者共同锤炼“C 理论”。

吴晓波

浙江大学求是园

2021 年 8 月 18 日

# 前言

新中国成立七十余年来的和平建设波澜壮阔，改革开放四十余年中的民营企业快速发展，蕴藏在亿万人民群众中的巨大创新、创业潜力以惊涛骇浪之势，改变了国家和人民的命运。大批优秀的民营企业从无到有，实现了从渺小到伟大的蜕变。它们从初创时的懵懂，到激烈竞争中的睿智，再到全球市场上的奋力拼搏，最终浴火重生，吉利汽车就是其中的典型代表之一。

当人们津津乐道于企业家的聪明、睿智、“异想天开”和运气之时，总有那么一批冷静的观察者、分析者、研究者，力图透过纷繁的表象，看到事物背后的机理和本质。人们看到李书福从乡村走出来，自制相机当摄影师，开照相馆，做冰箱，造摩托车，直到成为“汽车疯子”，造美日汽车，“蛇吞象”收购沃尔沃，造领克、极氪智联汽车，成为奔驰公司的最大股东……一系列眼花缭乱的表象，让人们感叹他的“大胆”“聪明”“疯狂”“运气”的时候，作为学者，我们用“第三只眼”所看到的，则是一个典型中国企业从“追赶”

（catch-up）到“超越追赶”（beyond catch-up）的非线性成长历程；是中国制造在引进技术的基础上高效开展“二次创新”，发挥“后发优势”又不止步于此，在“与狼共舞”的开放竞争环境中，通过创造性学习与“忘却学习”，实现范式转变的过程；是中国企业融汇中西，形成独特竞争力的跃迁，进而着力推进自主创新，自立于世界先进企业之林的一个成功“缩影”。

更可贵的是，从吉利汽车“非线性成长”的历程中，我们得以进一步提炼出与现有的基于西方发达国家管理实践的管理理论及方法不一样的管理规律。例如，吉利收购沃尔沃的成功实践就突破了传统管理学中以资源观和能力观为基础的单边优胜式竞争思维，也打破了传统并购管理理论和方法中的单边优势治理思维，走出了一条中西文化平等交融的创新型管理之路。研究吉利汽车这样的企业，其意义不仅是讲好一个成功企业的故事，还在于揭示尚不为人所知的规律，启示更多企业少走甚至不走弯路，实现更为健康的发展，这就是科学和理性的力量。

我们看到，这些站上世界历史舞台的中国企业，它们的成长过程中有着一脉相承的轨迹和规律。它们被高度压缩的成长历程，构成了学界观察、研究企业成长规律和管理有效性，进而发展出新管理理论和方法的最佳社会实验室。吉利正是其中最具代表性的企业之一，也是中国管理理论最好的践行者之一。吉利的不寻常的发展道路，不是一个单向循序渐进的物理过程，也非一蹴而就的幸运之旅，其中穿插着许多出人意料的“化学反应”，表现出很强的“非线性”特征，我们把它概括如下：

其一，基于互补性的共创、共建、共享、共赢的新理论和新方法，为人类社会的可持续发展打开了一扇大门，将会指导更多的东西方企业实现建立在更高水平上的命运共同体。我们在调研的过程中发现，中国优秀的企业管理者在适应环境变化的过程中吸收了很多中国传统文化精髓，同时以对科学精神的学习和尊重弥补了传统文化中的某些缺陷，这是他们成功的重要原因之一。例如，在管理中对“灰度”和“协同”思想的应用，在变革中将不同来源的异质性资源和文化视作核心资源等。吉利非线性的成长模式冲击了原有的基于资源观、能力观的并购管理和公司治理理论，与“优胜劣汰，弱肉强食”的经典社会达尔文主义不同，它摒弃了传统的西方强国大企业主导的单边、单向、单纯股权治理、单纯经济观点的旧模式，而代之以相互尊重、多向互动、基于互补的东西文化交融、东西智慧升华的新型关系模式。这种榜样的力量不仅在汽车行业产生影响，更将对新时代的全球企业并购产生重大而深远的影响。

其二，站在“科学与艺术的交会点”上的企业家作用至关重要。李书福董事长在尊重科学的前提下，充分发挥了企业家的创造性和强大的人格魅力。对沃尔沃技术与文化的长期尊敬和追求，使得李书福在市场机会闪现的一刹那，秉持内心的决心和意志，突破常规地抓住了这一千载难逢的重大机遇。以李书福为代表的吉利与沃尔沃在底层价值观上所形成的高度战略一致性是成功的关键，这是用常规的经济利益和管理效益判断所无法理解的“奇点”。

其三，在学习中快速建立平衡，但也主动打破平衡，是实现非线性成长的关键。吉利汽车通过上下同欲的一系列制度安排和文化塑造，使得全员具备了包容性的快速学习能力。在快速建立平衡和主动打破平衡的过程中，吉利迭代完善了一套全新的企业文化和学习机制。从一无所有地进入汽车行业开始，吉利的文化就以学习先进标杆为核心。然而，与许多公司不同的是，在全力学习的同时，吉利从一开始就具有强烈的自主意识：开放学习，但决不受制于国外先进技术和管理方式，乃至其品牌影响力和文化传统。吉利在开放学习中采用的是博采众长、一切为我所用的“吸星大法”。在全球化进程中，无论收购沃尔沃还是宝腾、路特斯，吉利都以平等、尊重、相互学习为原则，面对难以克服的文化差异，从怀疑到理解再到认可，进而快速升级为协同、共创，然后站在更高的全球共治视角来应对企业所面临的复杂现状，实现协同效应，实现共同成为产业领导者的角色转变。在这个看似顺畅的进化过程中，充满了“非线性”的不确定性和创造性。

本书的研究历时两年有余，通过查阅档案与大量公开资料，采访数十位吉利的中高层管理者和一线员工，并在详细梳理上述资料后召开多次专家讨论会，我们力图从众多精彩纷呈的叙述中寻找吉利汽车发展和管理体系建设的关键因素与特征，揭示其成功背后的科学原理与规律。值得一提的是，本书的撰写得到了数十位吉利集团的资深员工、中层管理者及一线员工的热情理解和支持，他们从不同的视角为我们的研究提供了大量一手资料。在40余次、总计数百小时的深度访谈及各种非正式访谈中，我们共获得了300多万字的调研素材，研究团队由此对吉利有了更为立体和直观的认识，更重要的是，研究团队自身也在这个过程中经历了理论与实践的碰撞，升华了认知。

2019年夏，我们在杭州吉利大厦与李书福先生进行了坦诚和深入的交谈，此后，在与更多高管和员工的交流中，我们深切地感受到了吉利人的踏实、诚恳、自信和热情，更有一种特别的主人翁情怀（包括外籍高管）。特别感谢吉利控股集团副董事长孙宏先生，CEO 李东辉先生，总裁安聪慧先生，资深副总裁张爱群女士，高级副总裁魏梅女士、冯擎峰先生、杨学良先生；吉利汽车集团 CEO 淦家阅先生，高级副总裁李相才先生、王瑞平女士、崔载福先生、刘向阳先生，副总裁娄源发先生、康国旺先生；优行科技公司董事长刘金良先生、吉利新能源商用车集团副总裁凌世权先生等高管的鼎力支持，以及尹腾辉、金亚平、许乃平、余见山、陈爱国、刘铁江、李传海等部门领导的无私帮助，更有总裁办、档案馆、品牌传播中心各中层和基层干部员工的支持和全力配合。得益于他们的倾力相助，本书获得了大量珍贵的一手资料和生动事例，铸就了本书的事实基础。同时，我们也特别感谢吉利控股集团资深副总裁张爱群女士，品牌传播中心的宋兆桓先生、罗凰凤女士、潘蕾宇女士、李维女士、李夏女士、高逸平女士等对本书调研中的沟通协调所做的巨大努力。

本书的撰写过程聚集了我们团队的一批青年学子，他们在调研、报告、讨论和修改的过程中学习和进步，他们是吴东副教授，雷李楠助理教授，博士生徐宁、郑秋霞、付亚男、滕远阳、卢柯颖，博士后张武杰，硕士生李嘉伟等。感谢他们的倾心投入，也为他们的成长祝福。本书的出版得到了中信出版社领导和编辑团队的高度重视和积极配合，尤其是王斌社长的大力支持，感谢他们！

本书力图为从事企业管理研究的学者和走在快速成长道路上的企业实践者提供新的理解视角和素材。为方便读者阅读和理解，我们整理出了一份“导读”（见下文），供读者参考。

科学无国界，而奋斗者有国界。在吉利，我们看到了站在中华民族伟大复兴最前列的“弄潮儿”身上的激情和豪迈，看到了拥有全球视野又肩负社会责任的胸怀开放、勇于创新的管理团队，看到了深入每名员工灵魂的充满自信的“奋斗者精神”！本书的撰写过程也是我们的学习过程，一轮轮的调研、讨论、修改，让我们受益良多。我们深信，中国企业浴火重生的“真经”，将在与世界一流企业管理理论的交流与融合中，为全球企业的健康发展提供宝贵的“中国方案”。

## 本书导读

本书在回顾吉利成长历程的基础上，挖掘和提炼它非线性成长的规律。在吉利不平凡的成长过程中，其一次次险象环生的商业决策背后既有偶然也有必然，其中的“必然”就是本书致力于探索的规律。

本书共由五篇组成。第一篇讲述的是吉利创建初期，在“没人，没钱，没技术”的条件下进入技术、人才、资本密集型的汽车产业，如何实现零的突破。第二篇系统探讨了吉利作为一个汽车行业的后来者，如何凭借政策支持和先进技术，通过组织、技术、人才、质量、文化等方方面面的转型和创新，成功在世界汽车市场中杀出了一条血路。第三篇在全球视野下观察吉利非线性成长的历程，对吉利海外并购和全球扩张的发展历程进行全面复盘，分析吉利是如何成功走出国门，走向世界的。第四篇立足当下，展望未来，从穿越周期的视角，探讨吉利战略布局背后的逻辑，进一步探索未来驱动中国汽车产业穿越周期的决定性力量，寻找吉利穿越周期的确定性机遇。最后是结尾篇，通过对吉利的研究，窥见中国企业成长过程中一脉相承的轨迹和规律——非线性成长，并在此基础上提出基于中国发展情境的本土原创管理理论“C理论”。

各章的内容，大体包括引出问题、经验提炼和学理解释三部分。每章的引言部分，都是通过一个典型案例，引发读者对吉利在相关领域的管理行为和管理策略的好奇。然后，我们对调研和访谈中收集到的信息进行梳理和探讨，抓住最核心的要素来发掘吉利成长背后的规律。最后，从学术研究的视角，对这些规律背后的逻辑和因果关联做学理上的分析和解读。全书共十三章，具体内容如下：

第一章通过回顾吉利的艰难入局，从一次次看似铤而走险的事件中，提炼出“理性”与“冒险”二元平衡的企业家精神内核。正是这种创新驱动下的企业家精神，使吉利能够准确把握机会窗口，同时，战略理性又消弭了不确定性带来的风险，让看似不可能的吉利造车成为可能。

第二章主要阐释在资源限制、能力不足的困境下，作为后发者的吉利如何打开局面。创业初期一穷二白的吉利，用自己的实践回答了这个问题。作为一个汽车行业的后发企业，节俭高效地获取和利用外部资源，在发展过程中建立能力替代、能力转换和能力重构的组织惯例，是吉利“一生二，二生三，三生万物”的制胜法宝。

第三章以吉利发表《宁波宣言》之前的技术发展为主线，从整车开发技术与核心模块技术两方面，解答了吉利的技术能力如何实现从0到1的突破。吉利的技术能力演进过程呈现出典型的“二次创新”特征，即从模仿创新到创造性模仿，再到改进型创新。组织学习模式也基于“二次创新”过程进行演进，具体包括干中学

（learning by doing）、雇佣中学习（learning by hiring）和合作中学习（learning by cooperating）。与此同时，吉利的互补资产利用能力也在“二次创新”的非线性成长过程中不断演进。通过工艺创新实现对引进技术的本地化掌握，通过产品创新实现对引进技术的挖潜增效，通过更新颖技术的融入实现创新能力的质的跃升。

第四章主要回答的问题是：究竟是什么促使曾一度饱受“低质”诟病的吉利，经过二十余年的发展，从无到有地建立起顾客驱动的全流程竞争力质量管理体系，逐步实现“质量合格”到“质量满意”乃至“质量领先”的质量目标？我们发现，管理层自上而下的质量意识，全员自下而上的主动负责，以及与外部合作伙伴形成的质量利益共同体，是促成吉利品质变革的根本动力。

第五章聚焦吉利的研发管理系统的技术创新能力如何实现从量变到质变的转化。吉利研发体系蝶变的过程是吉利从“追赶”到“超越”的缩影，正是忘却学习推动着吉利研发体系的动态演进，从而适应不断变化的外部环境。吉利在多次转型中实现了对全球资源的有效抓取、快速配置、高效协同，逐步形成了面向“无人区”的原始创新能力。

第六章探索现场管理的“破与立”。“现场”是直接创造利润的场所，是工业数据的原始发源地。对革新与改善无止境的坚持与追求，使吉利能够在高竞争性、高技术含量、环境动荡的现代汽车制造领域里逐渐占据一席之地并蓬勃成长。吉利不断打破现有体系并建立新的平衡，逐步形成了极具特色的现场管理体系。

第七章主要介绍吉利如何进行更具组织特色、更符合组织发展要求的全球化人才梯队建设。吉利致力于打造共赢、共享、共生、共融的可持续发展人才森林生态圈，以支持自身从传统汽车制造企业向全球创新型企业的持续转型。开放、包容的用人之道，成为企业打造“人才森林生态系统”，实现业务持续成功的关键原因之一。

第八章主要阐释吉利将“元动力”塑造为其特有的管理模式和文化现象，支撑企业在克服“官僚主义”陷阱的同时实现韧性增长背后的逻辑。灰度思维（即“悖论整合”的模式）使吉利以辩证的眼光看待各阶段组织内矛盾元素的潜在联系，通过整合协调，形成动态的对立统一，实现有原则的妥协，最终促进企业形成合理创新的经营战略和管理模式，在面临内部战略升级和外部环境冲击时表现出蓬勃活力和强劲韧性。

第九章回答的问题是：作为后发者，在缺少先进技术和管理经验的情况下，吉利如何成功地将沃尔沃收入囊中？收购沃尔沃以后，面对被收购企业和外界的质疑，吉利如何进行管理以取得协同效应？吉利收购沃尔沃在一定程度上可以为其他中国企业提供一些经验，在这个过程中，要实现互补共赢主要分为两个阶段：平稳过渡和协同共进。

第十章讲述基于二十余年的发展与积累，吉利的国际化水平显著提高，正在向全球型企业迈进，吉利将如何实现价值链的全球布局。主动寻找互补、共生的伙伴，共同发展，吉利在国际化的探索中深谙其道。

第十一章的核心观点是，合规正在成为企业软实力的象征，在企业提高可持续竞争优势的过程中发挥着重要的作用。吉利的合规既是一种远见，也是一种制度，更是一种文化，三者相辅相成。吉利极具前瞻性地发起合规建设，成为自身稳步发展的“加速器”，走出国门的“通行证”。

第十二章主要介绍吉利通过推进产业链中制造环节与服务应用的深度融合，培养出全新的业务竞争优势。我们的研究发现，在吉利制造业服务化的过程中，技术创新与商业模式创新存在着双向互动的关系，两者相互引发，相互驱动，有力推动价值创造系统发生从价值链变为价值网络的转变。

第十三章尝试解释，吉利自身的发展一直蕴藏着变革的基因，“危机意识 + 自我突破”是驱动吉利顺应时代不断成长进化的根本因素。面对第四次产业革命对汽车行业带来的巨大挑战，吉利在非线性的发展环境中，识别多维机会窗口的出现，从而跳出“追赶陷阱”。与此同时，在高动荡环境中保持战略定力，坚定地抓住机会窗口，从而赢得换道超车的机遇。

以上也是本书的研究团队想要贡献给以吉利为代表的后发企业以实现非线性追赶的根本管理逻辑——C 理论的管理体系。C 理论中的“C”，不仅指中国（China），还包含互补 (complementary)、超越追赶（catch-up and beyond）、变化（change）、共创共享（compromising）等丰富含义。我们认为，构建源于中国实践的管理理论体系，是当下中国学者的历史使命。

基于从吉利优秀的企业管理实践中提炼出的十三条规律，本书聚焦于以下六大认知观点:“冒险且理性”的企业家精神，“节俭且高效”的创新行为，“快速且包容”的学习能力，范式转变期的战略定力，有韧性、有活力的组织模式，“动静共演”的双元制度（见图 0-1）。

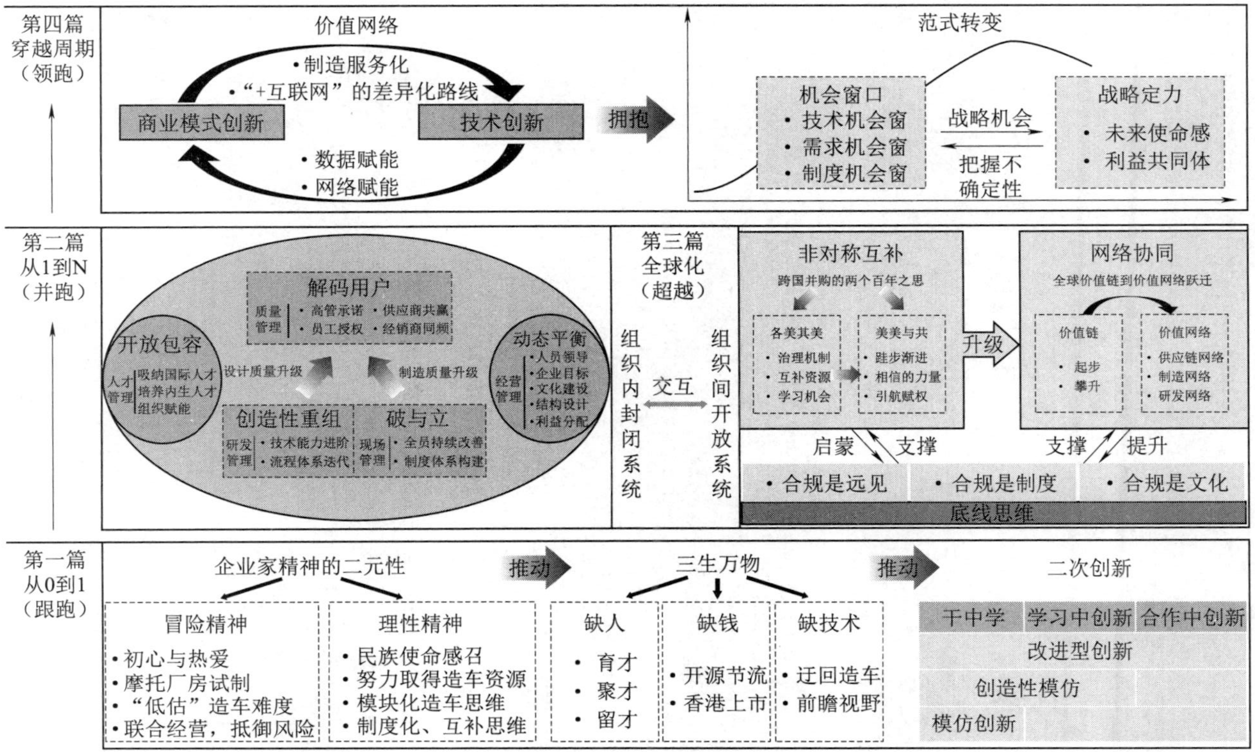


图 0-1 “非线性成长”体系和本书结构

第一篇

# 从0到1：走出“混沌”

本篇着重介绍了吉利自1997年初涉造车领域至2007年发表《宁波宣言》间的蜕变历程，带领读者共同领略吉利汽车从0到1的“草根创业史”，探寻企业在“混沌”阶段实现“非线性成长”的关键特征。第一章通过梳理吉利汽车创建初期的关键事件，佐以实际案例，提炼“理性”与“冒险”二元平衡的企业家精神内核。第二章回顾吉利在人才、技术、资源全面匮乏的情况下如何打破困局，实现能力替代、能力转换和能力重构。第三章重点关注吉利早期的新产品开发过程，吉利充分利用低成本等“后发优势”，以“二次创新”为战略，逐步实现技术突破并形成持续竞争力。

第一章

# 冒险背后的理性

**1999 年，时任国家发展计划委员会主任曾培炎视察吉利集团时，心怀造车梦的李书福说："请国家允许民营企业家做轿车梦。如果失败，就请给我一次失败的机会吧！"**

吉利汽车，这颗在全球汽车市场上冉冉升起的巨星，正以摧枯拉朽之势照亮中国制造的历史夜空。数据显示，2020 年吉利汽车累计销量 1 320 217 辆，连续四年位居中国品牌乘用车销量第一。同时，在英国品牌评估机构"品牌金融"（Brand Finance）发布的"2020 全球最有价值的 100 个汽车品牌"排行榜中，吉利汽车连续三年成为品牌价值最高的中国汽车品牌。

通过分析吉利历年来的销量数据（图 1-1），我们发现，起步时期（1999—2001 年）的吉利对市场的探索经历了艰难的开拓期和爬坡期。在跨越冷启动的关键节点（2002 年），早期宝贵的技术积累在很大程度上直接影响了吉利中后期的可持续发展。这种非线性的成长轨迹不仅揭示了改革开放以来较为典型的民营企业的发展规律，也引发人们深思其中的原因。

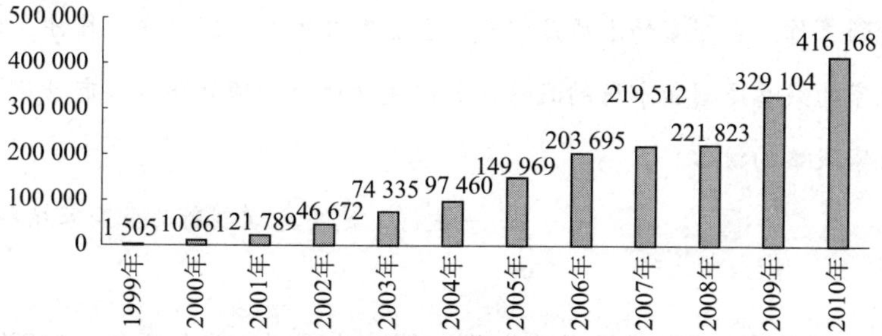


图 1-1　吉利汽车 1999—2010 年销量（单位：辆）[①]

在中国汽车市场的政策、资金、人才等几大关键因素的复杂影响下，吉利汽车如何克服困难，实现从 0 到 1 的业务起步，如何把微弱的相对优势迅速转化为可持续的核心竞争力，是当今许多企业和学者十分感兴趣的问题。本章旨在通过梳理吉利创建初期的关键事件，提炼李书福的企业家精神的二元性内核，进一步探讨这种精神在吉利处于混沌阶段时所起到的战略作用，挖掘看似冒险的行为背后的理性深意和为吉利的组织、制度、文化的构建打下的坚实基础。对这些问题的探讨不仅在企业战略管理方面有较高的学术理论价值，更能深度结合中国市场的经济语境，为仍在创业道路上，尤其是处于非线性成长的混沌阶段，在迷茫中寻找方向的新一代民营企业家提供经验和启迪。

① 数据来源：《1986—2011 年吉利集团发展报告》。

## “英雄造时势”

实践创新与企业家精神是所有企业和机构有组织、有目的、系统化的工作。企业家的本质是实践，企业家精神是创新实践的精神，企业家的战略是创新市场的战略，如何成功地将一项创新引入市场是企业家战略的核心。

——彼得·德鲁克《创新与企业家精神》

李书福投身制造业并进军汽车行业的原因主要有两个：少年时代对汽车的向往和热爱，此为“初心”；改变国内僵化落后的汽车生产格局，造老百姓买得起的好车，此为“使命”。1986—2001 年，吉利处于初创期，在尚未形成完善的现代化企业制度之际，李书福的企业家精神作为吉利战略层面的核心要素，引导粗放的治理结构和业务模式逐渐步入正轨。

## 心中的种子

李书福从制造业起家，跟随着改革开放的浪潮一路摸爬滚打，是新时代最年轻一批弄潮儿中的一员。

### 拍照少年的制造天赋

李书福对制造的偏爱，早在年少时就已萌发。1982 年，19 岁的李书福从父亲那里获得了 120 元，买了台“海鸥”牌照相机，骑着自行车走街串巷给人拍照。这份李书福精心经营的“小本生意”经过半年的积累，为他赚到了 1 000 多元，之后，他想正式开一家属于自己的照相馆。

照相馆门店不难开张，可购置影像冲印设备、反光器材等一系列专业摄影用具，在那个年代不是一两千元可以解决的。为了买到便宜的摄影设备，李书福还特地去了一趟上海。然而，他千辛万苦地找遍所有摄影器材商店，发现专业摄影设备无一不是进口的，一件设备动辄几千元，远远超出了现有预算。他想，既然没钱购买那些器材，为什么不自己动手将它们做出来呢？正所谓“自己动手，丰衣足食”。于是，李书福开始研究并动手制作那些设备：

> 对于照相机，说实话我就买过那一架“海鸥”牌照相机，但照相馆就一架照相机确实有些不够用。后来，我就动手制造照相机，这个制造过程其实也很简单。当时我就买了一个镜头，然后买了个“皮老虎”，又买了一个装胶片的东西，齿轮完全可以自己做。这样一组装，几百块钱就可以自己做一个照相机，比去市场买的动辄几千元的照相机要便宜多了。

除了自制照相机，对于1 000多元的专业反光罩和照明装置，李书福也与当地铁匠合作，按照图片上的形状自己打造，再接上灯泡，用几十元钱的成本就做成了。自己制作的设备虽然没有精美的外观，但功能却毫不逊色。为了不让顾客看到简陋的设备，他用一块黑布把照相机罩起来再给客人拍照，大家纷纷对他的拍照效果表示满意。

20世纪80年代初的台州还很少有汽车，许多年轻人都想与小轿车一起照相。洞察到这一心理的李书福，立刻请人画了一辆轿车，放在自己的照相馆里供人拍照，结果他的生意异常兴隆。有制造天赋的李书福爱“折腾”，真的将照相馆开成了，并由此攒下了人生的“第一桶金”。

**从冰箱到装潢的制造业玩家**

1986 年 11 月 6 日，当冰箱还是传统“三大件”时，李书福以冰箱配件制造为起点，创建“黄岩市制冷元件厂”，在研发出冰箱蒸发器后决定自主生产电冰箱。1988 年 8 月，元件厂变更为“黄岩县北极花冰箱厂”，李书福正式开始了他的创业历程，也把“北极花”打造成了国内知名品牌。几年后，国家以定点生产的方式对冰箱市场进行宏观调控，“北极花”未在生产名单之中。李书福在全身而退和工厂转型中毅然选择了后者。

20 世纪 90 年代，家居装潢产业在中国蔚然成风，但当时国内的高档装潢材料市场仍然存在巨大的供给缺口。1990 年 4 月 4 日，紧随市场风向的变动，“黄岩县北极花冰箱厂”更名为“黄岩市吉利装潢材料厂”，转产镁铝曲面装饰板。在李书福的精心经营下，材料厂成功研制出了中国第一张镁铝曲板，并大规模投入生产。1992 年镁铝曲板销售收入达到 7 000 多万元，次年更是突破 1.5 亿元。初期的创业经历让李书福对市场产生了敏锐的嗅觉，冰箱和装潢事业也为他赚取了丰厚的回报。

**从摩托车开始的赛道跃迁**

李书福从小对跑车情有独钟，他喜欢那种风驰电掣、肆意驰骋的洒脱和豪迈。身处制造业前沿的他，悄悄在心中埋下了一颗造车的种子。但放眼当时的中国，满大街跑的还是摩托车。他敏锐地发现，当时国内摩托车厂林立，但市场上流通的大部分车型是照搬国外车型，并不能满足国内用户对安全、便捷出行的需求。为了让这颗种子生根发芽，1994 年 4 月，李书福决定进入摩托车制造业。

改革的东风将国外的生产技术吹进国门，也催生了人们物质生活水平提升后的交通需求。因为赶上了摩托车市场在中国的发展红利期，李书福的浙江华田摩托车总厂经过不到半年的准备，就生产出了轻便、易操纵、安全性高的中国第一辆新型踏板式摩托车。产品一经推出便受到大众市场的追捧，在产量有限的情况下，华田摩托车迎来了空前的抢购热潮，许多人半夜三点起床去买摩托车，公司门口也排满了各个省的驻吉利办事处等着开票。按照当时的利润估算，仅仅摩托车零部件的销售就已经可以填平公司所有的日常开销，可见当时市场规模和利润空间之大。

当然，吉利摩托车的成功不仅得益于偶然的市场红利的推动，在竞争激烈的摩托车市场上拔得头筹，从根本上说，更离不开李书福的经营智慧。根据吉利控股集团副董事长杨健的回忆，在当年那个众多厂商把销售产品作为最终目标的时代，吉利已经看到了售后环节对品牌建设的重要性，超前地完善了售后服务体系。其一，华田摩托车公司的三包服务中心从公司中脱离出来，变成独立的售后服务公司，实现了组织结构的变革升级，在此基础上逐渐完善和统一售后的服务流程、管理制度和各种规范。其二，投入 21 台售后服务车，在全国各个省份流动完成配件和检修工作。其三，吉利华田摩托在全国大部分县市建立了配件中心和售后服务站，在大本营台州，甚至能做到任何问题 20 分钟内到场解决。其售后服务的投入量之大、运营成本之高、品牌宣传之广，在全国都是首屈一指的，因此当时也获得了“全国售后服务先进单位”的称号。1995 年，华田摩托车工业产值达到了 6.3 亿元。

一个有制造天赋的少年，有了从冰箱到装潢材料的经验积累，不仅夯实了在制造业深耕的基础，也坚定了造车的信念。摩托车产业的试水成功，折射出了李书福的经营智慧，更让他看到了改革开放中大势所趋的市场机会。

巧合的是，世界著名的汽车企业创始人，多数都有制造业转型的经历。本田宗一郎家中长辈做着修理自行车的营生，耳濡目染之下，他也对自行车的构造原理了如指掌，以造自行车为起点，最后在 1946 年创办了长盛不衰的本田汽车。全球排名第一的汽车生产厂商丰田，其创始人丰田佐吉从小跟父亲学习木工手艺，在生产自动纺织机大获成功的条件下转型汽车生产。《福特传》提到，美国的农场男孩亨利·福特从小喜欢钻研机械，从事过机械修理、手表修理、船舶修理等工作，最后转为汽车研制，创立了福特汽车。可以看出，这些伟大的汽车企业创始人都有着相似的特质：从小对机械制造的兴趣让他们坚定地跨入无人敢涉足的全新领域，对人们出行方式和需求变化的洞察也成了他们创业所乘的东风。

在制造业实践中，李书福的心中埋下了造车的种子。随着人们生活水平的提高，李书福看到，人们对安全、舒适的需求也将越来越高，“人包铁”的摩托车势必会被“铁包人”的小轿车所替代，因此他坚定地相信，中国汽车市场将在不远的未来迅速崛起。1996 年 5 月，吉利集团有限公司成立，李书福正式开始书写自己的汽车篇章。

## 不寻常的开局

李书福坚定在汽车领域闯荡的初衷，一方面来自少年时代那份懵懂的热爱，另一方面源于对当时国内汽车产业格局的忧虑。

中国汽车工业的起步比西方国家晚 50 多年。1949 年后的苏联援建项目推动中国汽车工业实现了从无到有的突破，计划经济时代，政府需要以国有企业为基础来引导产业发展，尽快摘掉我国汽车生产能力低下的帽子，摆脱鱼龙混杂的生产乱象。1987 年的北戴河会议上，国务院做出了发展我国自己的轿车工业的重大决策，并且确定了“三大三小”的总体格局，包括六家具有生产资格的国有企业：“三大”即一汽、二汽和上汽三个大型的轿车生产基地，“三小”即北京吉普、天津夏利、广州标致三个小型轿车生产定点厂。

本着“以市场换技术”的方针，合资车企的扩张也逐渐为中国汽车市场打开了新的局面。至 1998 年底，中国共有中外合资汽车企业 400 余家，其中各类汽车生产企业 50 余家，主要集中在轿车生产上，主要总成及零部件企业 240 多家，其他服务、咨询类企业 40 多家[①]。数据显示，中国轿车工业的核心生产企业中，除天津汽车公司外，全部为合资企业（见图 1-2）。

由于“三大三小”导致的供给侧限制，国内汽车市场的产品分布并不健康。2001 年数据显示，国内生产和销售量较大的合资轿车，其国内市场销售价格与同档次轿车的国际市场价格相比，要高出 54%~157%，大体上是轿车的档次越高，国内外的价格差距越大。即使排除税率的影响，国内轿车的价格也比国际市场高出 25%~108%[②]。

---

① 程广宇 . 关于我国汽车产业发展特征及创新组织分析 [J]. 太原科技 , 2009(11):16-18+5.

② 赵英 . 中国汽车工业的发展趋势及对策 [J]. 中国工业经济 , 2003(04):18-24.

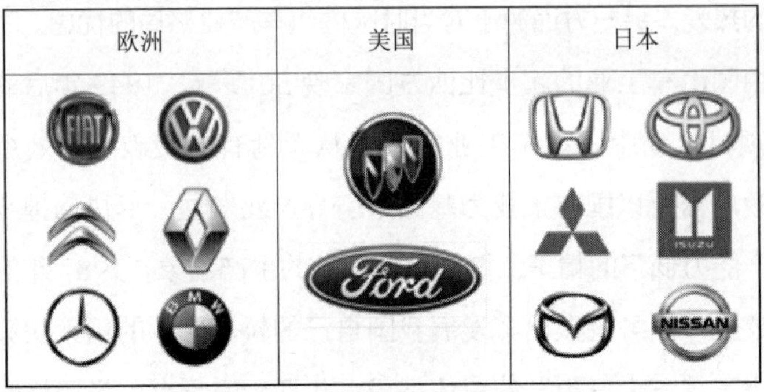

图 1-2　在中国合资生产的汽车品牌（截至 2001 年 12 月）[①]

“三大三小”的汽车生产布局不仅没有封锁住李书福的造车之路，反而激起了他的思考和斗志。李书福在访谈中谈到，“三大三小”给消费者和整个中国经济都带来了很大的伤害。作为代步工具的轿车，因为行业垄断和竞争僵化而高价售卖，大家省吃俭用攒下的钱都买了车，无论是个人消费还是企业公务，都付出了极高的成本。如果这种模式持续下去，中国经济的竞争力会丧失殆尽。李书福对当时自己买入的一辆二手丰田面包车记忆犹新：“从台州开到杭州都开不到，价钱贵不说，修理费还很高。”而且当时中国边境汽车走私十分猖獗，国家多次重拳打击，但屡禁不止，他坚定地认为，这种现象归根结底是因为国内汽车价格贵、质量差，人们在国内买不到好车才不得不铤而走险，这种病态现象的根源在于中国汽车工业政策和产业布局的不合理。

放眼全球，早在 19 世纪末至 20 世纪 30 年代，奔驰、福特、通

① 郭克莎 . 加入 WTO 之后中国汽车工业面临的影响及应对思路 [J]. 中国工业经济 ,2001(10):22-32.

用等全球汽车巨头已相继成立，汽车生产逐步进入标准化流程。到了21世纪，生产效率已经大幅度提高，并形成了变速器、四轮制动、独立悬挂技术、液压减震器等相对成熟的技术体系[①]。李书福认为，汽车制造已经是成熟产业，没有那么高的技术门槛，自己一定也可以做成。所以他下定决心，为了不让这种僵化模式在中国延续下去，一定要在这个领域有所作为。

大洋彼岸的新兴技术经过了当地的市场检验，表现出蓬勃的生命力。李书福由此确信，汽车的生产制造一定能够在中国这块巨大的市场生根发芽、遍地开花，这也恰恰反映了他前瞻眼光的独到之处。在不久的未来，这份信念成为他冒险精神的强有力支柱。

**万事开头难**

李书福造车还未开始，眼前就横亘着几座难以翻越的大山。

首先是资金上的压力。从1994年起，国家就规定了15亿的汽车行业准入门槛。虽然已有一定的资金积累，但巨大的资金缺口仍让李书福犯难。此外，由于国家“三大三小”的轿车生产布局，从政策上讲，吉利作为民营企业，并不具备任何先天优势。

**豪情破局**

1998年8月8日，第一辆吉利汽车“豪情”在浙江省临海市下线。为了将豪情车投入生产，董事长李书福陆续招募了一批搞生产的人才，在临海建起了生产线。由于当时的人才和资金限制，临海基地的生产线很简陋：车间物流系统是自己搭建起来的，很多设备都是二手的，加油机、涂胶机等设备是工程技术人员自己研制的；

① 郝云宏 . 中国汽车工业国际竞争力分析 [J]. 商业经济与管理 , 2003(03):4-9.

为了节省成本，大部分模具由河北一家工厂提供，部分简单模具甚至采用了局部压铸树脂的方式以节省成本。就是在这样一条“生产线”上，吉利生产出了第一款上市车型“豪情 1.0”。

1999 年，吉利一共生产了 1 600 余辆豪情汽车，并奇迹般地销售一空。毫无疑问，豪情是吉利集团第一款大规模量产并投入市场的车型。2000 年，豪情汽车的销量势如破竹，突破万辆，此后吉利汽车的销量更是连创新高。

对吉利的技术能力而言，豪情车型开发最主要的贡献，是奠定了吉利零部件技术能力成长的基础。在此过程中，吉利的工程师们持续地对零部件进行一系列的改动，并在底盘和整车上逐步建立起自己的零部件配套体系。但是，由于当时的条件所限，豪情的车身设计仍然依靠最传统的“图板 + 铅笔”的方法，连完整的图纸都没有。直到后来吉利成立汽车研究院，将豪情、美日系列进行数模化规范，豪情车的外覆盖件的尺寸才一致起来。豪情的下线，拉开了吉利轰轰烈烈造车的大幕。

**美日问世**

2000 年 5 月 17 日，吉利第一辆“美日”车在宁波基地下线。美日四缸电喷环保型轿车售价仅为 6.58 万元，创下全国同类轿车最低价位纪录。

美日车问世的意义不仅在于增加了一个新车型，更在于吉利原有技术路径的改变，以及由此带来的生产手段和装备水平方面的快速进步。

吉利进入汽车领域之初，生产手段和设备基础十分薄弱，后来引入一批行业专家，才改变了原有的技术路径，使吉利逐步走上正规化的发展道路。1999 年 8 月 8 日，吉利宁波基地破土动工，在行业专家指导下，按照现代化厂房和生产线的要求，经过 9 个月的艰苦建设，完成了国外同类项目一般需要 3—5 年时间的工作量。2000 年 5 月 17 日，第一辆吉利美日汽车下线。

设备和生产线的自动化，在现代大规模的工业生产中，不仅是产量的保证，更是提高产品质量的有效途径，但这是以昂贵的设备为前提的。吉利资金有限，为了长远发展，又必须在设计上为将来的生产线逐步改造做好准备，这给吉利的工程设计人员提出了巨大挑战。

宁波基地的一次规划是 10 万台，首期建设仅 5 万~6 万台，投资只有 3 亿~4 亿元人民币。吉利规模虽小，但产品系列多，在同一条生产线上需要生产多种产品，因而绝对的自动化不一定是最好的选择。在这种思路下，吉利的宁波基地建设在零部件运输上采用自行设计的运输设备，局部保留了人工搬运；在焊接线上，关键的焊接工序采购了昂贵的瑞典 ABB 焊接机器人，其他工序采用自动传动的点焊机，通过提高焊接人员的水平来保证质量；通过多采购国内设备来控制投资总额，但在关键部位绝不降低要求；在生产线的设计和订购计划中，充分做好进一步优化生产线、进一步自动化的准备。

美日车的下线及宁波基地的建成，标志着吉利的发展迈出了新的一步，但此时的吉利仍面临着不稳定的局面，突出的是“准生证”问题。此时，吉利拿到的生产目录并不是真正的轿车目录，而是 6 字头的客车生产目录。因此，先前临海工厂的豪情和刚诞生的美日都显得名不正言不顺，“准生证”成为吉利发展的重大制约。

**名正言顺**

2001年10月31日，国家经贸委发布了《车辆生产企业及产品（第六批）》公告，吉利JL6360榜上有名，可以经国家批准根据市场要求和用户需求自由开发新产品。2001年12月26日，国家经贸委又发布了第七批《车辆生产企业及产品》公告，吉利汽车股份有限公司生产的豪情和美日轿车（HQ6360、MR6370、MR7130）题名榜上。吉利轿车MR7130被列入公告，标志着吉利从生产两厢轻型客车到生产三厢轿车，实现了真正意义上的跨越，成为中国首家获得轿车生产资格的民营企业。

## 企业家精神的二元性

"创新理论"鼻祖约瑟夫·熊彼特认为，企业家的本质是创新，创新的主动力来自企业家精神。实践表明，以民营企业为背景的企业家精神在企业发展的各个阶段都发挥了核心的内驱作用，也不同程度地转化为企业的创新精神。中国民营企业在激烈的市场竞争中成长，其企业家精神往往具备了理性与冒险的二元性特征，在企业形象、战略导向、能力构建、文化群落等许多维度体现了互补性和包容性的特征，驱动企业实现持续高效的突破。吉利发展初期，在李书福的领导下，这种理性冒险的二元性体现得尤为突出。

### 探索未知的冒险

2001年12月11日，吉利获得汽车"准生证"后不久，中国正式加入世界贸易组织。这不仅标志着中国经济的大门进一步打开，对外开放程度加深，也预示着暗流涌动的汽车行业即将进入洗牌期。

在那个充满未知的时代节点，无数企业家都在探索开放带来的行业新规律，认识变革下的经济新逻辑。2001 年 12 月，中央电视台《对话》栏目邀请了李书福作为访谈嘉宾。在那期节目中，主持人以“谁动了我的奶酪”的寓言故事为例，暗指李书福看上的是中国潜在汽车市场的一块大奶酪。节目中的一众企业家都认为，无论是资金实力还是技术积累，吉利与国有企业和外资企业相比仍有很大差距，从摩托车向汽车行业的跨越显然面临着极大风险，民营企业的造车理想显得有些“疯狂”。

李书福却面不改色，同样用这个寓言故事举例：“说我疯的人，我觉得是没有看懂这个故事。”《谁动了我的奶酪》讲的是两只小老鼠面对失去奶酪的局面，通过敏锐的嗅觉和大胆的尝试，积极拥抱变革，最终获得了更加香甜的奶酪的故事。而当世纪之交的中国加入 WTO，“三大三小”的旧有格局必然要变，李书福愿意去做这场变革的推动者：

> 美国人一年的工资收入可以买两辆轿车，而中国人十年收入都买不起一辆轿车，吉利要把中国汽车的价格降下来。我们已经闻到了气味，前面一大堆奶酪在等待着我们。

当时台下的许多企业家都委婉表达了希望李书福认清现实的想法。他们一致认为，国家不给民营企业汽车“准生证”，其实是在保护吉利，避免在重资本的竞争环境下孤注一掷。可李书福自始至终都保持着他的战略定力，执着地向着理想一步步迈进。他的这股

“闯劲”，不仅让别人对他冠以“汽车疯子”的称号，也为吉利从0到1的蜕变埋下了一颗必然的种子。

## 疯狂背后的理性

> 只有偏执狂才能生存。只要涉及企业管理，我就相信偏执万岁。
>
> ——英特尔前首席执行官安迪·格鲁夫

李书福最为外人津津乐道的“疯言疯语”，莫过于那句“汽车就是四个轮子加两个沙发”。这种疯狂背后的理性蕴含了企业家精神中理性冒险二元性的深意。

英文的“企业家”（entrepreneur）一词源于法文 entrep-rendre，意思是“敢于承担一切风险和责任，开创并领导一项事业的人”。可以认为，企业家从根源上就有冒险家的精神属性。另一方面，官僚组织理论的提出者韦伯认为，人类社会从传统转向现代，最大的特征不是生产方式改变或者社会整合，而是人类社会在思想层面的逐渐理性化，这种理性化为企业家行为找到了积极的伦理认可，并最终诞生了现代企业家的职业观念[①②]。因此，冒险和理性两个看似冲突的维度，正在以共生的关系作用于现代企业家精神的价值体系。

---

① 杨江，戴林．中国企业家精神与企业家行为理性化 [J]. 管理世界，2000(5):116-121.

② 马贵侠．理性与理性化进程——解读马克斯·韦伯的“理性化”[J]. 安徽理工大学学报（社会科学版）,2004(04):1-4.

**战略在左，疯狂在右**

李书福的企业家精神，既充满冒险的色彩，又不失理性的光辉。这样的互补性二元机制支撑着吉利以高度的战略前瞻性保持快速发展，战胜许多生死存亡的挑战，达到了其他车企尚未企及的高度，其中的“四个轮子，两个沙发”就是最好的例证：在造车之初，公司上下对造车的流程都不熟悉，大家对手上的工作心里没底，难免会产生未知的恐惧。而李书福的这句话，其实是用模块化、架构化的思维将复杂的任务简单化，利用自上而下的组织架构提振生产上的信心，以较高的内驱力和工作积极性激发出更多的本地化创新。这种战略思维要求企业家能够居安思危，保持组织的可持续学习，体现到行为上就表现为看似激进的“疯狂”特征。

对李书福而言，“准生证”和“入世”两个好消息的时间巧合，也可以看作他个人领导能力、前瞻眼光和时代背景相互联系下的一种历史必然。早期的吉利作为民营企业能够在国内汽车市场突出重围，关键在于，以“勇”闯世的李书福，背后却始终有精打细算、深思熟虑的“谋”在支撑。

**剑走偏锋，执着“准生”**

吉利 1997 年建厂后，受制于“三大三小”的产业政策，并未立即获得国家的汽车生产许可。在努力争取“准生证”的几年里，为了不让汽车厂无谓地消耗成本，李书福在一番斡旋下探索出了民营汽车厂的初代生产模式。在李书福为汽车生产许可东奔西走的时候，他在四川德阳发现一家生产小客车的国有汽车厂正濒临倒闭。由于当时的汽车市场尚未规范化，客车生产和轿车生产并没有严格区分。李书福当即看中了这家国有客车厂的生产资质，想到了以客车生产资质切入轿车市场的新思路，最终以 1 400 万元将其收购。对方以目录、生产权、部分设备等折价入股，联合成立四川吉利波音汽车制造公司。在生产许可问题上，吉利剑走偏锋，根据现有的生产设备和工艺，成功将汽车厂转型为以微型客车、面包车生产权主导的两厢车生产厂。这一步看似风险与收益并存的布局，本质是李书福理性冒险的企业家精神又一次体现。微型客车的生产目录将豪情、美日等初代产品成功以低价推向市场，在形成稳定的资金流和市场基础后，为进一步迭代技术、创新产品创造了有利条件。

吉利轿车获得名正言顺的轿车“准生证”，则经历了一个更为艰难的过程。早在 1996 年，自李书福决意要造轿车起，即不断向相关主管部门提出请求，由于吉利的民营性质，均被拒绝。无奈，吉利只好在“研究汽车”的名义下，一边摸索汽车的制造，一边继续争取“准生证”和各界的支持。

1998 年 8 月 8 日吉利第一辆汽车下线时，仍不被相关部门认可，所幸得到了时任浙江省副省长叶荣宝的坚定支持。中国加入世贸组织前夕，时任国家计委主任曾培炎率团至吉利考察调研。李书福在向曾培炎汇报工作时，表达了自主造车的强烈意愿，曾培炎对此十分欣赏，表示“我不反对吉利搞汽车”，为吉利的“转正”之路带来了转机。2001 年，吉利终于得到国家正式批文，成为中国第一批民营汽车制造企业的“头号玩家”。

目前学界对企业家的定义并没有一个统一的说法。熊彼特从创新的视角进行解读，更强调企业家的创新精神和能力，认为企业家是“创新活动的倡导者和实行者”，企业家的功能就是创新[①]。

德鲁克在20世纪90年代中期提出，世界目前的经济已经由“管理型经济”转变为“创业型经济”，创新和企业家精神对经济社会发展非常重要[②]。根据伊斯雷尔·柯兹纳的观点，企业家精神则是企业家在创新驱动下，既要承担市场不确定性带来的风险，又要具备捕捉市场机会的能力，以此获取利润[③]。学者研究的角度不同，对企业家精神的定义不同，但不管是德鲁克认为的冒险、信任、责任、创新，还是格里高利·狄兹认为的持续创新和适应性调整，实质上，他们都认同企业家精神就是企业对持续发展的不断追求，追求的手段可以是创新、战略调整、组织变革，追求的目的则是经济效益和社会效益的提升。

企业家精神反映了一种企业经营的战略导向或文化内涵，它受到外部资源、自身能力、市场竞争、社会环境等多种因素的影响。在不同的企业规模和所有制结构下，企业家精神存在着显著的差异[④]。纵观改革开放以来中国民营企业在市场经济条件下的发展历程，多数产业集群的发展起点处在整个产业价值链的底端，具有高度依赖劳动力、科技含量低、缺乏创新性等特征。在发挥企业家精神，更合理地调配资源并加大创新要素投入的过程中，二元性的互补机制发挥了关键作用。

---

① 旷锦云，程启智．企业家精神与企业可持续发展 [J]. 经济问题探索，2010(10):80-85.

② Drucker P F. People and performance: The best of Peter Drucker on management[M]. Routledge, 1995.

③ 唐震，廖泉文．企业家精神与战略管理 [J]. 经济导刊，2007(7):72-73.

④ 李发．企业家精神内在的市场理性与企业理性分析——创新精神原动力的考察视角 [J]. 中国集体经济，2012(34):50-53.

李书福利用灵活的战略思维和创新的战略布局完成了“曲线救国”的壮举。创新驱动下的企业家精神能够让李书福准确把握机会窗口，同时，战略理性又消弭了不确定性带来的风险[①]。六年的东奔西走，换来的不仅是这张宝贵的“准生证”，在各级领导和政策条件的支持下，吉利自主研发汽车的信心也日益坚定，经过不懈努力，最终得以跻身中国“3+6”的汽车制造新格局。

**老板工程的经营体创举**

作为吉利发展初期的重要经营战略，“老板工程”是李书福理性冒险企业家精神的重要载体。造车之初，李书福并没有钱来建厂扩大生产，需要资金来源的他，以企业家精神的内驱力，开启了中国企业“野蛮生长”时期经营模式的创新实践。当时他开创性地想到了一种“联合经营”的概念：在当地找遍亲戚朋友和老板名流，大家带上钱，入伙一起干，年终结算的时候按照资金投入和经营绩效进行分红。

然而，理想模式抵挡不了残酷的现实。这种“老板工程”在企业盈利时能够产生很大的黏合作用，但企业经营环境一旦出现波动，却很容易引发撤股和撤资风险。有些投资者的投资行为，以眼前效益的最大化为唯一追求，产品的质量标准、管理的科学态度、合作的平等意识等均被弱化，由此衍生出产品质量不过关、企业内部家族化等一系列问题，其短视、狭隘的经营决策也严重偏离吉利的长期战略目标，逐渐成为吉利发展壮大之路的一道障碍。

---

① 吴晓波，付亚男，吴东，雷李楠．后发企业如何从追赶到超越？——基于机会窗口视角的双案例纵向对比分析 [J]. 管理世界，2019,35(02):151-167+200.

李书福为了实现资金和人才的柔性管理，为老板工程赋予了互补制约的双元机制：不但要请资金持有者加盟吉利，与吉利合伙创办子公司或分厂，让有“财”人成为“老板”，也要请有“才”但缺“财”的人加盟吉利，成为吉利管理人员，靠自己的才华同样成为“老板”。就这样，李书福推行的老板工程，使有钱的投资者和有能力的管理人才纷纷加盟吉利集团，相互制约，各取所长，实现整体效益的最大化。公司的业务范围也从摩托车制造业开始，迅速向汽车、装饰材料、教育等行业拓展。在新建的分厂、子公司中，吉利有的是全资投入，有的是控股、参股，这样，一个多种经营模式并存、有着极高生产力的混合型经济集团便产生了。

老板工程的核心在于，“老板”不仅是投资建厂的加盟者，也是经营实干的合伙人。“自主经营，自负盈亏”的理念使得老板们的切身利益与工厂绩效挂钩，每个经营单位内部都培养起很强的组织凝聚力，对当时汽车产量的提升起到了十分显著的促进作用。

为了持续优化老板工程，李书福进一步强调规范的“四化”管理：知识化、年轻化、决策科学化、管理民主化。对已经加盟的“老板”，如达不到“四化”要求，必须进行调整，并采取指派管理人员、财务人员、质量监督人员参与管理的办法，将分厂和子公司各部门纳入大集团的规范化管理中。

后来李书福解释道：“我这个其实不是老板工程，不是说把老板们叫过来跟我一块儿来投资造车，实际上应该叫老板化工程。老板化工程是什么？就是让各个投资人成为各个区块的老板，他要真正对这块业务负责，要有经营意识，要为结果负责。”实践证明，老板工程成效卓著，李书福再次用理性的企业家精神，稳健地完成了企业早期的能力构建，为起步阶段处在资金和技术困境中的吉利注入了强大的组织生命力。

**二元性与中国文化**

20 世纪 80 年代末，随着企业资源观的提出，学界对企业竞争优势的理解得到进一步深化，并由此引申出组织二元性的概念。组织二元性发源于邓肯（1976）提出的“二元组织”（ambidextrous organization），并被学者迅速应用到组织学习、战略联盟、技术创新以及跨边界知识整合等领域。组织二元性被认为是企业竞争优势的非常重要的来源。同时，相关研究不断得到丰富和深化，并逐渐成为一种新的研究范式[①]。

组织二元性本质上是指企业兼顾两种具有竞争关系的战略活动的能力。詹姆斯·马奇（1991）最早提出探索（exploration）和利用（exploitation）的概念之后，学者们发现，企业中两种具有竞争关系的战略活动都可以用这一对概念来表征。其中，探索是追求新的知识，利用是对既有能力、范式的提炼和延伸。本章利用这种二元性研究范式，旨在探讨在冒险与理性两个竞争要素共存的条件下，企业家精神参与创新活动时表现出的互补性和包容性特质，从而为民营企业家的商业实践提供启发式观点。

简而言之，组织二元性更像是中国传统文化中所蕴含的“阴阳调和”概念，只有保证整个运作过程中两极协调共生，不失平衡，才

---

① 吴晓波，余璐，雷李楠．超越追赶：范式转变期的创新战略 [J]. 管理工程学报，2020,34(01):1-8.

能维持整个系统的动态稳定，让组织长期地发展下去[①]。西方组织学习理论中所倡导的“二元性”，主要分为探索和利用两种创新方式。探索式创新是“进入新产品市场的技术创新活动”，而利用式创新则是指“改进既有产品市场的技术创新活动”[②]。李书福的企业家精神融合了东西方两种学派的精髓：他的冒险精神驱动了初创期的吉利对先进知识技术的吸收和学习，而他的理性思想能够让组织对学到的知识进行挖掘、延伸和本地化改进，二者的共同作用维持了企业的可持续竞争优势和健康发展。在现有汽车技术体系成熟的条件下，吉利利用本地化改进的渐进式创新，进入之前并未涉足目标市场，抓住了宝贵的市场机遇，具有较高的成功率，这是值得后发企业借鉴的宝贵经验。

## 非线性成长之“理性冒险”

甘愿冒险是企业家精神的五大要素之一，是其本质的重要体现。创业者之所以与其他人不同，就在于他们有承担不确定性和风险的意愿。企业家的冒险精神促使企业敢于把握机会窗口，通过积极变革来实现突破，驱动商业模式的创新。同时，进取的冒险精神有助于企业通过积极的方式响应竞争变化与市场需求，因而对市场

---

① 吴晓波，余璐，雷李楠．超越追赶：范式转变期的创新战略 [J]. 管理工程学报，2020,34(01):1-8.

② 许庆瑞，吴志岩，陈力田．转型经济中企业自主创新能力演化路径及驱动因素分析——海尔集团 1984—2013 年的纵向案例研究 [J]. 管理世界，2013,000(004):121-134.

绩效有积极作用[①]。从不甘平凡下海经商，到“一意孤行”创办吉利，李书福坚持梦想、不达目的誓不罢休的性格，在他的冒险精神中打下了深深的烙印。通过对李书福言论的回顾和解读，我们看到，言语和行为“疯狂”的背后，折射出的是有思想、有战略的大作为。

除了冒险这一核心要素，实践、知识、创新和责任是企业家精神里不可或缺的其他四个维度。从吉利的前期发展轨迹来看，李书福看似莽撞的每一步险棋，早在他的深谋远虑之中。从心底埋下造车的种子以来，李书福年少时对机械、汽车的向往和热爱，使他甘愿为之冒险；而回顾他的创业历程，从制造业、摩托车业的早期积累到后来汽车赛道的跃迁，每一步都是经过理性分析的。

理性不仅体现在提纲挈领的战略定力上，也体现在李书福企业家精神的细微之处。《对话》栏目中曾有企业家直言不讳地反驳李书福的造车理想，说中国加入 WTO 后进口汽车关税会下降 30%，价格降下来以后老百姓就买得起了。而且汽车不是马车，其复杂系统对生产技术和资金投入要求极高，规模化生产和技术创新需要长期积累，没有核心竞争力的汽车生产企业，在中国市场根本不可能找到生存空间。李书福的回答十分从容，他曾研究了国家新的政策，关税下调 30% 是到岸价格的 30%，绝对价格下调幅度其实不大，更何况税金下调前还有三年的缓冲期，这也正是吉利奋起发力的黄金期，足够在国内市场站稳脚跟。以摩托车产业举例，在国外

---

① 李巍，丁超．企业家精神、商业模式创新与经营绩效 [J]. 中国科技论坛，2016(07): 124-129.

产业链十分成熟、国内毫无生产经验的情况下，吉利成功研制出了国内第一辆踏板式摩托车。造车与其说是面临风险，不如把它当作又一次有把握的挑战。

另外，对企业家精神理性层面的理解不能脱离当时的社会背景。20 世纪 90 年代中期以后，市场经济的不断发展，影响了中国社会理性化的发展方向[①]。韦伯对理性的理解包括三个层面：可量化（由投入就可以知道产出）、条理明确的行为（可遵循的流程）和反思（寻找新的方式改进工序）。李书福进军汽车行业的一个重要原因就在于，面对旧有的汽车产业格局，他既有抢占市场、舌战群雄的“闯劲”，也有战略落地、弯道超车、对经营模式的思考等方面的持续内驱力，并最终整合到吉利“奋斗者文化”“对标文化”“合规文化”“问题文化”的文化体系中。

对于理性与冒险关系的探讨，正是在管理理论与吉利实践的碰撞中变得愈发深刻。在汽车生产体系相对粗放的时代背景下，李书福恰恰看到了这个在国外已然成熟的生产范式正在搜寻一个巨大的市场。在其他人看来，这无疑是一次冒着巨大风险的创业，而在李书福的眼里，汽车市场是一个宝贵的机会窗口，是他战略定力的源泉，也是他冒险行为的底气。

李书福之所以能够穿透大多数人所认为的“非理性”迷雾，是因为：第一，汽车行业的成熟已经得到实践证明，不需要再付出探索的成本；第二，长期深耕制造业所培养出的敏锐嗅觉让他相

---

① 左小德，张进财，陈振炜．中国企业管理创新的驱动力——兼与西方企业的比较 [J]. 管理世界，2015(01):182-183.

信，便捷、安全的汽车一定会在中国大放异彩。尽管技术与人才匮乏，但只要抓住时代的脉搏，遵循经济发展的规律，保证战略定力和执行力，吉利成功就只是时间问题。因此，我们认为“冒险背后的理性”更能揭示出李书福企业家精神的本质特征。

李书福所具备的企业家精神，彰显了理性与冒险的深度融合与二元统一。尽管创业初期的李书福尚未确立完美的战略定位，也暴露出了产品质量差，资金链、供应链不完善等许多问题，但他能够理性地利用成熟技术开拓潜在市场，弥补了质量管理和供应链等环节的短板，彰显了不确定性下的战略定力。他的前瞻眼光和敏锐嗅觉让他用打破常规的商业思维，把握市场风向，预知行业趋势；而他对细节的不懈追求和执着的理想信念也能把造车的伟大理想拆解成一个个阶段性目标，把看似无法克服的困难分阶段解决，以灵活的商业头脑和创新思维迅速切入市场并持续积累势能，奠定了进一步成长的良好基础。

从吉利非线性成长的发展轨迹来看，李书福把看似冲突的冒险和理性统一起来，摆脱了线性思维中的对立视角。非线性系统发展初期往往具有混沌的特性，即确定系统中整体行为表现出的不确定性、不可重复性和不可预测性。作为民营企业的吉利，在初创期没有完善的组织、制度、文化的情况下，很容易出现不稳定的混沌现象。而二元性的企业家精神能够在混沌阶段引领创新，发挥关键性作用，促进组织、制度、文化的构建与完善，为吉利的长期发展奠定坚实的基础。

这也从另一方面证明了，机会总是留给有准备的人，敢闯敢干是李书福一路走来的人生信条，忧患意识是他商海沉浮的重要准绳。正是利用这样的战略定力和前瞻性探索，理性与冒险的二元作用打破了民营企业创建初期线性发展的常规模式，勾勒了吉利非线性成长的轮廓。此时的吉利正扬着理性与冒险的风帆，向遥远的彼岸启航。

第二章

# “三生万物”

1996 年的夏天，李书福与安聪慧一起被堵在外出办事的路上。他们坐的是一辆奔驰，堵在前面的是一辆柳州五菱的客货两用车。安聪慧问李书福:“我们造车，是造前面那样的车吗?”李书福回答:“不是，我们要造奔驰这样的车。”为了造车，李书福买来很多好车，类型有跑车、轿车、客车，品牌有奔驰、宝马、丰田，各式各样。吉利的第一辆车“吉利一号”，用的是红旗的底盘、奔驰的外形、玻璃钢的车身，但它很快就暴露出各种问题：方向盘转不回来、门下坠、玻璃钢稳定性不足等。同时，由于没有生产权限，吉利很快便接到了要求停止生产的通知。

“吉利一号”的夭折让李书福认识到，在“缺人，缺钱，缺技术”的情况下，豪车梦只能搁置，造豪车没有捷径可寻。

---

1997 年，当李书福大胆对外宣布投资 5 亿元进军汽车业时，引来的却是质疑与嘲笑。汽车行业是一个资金、技术、人才密集型的

行业，尽管当时的吉利可以拿出5亿来，但是这对汽车产业来讲不过是杯水车薪。吉利不仅缺少人才、资金、技术和设备，也没有“准生证”。换句话说，吉利除了有造汽车的一腔热情，几乎什么也没有。据李书福回忆：“吉利造轿车，有些媒体不信，有些银行不信，行业不认可，就连有些汽车零部件厂商都不愿意卖给我们零部件。”

企业是各种资源的集合体，其所拥有的异质性资源，是竞争力差异化的来源。然而，发展初期没人、没钱、没技术的吉利，并不具备任何资源优势。那么，吉利究竟是如何实现从0到1的突破，培育和获取特殊资源，为企业带来竞争优势的呢？本章旨在梳理吉利在一穷二白的情况下，吸收和培育优势资源的过程，重点探讨吉利在发展初期通过快速学习搭建外部网络的整个过程，再现企业“道生一，一生二，二生三，三生万物”的成长态势，为后发企业在缺少资源的情况下实现快速追赶提供宝贵的经验。

## 招兵买马

在李书福看来，人才创新的成败决定了吉利战略的成败，如何有创造性地发现人才、培养人才、使用人才、发展人才，是一个巨大的考验，也是中国汽车行业亟待解决的问题。在“聚才、留才、育才”三管齐下的人才保障措施下，吉利逐步走出了发展之初所面临的“人才荒”的困境。这些优秀人才成为吉利汽车后来居上并在激烈的竞争中构建竞争优势的重要保障，促使吉利实现“化蛹为蝶”的蜕变。

## 一手造车，一手育人

吉利是21世纪的一个汽车婴儿，家庭背景等各方面条件都不算优越，家里也不富裕，出生的时候还没有户口，一天到晚受人歧视。在这种情况下，如何能够健康地成长起来？所以我们要有自知之明，必须埋头苦干，谦虚好学，勤奋上进，要认准方向，提炼一个精神，凝聚一股力量，完成一个使命。

——李书福

1998年，吉利共生产了近100辆豪情轿车，然而，第一批车在测试项目中就暴露出了漏水以及车门表面刮灰不均等质量问题，这些问题都源自车身工艺水平不高，最终，这一批车被直接销毁。当时吉利的一线员工并未受过专业的高等教育，都是通过社会招聘等方式进来的，因此，人员的能力水平限制了企业的制造工艺水准。吉利迫切需要一批能“学懂工艺，看懂工艺”的优秀蓝领工人，并进一步推动企业规范化、标准化运行。

豪情在研发、生产过程中暴露出的问题，归根到底都是吉利在相关领域的人才储备不足导致的。认识到人才的重要性后，李书福通过与大学合作研发项目以及发放奖学金的方式，招募了60多个大学生。对这些大学生来说，在吉利工作的地位和处境，难以与福利丰厚且工作轻松的“铁饭碗”相比，这使他们很快面临“水土不服”的问题。

为了培养出与中国汽车工业发展需求相匹配的优秀人才，吉利下决心自己建学校，培育自己的人才成长土壤，构建自己的文化群落，形成可持续发展的人才成长环境。1997 年创办的浙江经济管理专修学院和 1999 年在北京创办的吉利大学便应运而生。“一手造车，一手育人”的方式为吉利的发展打下了基础。

表 2-1 吉利发展过程中的教育布局进程

| 时间 | 教育布局重要事件 |
| --- | --- |
| 1997 年 12 月 24 日 | 浙江经济管理专修学院成立 |
| 2000 年 6 月 8 日 | 北京吉利大学（现吉利学院）建成，这是一所全日制民办普通高等职业院校 |
| 2001 年 12 月 12 日 | 浙江吉利技师学院成立 |
| 2004 年 4 月 6 日 | 台州市教育局发文批准浙江吉利中等专业学校与浙江吉利技工学校合并，更名为浙江吉利汽车工业学校 |
| 2005 年 4 月 | 吉利出资 2 亿多元资助建设的海南大学三亚学院建成 |
| 2005 年 12 月 17 日 | “吉利未来人才基金”助学工程正式启动 |
| 2006 年 5 月 8 日 | 浙江汽车职业技术学院成立 |
| 2006 年 7 月 2 日 | “光彩吉利”教育资助行动暨寻访贫困学子行动启动仪式在北京人民大会堂举行 |
| 2007 年 4 月 14 日 | 受中国汽车工程学会委托投资建立的中国第一所民办研究生院——浙江汽车工程学院开学 |

在李书福看来，教育是国家发展的基础，是国家最重要的竞争力，发展中国教育事业就是发展中国经济社会的核心能力。国产汽车要想有出路，就必须有强大的人才队伍作为支撑。1997 年，吉利进入汽车行业之前便筹办学校。二十多年来，吉利共创办 10 所院校，培养层次从职高到研究生，累计为社会输送了 15 万人才，每年有近万名毕业生走上工作岗位。“吉利办教育既是一种责任，也是一

种情怀；既是对教育事业的忠诚与向往，也是因地制宜，为吉利汽车工业发展提供人才保障。”李书福在北京吉利学院开学典礼上这样说。

作为民办教育的代表，吉利学院以先进的教育理念、科学的教育实践和优秀的教育成果，成为民办高等教育战线的一面光辉旗帜，成为推动高等教育改革的重要力量。2005年，心系教育的李书福将目光瞄准了教育资源相对匮乏的海南，出资建设了三亚市最早、规模最大的民办本科院校——三亚学院。现在，这所学校已经成为中国成长最快、最具竞争力的综合类民办大学之一。2012年，吉利投资建设湖南吉利汽车职业技术学院，这所以培养汽车类高技术人才为主的全日制普通高等职业院校，是中国汽车工程学会指定的人才培养基地。

正如李书福所说，造就一所可持续发展的、受人尊敬的大学，不是一日之功，更不是一人之功，而是像一场接力赛，需要不断向前推动。2010年“两会”期间，全国政协委员李书福提交了《关于中国产业转型升级与教育改革协调发展的提案》。多年以来，李书福始终认为，对大学来说，研究型人才的培养很重要，应用型人才的培养也很重要，两者不是矛盾关系，而是互相支持、互相补充的关系。

如今，高层次技师技工的培养已经成为我国汽车工业的一个重要课题。创新能力竞争是与技师技工密切相关的全面、立体、综合能力的竞争，许多创新成果或重大发现往往源自一线的实践与启发。吉利从诞生之初便充分运用产学研一体化思想，面对未来汽车智能化的发展方向，吉利在教育方面做足了功课。2016年起，三亚学院开始组建信息与智能工程学院，把“人工智能＋大数据”作为学科重点布局。2018 年 7 月，三亚学院投入上亿元建设全国第 25 个、海南（三亚）首个超算中心，中心算力已经升至全国高校第五位。近年来，三亚学院获得国家社科基金项目 16 项，立项数为全国 426 所民办本科院校第 1 名、海南省高校第 3 名，科研综合实力排在全国 426 所民办本科院校的第 6 名。2019 年 4 月，浙江吉利职业技术学院建成了临海首家工业机器人专项职业能力培训基地。吉利的教育机构建设和人才培养体系在不断完善中走向崭新的阶段。

## 大义聚才，真情留人

1997 年，吉利开始涉足汽车制造业。在这个资金、技术和人才密集型的产业，吉利却面临着一缺技术、二缺资金、三缺人才的窘境。成立之初，集团翻阅了 2 000 多份员工档案，只找到 3 名与汽车有关的技术人员。他们都是来自湖南某汽车改装厂的年轻人，只从事过汽车改装业务。如何为公司各部门输送所需的人才，突破这个制约吉利造车的瓶颈，成了吉利人力资源所面临的最大挑战。

李书福多次强调“人力资源是第一资源，汽车事业的发展需要源源不断的人才来支撑”，“汽车是人才密集型产品，我们要把中国的人口优势变成人才优势，并且能够为吉利汽车工业的发展提供支持，这是我们的一项重要战略”。为此，吉利建立了“相对稳定，动态平衡，优胜劣汰”的人事管理基本制度，确立了“凝聚一股力量，提炼一种精神，完成一个使命”的人才发展基本战略。

在技术上几乎是白手起家的吉利，对人才的需求如饥似渴。然而，“民营”的出身却影响着社会人才对吉利的价值判断。池浅难容蛟龙，在发展早期，吉利处于“一将难求”的境地，连招聘来的大学生也往往难以留住。在这种情况下，李书福成了吉利最大的“人才猎头”，他采取了多种举措来“招贤纳士”。

**三顾茅庐，礼贤下士**

为了邀请变速器专家徐滨宽“出山”，李书福曾不下十次登门拜访；李书福还亲自上门，与发动机专家余挺促膝谈心，邀请他加盟；为了说服著名“海归”汽车专家赵福全加盟，李书福多次诚心相邀。目前在吉利工作的几百名专家和专业人才，全都受过李书福的亲自邀请。

**袒露真情，共襄大义**

吉利在“聚才”上秉持着一条原则，就是寻找那些愿为中国汽车工业的振兴而奉献的人。吉利“造老百姓买得起的好车，让吉利汽车走遍全世界”的宗旨所折射出来的理想光芒，成为最耀眼的吸引力。原韩国大宇国际副总裁沈奉燮，就是因为“吉利最高管理层对自己的事业有着很大抱负”而加盟吉利的。吉利汽车集团高级副总裁李相才加盟吉利的时候，时任吉利汽车集团副总裁安聪慧对他说：“你愿意来，我也不能承诺你什么，第一，吉利也没有更高的工资；第二，也不可能给你总经理，因为为了实现这个梦想，我必须当总经理，所以你只能当副总经理。”相近的价值观让双方不谋而合，李相才猛然站起来说：“副总就副总，我要和你一起实现这个梦想。”

**充分授权，放手工作**

吉利在“用才”方面采取“充分授权，放手工作”的策略。不论是早期加入吉利的变速器专家徐滨宽，还是发动机专家杨建中、底盘专家华福林、“海归”汽车专家赵福全等，都在吉利得到了充分施展才华的平台。吉利的“聚才”策略立竿见影，一大批认同吉利理念的各类专家加盟吉利，很快就改变了人才奇缺的局面。

从1999年开始，吉利吸引了来自国内三大汽车集团等国有企业和合资企业的大批管理专家、技术专家和工程技术人才，他们在决策层、技术管理层、生产制造层等各个领域发挥了重要的作用。他们的积极工作，为吉利搭建起了与国际接轨的研发平台，而这些高技术平台，又吸引了更多人才投身吉利，收到了良性循环的效果。到2006年，吉利已经形成了一支实力雄厚的专家队伍，他们是吉利在汽车行业后来居上的重要保障。

吉利“凝聚一股力量，提炼一种精神，完成一个使命”的人才发展战略，吸引了一大批有理想、有抱负的年轻学子和有责任感、有使命感的国有企业老专家、老顾问加盟吉利。尽管没有最好的福利待遇，也没有最好的工作条件，在振兴中国民族汽车工业的使命感召下，一批有志之士相继走进了吉利的大门。靠这些人，吉利敲敲打打，造出了第一辆自主品牌的轿车。

吸引到人才后，如何留住人才？吉利有自己的“四要素”。

**事业留人，筑巢引凤**

吉利的员工队伍从1997年的1 000多人发展到了2010年的17 000多人，研发人员从2006年的不到400人迅速发展到2010年的1 600余人，其中包括来自美国、日本、德国等发达国家著名汽车企业的“海归”人员和硕士、博士300余人，人才队伍壮大速度非常之快。其根本的吸引力，是吉利这个逐渐壮大的企业品牌和迅速扩展的事业平台，给了各类人才自由翱翔和发展的广阔空间。

**感情留人，真情换真心**

吉利一直秉持“人才资源是第一资源”的观念，这些有抱负、有理想、有知识、懂业务的汽车人才，是企业最宝贵的财富，吉利的自主创新，就是由他们支撑的。企业自始至终发自内心地尊重和感激他们，才能留住他们的心。对高层，尊重他们的经验和个性，不搞“一言堂”，让大家畅所欲言；对中层和骨干员工，在资金上舍得投入，情感上多贴近，使他们工作顺心，生活舒心。

**机制留人，员工与企业共成长**

每一个吉利人，在公司都可以找到自己的职业发展方向。2004年起，吉利逐渐建立起了自己的岗位体系和员工职业发展通道。2005年3月，编制完成《吉利控股集团职业（工种）分类、岗位设置指导手册》，将集团所有员工分为六大类、268个标准岗位，并编制了相应的岗位说明书，对这些岗位准确定位；同时设计了员工发展的四条通道，员工可以凭自己的业绩和能力、兴趣，在不同的岗位序列和发展通道中自由发展，无论是外部招聘还是内部培养，只要业绩优秀，就有晋升和发展的机会。

**薪资待遇留人，解决员工的后顾之忧**

要想留住人才，必须有相应的激励措施。吉利成立之初，虽然没有雄厚的资金，但一直致力于提高员工的收入，解决员工的后顾之忧。人力部根据员工不同的需求，设计了不同的激励措施。对于创业人才，以股权方式给予资助和支持；对于专业技术人才，以充分的尊重支持他们发挥才干，不做过多干涉；对于职业经理人，通过充分授权及给予期权等多种方式，建造适合他们施展才华的平台。通过解决子女上学、家属就业、家庭住房等问题及开办幼儿园等种种措施，使员工安心工作，踏实生活，发挥其最大的潜能和智慧。几乎每一个基地，都建有吉利小区，食堂、操场、文化娱乐设施一应俱全。企业还拿出资金资助重点中小学，为的是让吉利员工的子女接受良好的教育；在节假日生产任务重的时候，企业出路费邀请员工家属来基地旅游，让员工享受天伦之乐……“快乐人生，吉利相伴”已成为吉利人口口相传的美好信念。

从早期的浙江经济管理专修学院，到全方位办学、体系化培养的浙江汽车工程学院，有前瞻性的教育布局为吉利的发展提供了有力的人才保障，使吉利在产学研协同发展方面走在了行业前列。吉利选择了比普通高校更贴近企业实际需求的教育模式。

**创新教学模式，培养实践型应用人才**

吉利深谙“人才决定一切”的道理，从进入汽车领域的第一天起，就实施了庞大而长远的育人计划，举措之一就是下定决心办自己的学校，培养有道德、有知识、懂业务、会动手、能吃苦的汽车专业人才。吉利创办的学校坚持“理论够用，实践为重，科技创新，人格本位”的办学理念，以“一切从名牌出发，办中国最好的大学”为办学方针，创出了中国民办高校发展史上的一个奇迹。企业的不断发展对人才提出了更高的要求，吉利开始着手创办培养更高层次人才的高等院校。2007 年，浙江汽车工程学院成立，这是中国第一所重点培养车辆工程等专业的硕士、博士的研究生院，下设工学院、管理学院和营销学院，旨在培养吉利内部的中高层管理人员、技术人员和营销人员。

**整合资源，全球挑选一流师资**

为贯彻“走进校园是为了更好地走向社会”的教育理念，确保培养出能够学以致用的合格人才，吉利从全球各地大规模高薪聘请名师。比如，吉利学院聘请了国内名牌大学前校长和两院院士担任校长、名誉校长，从北京大学、清华大学、中国人民大学引进了500余名教授、副教授、高级工程师，聘请国外著名学者来校任教，形成了1 000余人的强大师资队伍。浙江汽车工程学院拥有特聘教授70人、专家51人、博士生导师48人，汇聚了国内外知名汽车学院教授，汽车产业界、财经界顶级实战专家及科研带头人，此外，还有来自美国、欧洲、日本、韩国的高等院校及科研单位的学者。吉利内部的高管，也是研究生教育的核心导师资源。这一来自世界各地、各行业的“全明星阵容”，为吉利的人才培养提供了最前沿和最具实战意义的师资保障。

**急用先学，立竿见影培养应用人才**

吉利旗下的院校始终坚持以就业为导向，面向企业需要和社会需求，灵活开设专业。浙江汽车职业技术学院培养一线专业技术人才，共开设汽车制造与装配技术、汽车检测与维修技术、汽车电子技术、数控技术、模具设计与制造、机械制造与自动化、检测技术及应用等13个专业；吉利学院和德国职业教育机构联合办学，引进德国成熟的技术培训体系，培养国际水平的高端现代化专业技术人才；浙江汽车工程学院培养高层次专业人才和管理人才，其工学院、管理学院、营销学院，采用外部理论导师和内部实践导师并行的“双导师制”培养模式，研究生论文课题完全来自企业运营和技术创新中的难题，能否毕业取决于难题的解决程度，避免了传统研究生教育脱离实际的缺陷。这种教育模式以实用性为导向，以人才培养为核心，以人才发展为战略，计划注重“针对性”，过程体现“实战性”，课程内容强调“实用性”，能够培养和造就汽车产业链各个环节、各个层次的领军人物。

**教学创新，坚决推行“311”培养模式**

从吉利学院、浙江汽车职业技术学院到海南的三亚学院，吉利教育集群中广泛推行有吉利特色的人才教育模式——“311工程”。“3”是指3门职业基础课，第一个“1”是指以人格教育为核心的职业道德素质课，第二个“1”是指围绕一个岗位或职业而设计的专业课程体系。该模式的主要特点是教育指向性非常明确，从社会和岗位需求出发，垂直培养全面发展的学生。吉利分布在全球各地的生产基地、汽车研究院、销售公司、集团总部、动力总成事业部等，为学院各专业的学生提供了优越的校外实习条件，形成了具有吉利特色的产学研结合的人才培养链，学生从进校门起就有非常明确的专业方向。教育为产业提供智力资源，产业为教育提供实践支持，吉利的产学研浑然一体，营造出“人人是老师，人人是学生”的学习研究氛围。吉利通过自主办学，为汽车产业培养出了成千上万的应用型人才。这些人才深受市场欢迎，学生就业率达到95%以上，许多专业的学生尚未毕业就已被企业预订。截至2010年年底，吉利汽车生产一线的技术和业务骨干的60%以上是吉利旗下的职业教育院校培养的；在吉利汽车研究院1 600名科研人员中，吉利“自产”的人才占到40%以上；汽车工程学院在读硕士、博士127名，均为企业各个环节的主要管理者和操作者，承担着企业规划、战略决策、产品设计、市场营销等实际工作，德才兼备，科研攻关硕果累累，是企业财富的直接创造者。同时，吉利培养的经销商、供应商、总经理累计达500名。对教育和人才的重视，也从原来的战略布局逐渐融入吉利的企业文化之中，塑造着每个吉利人的人才观和事业观，也始终指引着企业长期发展的方向。

## 开源节流

吉利从无到有的最大挑战在于，企业建立初期资源不足，作为汽车市场的新进者，面临着严重缺乏资金、资源和技术的重重考验。吉利顶着巨大的压力，清晰定位，以管理创新引领制度变革的思路，进行快速学习和本地化创新，在尚未形成完整研发体系的情况下，以“低价战略”切入市场，通过流程建设，将管理创新提升到战略高度。由此创造出的产品线管理制度和“3+3”滚动订单管理模式，在实践中提高了产品质量、服务质量和经济效益，引领吉利迈入高质量发展的轨道。

### “花小钱办大事”

花小钱办大事，不花钱也办事。

——李书福

**实行产品线管理制度，让研发更加贴近客户**

如何把客户真正喜欢的东西留下来，把客户不喜欢的东西去掉，把成本降下来，把价格降下来？这是吉利在实行低价战略时需要考虑的问题。在传统的生产制造企业，研发、采购、生产、销售往往存在脱节的问题，研发出来的产品价格过高，客户不喜欢，销售不出去。吉利独有的产品线运营中心很好地解决了这一问题，使得研发更加贴近客户。

在吉利，产品线不是成本中心，而是一个利润中心。具体来说，就是由产品经营长把产品研发、采购、销售的一整条线牵起来，经营长要参与项目售价、销售政策的制定，其中采购降成本、利润考核是焦点。这个牵头人要拉动产供销一条龙，并对这些环节的绩效表现负责；他更多的是一个业务型的领导，以业务来拉动各个模块，把资源调动起来，这样就不存在推诿扯皮的现象。

在造型概念设计的阶段，销售部门就要参与进来，便于早期参与意见，在开发之初定义好车型、风格。由于销售岗位的员工对市场的把握更加成熟，他们在某种程度上更贴近客户的真正需求。在开发之初考虑销售的意见，才能更清晰地理解客户所需。此外，这一制度能够更加清晰地体现每名员工的贡献，使评价更加客观，收入分配更加合理。

2011 年，吉利提出“两个转变”“两个调整”的经营工作思路，实现了从“产品线管理”向“品牌线管理”的调整。在此之前，产品线管理制度在吉利的发展中发挥了重要的作用。

**实行“3+3”滚动订单管理模式，实现内部市场化**

随着国内汽车工业日渐繁荣，生产水平和供给能力大大提高，国内汽车市场也由原来的卖方市场迅速向买方市场转化。吉利意识到，生产管理和库存管理将成为影响产品和市场竞争的重要因素。在初期尚未积累起技术优势的情况下，吉利根据自身的特点和发展需要，努力改变生产被动、市场反应慢、库存积压多、资金压力大等经营困境，通过内部流程再造与市场化机制的有机结合，创造性地提出“3+3”滚动订单管理模式。

“3+3”滚动订单管理模式通过在销售部门和生产部门之间实行内部市场化机制，将两个部门的工作紧密联系起来，从而实现 6 天内完成客户订单的目标。销售部门和生产部门分别完成滚动订单的编制和实施任务，以内部市场化机制，实现两大部门之间的相互监督和考核。具体方式是：

（1）销售公司每天收集并汇总经销商的销售订单情况、货款到位情况及各基地成品车库存情况，以编制未来 6 天的生产订单。其中，前 3 天的生产订单为不允许更改的确认订单，后 3 天为最大改动不超过 30% 的预测订单，并及时下达到各制造公司。

（2）整车制造公司必须按照订单合理调配生产资源，以指定产品的品种、规格和数量，向销售公司完成产品交付。

（3）销售和生产是上下游环节，需要在订单运作过程中互为客户，互相考核。若因订单满足率未达成而造成公司损失，销售公司可向制造公司索赔；反之，订单均衡率也是制造公司考评销售公司的重要指标。

通过管理创新，吉利实现了销售与生产的紧密对接，在健全和改进两大核心直线部门流程运行体系的过程中，实现了对市场的快速反应，成功降低了库存成本，提高了企业的综合竞争力。

**打造三链协同模式，形成科学的决策流程**

2004 年前后，随着企业的迅速扩张，吉利在经营管理方面逐渐显现的短板，成为企业发展新的制约因素，迫切需要进行改革。同年 7 月，吉利成立了流程再造领导小组，李书福亲自出任组长，具有多年汽车行业从业经验的张爱群被任命为流程再造办公室主任。工作组通过在吉利内部发放调查问卷，收集、总结了 5 个方面的 69 个问题，发现“决策随意性太强，缺乏科学决策流程”是造成集团战略目标不清晰、组织机构不健全、人员不稳定等 3 个方面问题的主因。

在深入调查研究的基础上，吉利对企业管理方面的一系列问题进行了长达数年的改造。将过去“董事会领导下的总裁负责制”调整为“董事会领导下的经营管理委员会负责制”；集团内部建立起目标体系、激励体系、评价体系、仲裁体系、价格体系等五大体系，实行“内部经营市场化”；根据“定流程，定机构，定职责，定编制，定岗位，定人员”的总体部署精神，对各一级子公司的领导干部实行聘任制；围绕集团深化流程再造和建立内部市场化的方案，进一步推行并落实“人人都是经营者”的计划和具体分工。

2006 年，在总结、深化以往工作的基础上，一场更为深刻的被称为“三链协同”的流程开始全面推进。所谓“三链协同”，就是以提高企业竞争力为目标，着力打造营销链、研发链、供应链 3 条核心价值链。

**打造研发链**

2006 年，李书福邀请“海归”专家赵福全担任集团副总裁，承担整合技术体系的重任。赵福全将分散在各个基地的技术力量统一起来，集中到吉利汽车研究院。由此，吉利的创新能力迅速增长，原来的研究院 1 年只做两款车，整合后 57 个项目同时进行，光整车就有 18 款。

**整合供应链**

吉利原来的采购体系，分散到每一个子公司。整合后，一方面变分散采购为集团统一采购，提高了供货网的集中度，另一方面强调产品的通用化、标准化，提升了供应商的共享度，与供应商结成自主品牌的战略联盟，分享设计和创新成果。

**规划营销链**

2006年以来，销售系统逐步实施“分产品销售”。根据吉利过去的经验，一个地方只有1个经销商不够，2个以上又会产生竞争，导致盈利能力下降，售后服务投入不足。为此，吉利进行品牌规划，通过3年的努力，在市场上形成了全球鹰、帝豪、英伦3个不同定位的子品牌各自独立的销售和服务网络，一个地方3家店，实现多品牌营销。

在此基础上，吉利集团全面实施信息化，建立起现代化的ERP系统，在采购、生产和销售环节实现了“三网对接”，客户也可以通过ERP系统下订单，实现了产、销、研一体化。

## 香港上市

和浙江的很多民营企业一样，吉利集团从成立之初就烙下了深深的家族印记，当年和李书福一起打拼的兄弟都是吉利的创始人。随着企业的不断壮大，家族企业的先天弱点逐渐暴露出来，自2000年起，把家族企业转制为现代企业，越来越成为吉利集团迫切需要解决的根本问题。经过两年时间的酝酿和股份重组等准备工作，吉利顺利改制，开始实行职业经理人制度。

从家族制企业转型为现代股份制企业，其标志是职业管理专家和专业技术人员开始逐步替代原有人员，进入公司的主要管理岗位。吉利集团的财务部、办公室、人力资源部、品牌形象宣传部等，基本都换上了有着良好教育背景的“新人”。

坚决实施改制，为吉利以后大规模地“招贤纳士”铺平了道路。自2002年起，吉利先后聘请了徐刚、柏杨、南阳、展万金、徐兴尧、董显铨等一大批业界和社会各界的专业人士担任吉利集团的总裁、首席执行官、副总裁等职务，这些优秀人士加盟吉利，运用各自的专业知识，很快改变了吉利的面貌，推动吉利在较短的时间内实现了从家族制向现代股份制企业的转型。

同时，此举也为不久后的上市创造了有利条件。2005年5月10日，吉利在香港成功上市，在国际化道路上迈出了重要一步。

自2000年以来，吉利一直在朝着国际化的目标前进，一方面与韩国大宇国际株式会社、德国吕克公司、意大利汽车项目集团等国际汽车巨头展开技术合作，另一方面积极开拓国际市场，2004年产品出口国家、地区已达30多个。

为了更快地走向国际平台，从2003年4月开始，吉利积极与香港国润集团合作，推进吉利汽车在香港的上市。2005年5月，吉利完成了对Proper Glory公司其他三名股东股权的收购，成为该公司唯一的股东，拥有上市公司吉利汽车约60.68%的股份，从而成功实现在香港的上市。

作为一家内地民营企业，国际大舞台对吉利的发展和成熟极其有利：一是有利于吉利尽快建立与国际接轨的经营模式和管理体系，在国际化道路上再迈出重要一步；二是公司的管理层次会有所提升；三是借此拥有了一个良好的融资平台。

## 非线性成长之“三生万物”

企业拥有的独特资源可以作为其能力构建的基础，帮助其获得竞争优势[1]。而在发展初期一穷二白的吉利，恰好回答了后发企业在资源匮乏、创新能力不足的困境中，如何"无中生有"，节俭高效地培育和获取外部资源，积累自身能力的问题，这也为后发企业在发展过程中建立能力替代、能力转换和能力重构的体制[2]，培养动态的技术创新能力以实现技术追赶提供了思路[3]。

吉利对外部环境表现出了敏锐的洞察力。这是一种发现外部问题、预测外部变化、识别外部环境、进行清晰判断，从而与环境变化保持一致的能力，是企业构建二次创新能力的起点。环境洞察力的主要载体是企业高层管理者对于动态环境的认知结构。作为企业的决策者，高层管理者需要对外部环境进行创造性搜索和战略性意义建构，调节自身和企业的注意力配置和资源配置，提前制订计划以应对外部的机会或威胁。吉利进入汽车行业之初的"低价战略"以及2003年之后的质量转型，都是企业洞察力的体现。在"准生证"的问题上，吉利采取的是迂回获取造车资格的方式，尽管一开始只能生产"有头无尾"的两厢车。

而对于不可交易的内部资源（如人才），企业就要提高自身的资源存量并使之处于激活状态中，同时通过获取外部资源，达到与内部资源整合的效果，盘活内部资源。吉利通过自建学校以及董事

---

① Barney, J. (1991). Firm resources and sustained competitive advantage. Journal of management, 17(1), 99-120.

② Teece, D. J., Pisano, G., & Shuen, A. (1997). Dynamic capabilities and strategic management. Strategic management journal, 509-533.

③ Mathews, J. A. (2002). Competitive advantages of the latecomer firm: A resource-based account of industrial catch-up strategies. Asia Pacific journal of management, 19(4), 467-488.

长作为“猎头”亲自邀请人才的方式，满足了发展初期的人才需求，此后又通过制度的建立和完善，源源不断地为吉利的发展输送人才。对于技术能力，吉利通过寻求外部合作的方式，初步建立起自己的研发能力，并且进一步发展。吉利的外部资源获取也不是简单的吸收，更重要的是吸收之后的发展与积累。

《道德经》说:“道生一， 一生二， 二生三， 三生万物。”在吉利的发展历程中，对人才孜孜不倦的追求为“道生一”；人才聚集所带来的技术能力的提升为“一生二”；拥有人才与技术后的开放态势，使吉利获得上市融资的机会，此为“二生三”；更进一步，整合外部资源与能力，不断创新，逐渐形成“万物负阴而抱阳，冲气以为和”的态势，此为“三生万物”。吉利的非线性成长过程创造出的独特竞争优势和发展路径，为后发企业如何克服资源劣势，节俭高效地培养竞争优势提供了有力的答案。

第三章

# 二次创新的演进

---

**2003 年 8 月 6 日，“中国汽车知识产权第一案”在北京开庭。日本丰田自动车株式会社将成立仅 6 年的浙江吉利汽车有限公司告上法庭，诉吉利汽车美日品牌轿车商标侵权及广告语不正当竞争。这一案件，把两家公司推上了舆论的风口浪尖。**

**近一年的审理后，吉利终于等到了令人欣慰的判决：丰田败诉并赔偿吉利 8 万元。**

**这场官司不仅帮助吉利完成了最有力的品牌宣传，更使吉利认清了掌握核心技术的重要性。吉利作为后发企业从追赶到超越的典型代表，生动呈现了中国企业利用“二次创新”从无到有的开创性过程。**

---

从现代世界经济发展来看，后发经济体追赶先发经济体的典型事例主要有三次：第一次是美国赶超英国，1920 年，美国成为世界科学中心；第二次是日本追赶美国；第三次是亚洲“四小龙”追赶西欧国家。新兴经济体如中国的快速发展是正在进行的又一次追

赶[①]。汽车产业创新发展的过程同样遵循这一路径，美国车学习了欧洲，日本车学习了美国，韩国车学习了日本，中国车学习了日本、韩国等。

与发达国家的车企相比，中国车企有多方面的后发劣势，可以归纳为三个方面：市场、竞争和后发企业自身[②]。首先，发达国家车企在汽车行业已获得了良好的声誉，消费者忠诚度较高。因此，消费者在不同品牌之间切换产生的转换成本造成了后发企业的劣势。其次，发达国家车企抢占了市场的有限机会，是已经获得较高行业议价权的“在位企业”，它们在资源投入、工厂设备投资等方面能占得先机，并阻止后发企业的进入。最后，发达国家车企比后发车企有更多时间体验生产和销售产品的增值活动过程。领先车企在发展过程中积累了宝贵的生产与销售经验，专利保护制度下的先发者优势进一步加强。后发车企尚处于学习曲线的初期，难以从中获益。

中国车企面临的后发劣势日益显著，与国外领先企业的技术创新能力差距越来越大。在此背景下，中国提出了“市场换技术”的政策，旨在以外商直接投资的方式开放国内市场，引导外资企业的技术转移，中国车企获取国外先进技术后通过引进—消化—吸收形成自主研发能力。虽然对与跨国车企的合资经营是否换回了预期的技术仍然存在一些质疑，但中国的现代汽车工业在对外开放的浪潮

① 张旭昆，后发国经济增长的追赶动态及路径选择——评黄先海教授的《蛙跳型经济增长》[J]. 浙江社会科学，2007(03)：212-214.

② Cho, D. S., Kim, D. J., & Rhee, D. K. (1998). Latecomer strategies: evidence from the semiconductor industry in Japan and Korea. Organization science, 9 (4), 489-505.

中快速发展却是不争的事实，吉利作为最初受制于后发劣势的企业，也通过“二次创新”[①] 实现了技术能力从 0 到 1 的突破。

吉利从起步到汽车销量跃升至国内市场前十之列仅仅用了 7 年时间，跨越一些汽车企业十多年的发展历程，制造出了有质量保障的、中国价格最低的家用经济车型。吉利作为四处游动的“鲶鱼”搅活了中国汽车市场，以民营企业的身份为中国的轿车制造行业增添了新的经济成分。然而，吉利、奇瑞等中国自主汽车品牌在“国家队”的包围下，一度难以获得轿车生产资质，“名不正，言不顺”的身份带来了一系列的人员、资金、技术获取等问题。即便如此，吉利仍然克服重重困难，跻身中国汽车行业前列，技术能力位居行业领先地位，稳坐中国自主汽车品牌的头把交椅。鉴于吉利的技术追赶过程对后发企业的借鉴意义，吉利如何在初始资源匮乏的情况下实现技术能力突破的问题需要得到系统的解答。本章以吉利《宁波宣言》之前的技术发展为主线，从整车开发技术与核心模块技术两方面入手，解答吉利是如何实现技术上从 0 到 1 的突破的。

## 复制品?

1978 年，中国汽车年产量仅为 14.9 万辆，当时的汽车强国年

---

① “二次创新”是指发展中国家的后发企业从流程创新向产品创新转变的创新规律，是指导中国后发企业实现从追赶到超越的重要创新战略，主要包括模仿创新、创造性模仿、改进型创新和后二次创新 4 个子过程。参见 Xu, Q., & Wu, X. A model of ‘secondary innovation’ process. Technology Management: the New International Language. IEEE, 1991, 617-620. 吴晓波．二次创新的周期与企业组织学习模式 [J]. 管理世界，1995 (3), 168-172.

产量普遍在 300 万辆以上，其中美国和日本都在 1 000 万辆以上。那一年，美国通用汽车公司董事长汤姆斯·墨菲率团访华，在与当时的二汽洽谈汽车技术引进项目时，他提出了一个国人当时还不熟悉的概念——“joint venture”（合资企业）。

在“市场换技术”的政策支持下，中国汽车产业开始了中外合资办厂的新模式。1984 年 1 月，汽车产业的第一家中外合资企业——北京吉普汽车有限公司成立。之后，中德合资的上海大众汽车有限公司、一汽-大众汽车有限公司，中美合资的上汽通用汽车有限公司等相继成立。然而，合资模式的中方仅限于国有汽车企业，民营车企被拒之门外。

在国家汽车产业政策收紧的情况下，李书福依然选择进入汽车产业，引来众人摇头质疑。尽管民营企业没有市场竞争空间，当时具有前瞻意识的李书福却看到了中国汽车产业的巨大商机。首先，中国汽车产业的潜在市场规模巨大。吉利进入汽车行业的 1997 年，中国轿车生产量同比增长 24%。20 世纪 90 年代，汽车消费结构从集团消费为主向私人消费为主的转变说明轿车开始进入百姓家，市场规模迅速扩张。2009 年，中国汽车产量超过 1 000 万辆，成为全球汽车生产第一大国。其次，中国汽车产业的细分市场需求尚未被满足。国内汽车产业的中高端市场被合资企业和国外车企占据，在位企业不屑于满足创业群体对价格低廉的实用交通工具的需求，这为“造老百姓买得起的好车”的吉利提供了进入市场的机会。尽管外部环境为吉利带来了机遇，但吉利的二次创新之路依旧充满挑战。

早期的吉利汽车由于外形、市场定位、发动机与夏利极其相似，曾被公众认为是夏利的“复制品”。如今，吉利已成为少有的国内民营汽车知名自主品牌，人们可能会更关心“夏利翻版”是如何摆脱模仿方式，走上自主创新之路的。

## “拆”出来的“吉利一号”

造个车很简单嘛，就是一个发动机，四个轮子两张沙发，没什么了不起的，把这些搞透就行了。

——李书福

“吉利一号”是吉利打造的第一台车。初创期的吉利，在汽车技术上可以说是从零起步。吉利对内采取逆向工程的模仿创新模式，对外采取从雇佣中学习（learning by hiring）的模式。在“奔驰+红旗”的战略引领下，李书福以“总工”的身份，带领从吉利摩托厂里挑出的3个在湖南汽车制造厂干过的“工程师”，开始了以模仿创新为主要形式的技术学习。

据钣金工师傅陶江华回忆，吉利第一款车的设计制造过程带有几分“悲壮”的色彩。汽车外观方面，在没有图纸和专业工程师的情况下，李书福亲自带领工人到大街上“考察”，看到造型前卫、线条优美的进口车便停下研习，记好造型的尺寸和角度，回厂后便在试制车间赶制模具。在底盘和动力系统等复杂结构方面，李书福投入百万余元，买来几辆奔驰、宝马、红旗轿车，让工人把所有零件拆下来研究，了解零件的工作机制和系统搭配后，不断逆向完善图纸化模型。在这样的逆向工程中，吉利的钣金工人对轿车生产设计的认识不断加深，终于打造出了吉利的第一款轿车——吉利一号。

吉利一号的外观设计与奔驰 E 级十分相似，经典的四眼大灯搭配镀铬饰条装饰的矩形进气格栅，为了避免知识产权纠纷和降低汽车生产成本，车身前盖板的钢板改用玻璃钢复合材料打造。发动机、悬梁和轮胎直接照搬了红旗车，底盘散件从红旗购买，还有一些底盘件依靠钣金工手工敲出来。非核心零部件则来自吉利之前生产摩托车时的零部件供应商。吉利对许多零部件厂商进行了投资，以打消他们对私营汽车厂发展前景不明朗的顾虑。用尺子手工测绘，用图板大致画图，先有车再有模具，厚厚的一层腻子，标准不具有一致性……这些特点使吉利被冠以“中国最早皮尺部”的称号。

李书福将吉利一号称为“中国的奔驰”。新车成型时，由于玻璃钢的外观极具特色，吉利一号当时确实受到了不少关注。但好景不长，也是由于玻璃钢材质的特性，硬度不足的车顶和车身出现了不少凹痕，车门也出现了形变的现象，直接暴露了吉利一号在安全性方面的巨大隐患。

对此，一场吉利一号试制成功座谈会，被李书福开成了产品缺陷总结大会。除了车身的玻璃钢材质，产品的缺陷也体现在零件和动力系统上。由于所有部件均来自现有的其他车型，通过拆卸零件组装起来的动力系统难以达到长期使用的质量标准，例如转向过程中容易控制失灵、离合器衔接不当等。但无论如何，这次逆向工程的模仿创新让吉利看到了成果，也极大地提振了工人们制造本土品牌汽车的信心。

## “老三样”：Ⅰ类二次创新

坚持一种信念，就是中国改革开放是势不可挡的。所以那个时候，我们就提出来“认准一个方向，坚定一个信念，凝聚一股力量，提炼一种精神，完成一个使命”。

——李书福

吉利“老三样”的研发是典型的“Ⅰ类二次创新”发展过程。Ⅰ类二次创新是指技术在引进时已经处于技术生命周期中的特定阶段，工艺创新与产品创新的频率都在降低，主导设计已经趋于成熟，即通常所说的成熟技术，技术竞争的焦点已经转向产品与工艺上的改进。成熟技术的引进方式通常是成套的、正式的。

吉利一号由于不符合用车标准，并没有真正走向大众，但是“汽车疯子”李书福并没有放弃。吉利后来又相继设计了“安驰”和内部编码为6401的两款车型，工程师开始建立起零部件体系理念，进入了底盘系统的学习模仿[①]。吉利第四车——“豪情6360”两厢车，标志着吉利掌握了整车系统的研发，开始建立自己的配套体系。之后的豪情、美日和优利欧品牌被吉利称为“老三样”，其产品定位为低价、耐用、美观，是吉利最具市场冲击力的低排量经济型轿车。

“豪情6360”以当时夏利的一款新车型为对标产品，通过解构买来的夏利样车，改制了一辆车。这辆车沿袭了夏利原有的内饰和

① 梅永红，封凯栋．吉利造车现象——关于吉利自主创新的调研报告 [J]. 中国软科学，2005，1-10.

底盘，前脸有些像奔驰，难以复制的发动机、变速器等核心部件通过分批采购解决，在车身方面则进行了改进。其中，车的前脸及背面、左右后车围、左右后车门都进行了较大的改动，车高也有了变化。为了节省成本，吉利的部分模具甚至采用了局部压铸树脂的方式。非核心零部件的开发方式仍以逆向工程为主。吉利把买来的车拆解成单个零部件，然后进行手工测绘，再画图，把完成的图纸交给国内的供应商做零部件。为了评估开发出的零部件是否可用，工人们会进行图纸比对，在装车时反复调试磨合，由此暴露出的各种问题会得到依次解决。外购的非核心零部件的供应体系具有“父子配套”的特征，交易双方大都是亲属、同乡、朋友或同学，保证了吉利在与供应商协同创新的模式下持续、稳定地获取低成本零部件。

1998 年 8 月 8 日，第一辆吉利“豪情”在浙江省临海市下线。然而，当年生产的 100 多辆汽车迎来的却是被销毁的命运。豪情车身由钣金工手工打造，油泥、腻子和喷漆没有统一标准，导致车身表面粗糙且厚薄不一，在卖相上大打折扣。另外，新车在淋雨、碰撞等多项测试中表现不合格，坊间也流传着“吉利车上坡靠推，下雨靠打伞”的说法，体现出吉利车在动力系统和密封性方面的质量问题。李书福二话不说，将 100 多辆未通过安全测试的豪情车集中起来，对所有工人说:“吉利要做老百姓买得起的好车，不是不合格车辆的制造者。吉利品牌想顶天立地站起来，今天这砸车的锤子就必须落下!”说完便抬手砸向一辆刚下生产线的豪情车。一旁的压路机缓缓开动，顷刻间把 100 多辆豪情碾成碎片。

之后，吉利专注于对豪情车品质的打磨，确立了“先描红再写字，先学走路再学跑步，先从低端做起，从零部件做起，再做高端”

的技术路线，提出了“售价五万，油耗五升，能坐五人”的“三五”造车目标。1999 年 11 月，豪情正式投放市场。这款外观与天津夏利有几分相似的国产轿车新秀，在轿车均价十多万元的中国汽车市场中，靠着低成本的后发优势把售价拉到了 4 万元以下。豪情推出当年实现销量 1 600 多辆，2000 年，销量一跃升至 10 008 辆，这款性价比极高的轿车就这样进入了寻常百姓家。

吉利乘胜追击，着手研发“美日”系列四缸电喷环保型轿车。美日在豪情基础上进行了发动机、仪表板、车轮等方面的改进，外型设计对标两厢富康，搭载的 8A 四缸电喷发动机直接从丰田购买。2000 年 5 月 17 日，吉利第一辆两厢半车美日下线，2001 年 1 月上市，售价仅为 6.58 万元，被誉为最经济实惠的家用轿车。当年，吉利实现 2.4 万辆的汽车销量。

美日刚刚上市，吉利就开始研发“优利欧”系列三厢家庭轿车。优利欧的对标产品为夏利和赛欧，在美日基础上拉长轴距，加宽轮距，加装了安全气囊、ABS（防抱死制动系统）、天窗、水晶大灯、电动门窗、中控门锁、车载 CD 机等多种设备，配备丰田 8A 发动机。2002 年 3 月 20 日，优利欧上市，定价仅为 7.69 万元，远低于同档次轿车 10 万元的平均价位，吉利自此正式进入三厢中档汽车市场。2002 年，吉利全年销售汽车 4.78 万辆。

豪情在生产过程中成套引进了夏利底盘，并在此基础上进行了改进。美日、优利欧相比于豪情，底盘技术基本没有大的变化，主要区别在于车身设计的改动。此外，吉利还从雇佣中学习，1998 年以来，吉利先后引进了天汽的技术部部长和近百名天汽技术部技术员、一汽长春汽车研究所总工程师、一汽设计九院设计部部长以及一些九院的退休工程师，他们为吉利的技术创新带来了活力。

## “新三样”：Ⅱ类二次创新

自由舰代表着吉利进入了高水平、规模化、现代化的造车时代。

——李书福

2003 年，汽车行业特别是轿车行业市场在井喷之后迎来了大幅度回落。吉利管理层清楚地认识到，低端车的市场空间正在不断逼近天花板，“低价战略”已经无法长期满足市场需求。吉利迅速做出战略调整的决策，抓住时机，开始向“质量战略”转型，“新三样”应运而生。“新三样”是指自由舰、金刚和远景系列产品，它们关注汽车的动力性、操控性、舒适性、燃油经济性、环保性及低噪音等技术优势和性能优势，由原来的低成本、低价格向高附加值转型。在“新三样”的生产过程中，吉利逐步掌握了基本的技术原理，开始根据国内市场需求对产品进行自主研究和开发；对外则从原来的从雇佣中学习扩展到国际公司合作学习、研究机构合作学习、国内科研院所合作学习等模式。

自由舰的二次创新主要体现在车身方面。“老三样”的模具主要靠“拼拼凑凑”“敲敲打打”的形式进行国内开发，汽车造出来要刮腻子，每个车身的尺寸都不一样。由于腻子是和模具、检具、设计、质量管理都有关系的系统性问题，自由舰的车身开发过程中提出“两毫米工程”，即两个车身相比，误差不能超过两毫米，目的是彻底解决车身刮腻子的问题。由于自身设计能力难以达到“两毫米工程”的要求，吉利通过国际合作进行学习，外观造型与意大利汽车集团公司、德国吕克公司合作，模具、检具以及车身设计与韩国四家企业合作，并第一次使用了自动化生产线和机器人。在这个过程中，吉利形成了工艺创新的研发能力，掌握了钣金互换性、钣金喷漆等工艺，达到了标准一致水平。吉利还从雇佣中学习，引进了擅长底盘研发的一汽汽车研究所副总工华福林，赵福全、沈奉燮也是在这个时期加入吉利的，沈奉燮到吉利后的第一件工作就是领衔开发了“自由舰”。非核心零部件也进行了重新洗牌，淘汰了一批低水平的供应商，扶持供货质量稳定的供应商，对供应商的管理也开始标准化，要求他们通过 TS16949 或 S9000 标准认证，吉利还会考察供应商生产车间，甚至会向供应商提出设备升级要求以提高产品质量，同时也开始与国内知名供应商合作。零部件供应商与吉利的协同创新也日益增多，大部分零部件与整车一起开发。自由舰是吉利第一款拥有自主知识产权的车型，也是吉利第一个完全按照国际通行的开发流程和开发模式做出的正向开发项目，标志着吉利摆脱了对模仿式创新的依赖。2005 年自由舰上市，成为吉利首个月销过万的车型。作为吉利的划时代产品，自由舰改变了吉利的造车思维，即质量不是制造出来的，而是设计出来的。

自由舰还没上市的时候，为了进一步丰富产品线，吉利本着“生产一代，研发一代，储备一代”的原则，几乎同时启动了金刚和远景项目，金刚定位 A0 级市场，远景定位 A 级市场。在当时的碰撞安全测试第三方评估中，自由舰被评为良性，这不是一个令人满意的结果。吉利化悲痛为力量，上下一致地开始改进，在成本受控的情况下开发出中国自主品牌的第一个四星产品——远景。远景以丰田花冠为标杆，车身在仿制的基础上进行了创新。A 级三厢轿车远景是吉利历时三年打造的面向中端市场的中级轿车。2007 年 5 月 18 日，吉利首款商务级家庭轿车远景在吉利宁波基地迎来隆重的全球上市仪式。

2004 年，吉利开始基于世界先进的底盘技术进行金刚的研发。金刚是吉利与北京汽车设计公司华冠和台湾模具厂商福臻合作开发的车型，融合了世界流行的造型元素。2006 年 8 月 29 日，A0 级三厢轿车金刚在北京举行全国上市发布会，面向经济型轿车高端市场，标志着吉利首次进入与合资品牌竞争的市场空间。

“新三样”的发展是典型的Ⅱ类二次创新发展过程。Ⅱ类二次创新是指技术在引进时处于技术生命周期中的转换阶段，主导设计正在形成，即通常所说的新兴技术，改进空间相对较大，但对后发企业的研发能力和生产能力有较高的要求。新兴技术的引进方式通常是非成套、非正式的。“新三样”的生产过程通过引进日韩车企的新兴技术，改进了钣金工艺与造型设计，逐渐形成了完整的研发体系。

“新三样”的研发过程以国际公司合作和雇佣学习为主，辅以与研究机构的合作。2005 年，吉利与香港的工业支援机构香港生产力促进局（生产力局）达成合作，开发一款新型轿车，并同步带动有关零部件开发项目。吉利也与其他科研院所积极合作，如长春机械部九院、武汉理工大学、江苏理工大学等。

## 艰难的破局

### 研发觉醒

1998 年 6 月在中国投产的 TOYOTA 8A 型发动机，是天津丰田汽车发动机有限公司产能最大的发动机，当年产量达到15万台。作为合资企业，这款性价比较高的发动机一直用在“亲儿子”天津一汽丰田汽车有限公司的夏利车型上。然而，夏利的销量与发动机的产能并不匹配，8A发动机的库存积压成为天津丰田汽车发动机有限公司的一大难题。就在此时，李书福批量生产的豪情车正在四处寻找优质的发动机货源。在这样几乎完美的供需关系下，双方签下了一笔大订单，天津丰田汽车发动机有限公司以1.75万元的单价为吉利提供持续的发动机供应，并且承诺如果吉利销量继续增长，发动机的价格也会进一步下降。

对那个时代汽车市场的低端车型来说，人们买车前一定避不开的一个问题是“发动机是什么牌子的”。吉利在丰田的品牌背书下，打出了“丰田动力，价格动心”的宣传标语，把豪情车型的性价比优势最大程度地宣传出去。可惜好景不长，在吉利销量倍增的态势下，天津丰田不但对降价的事情绝口不提，还将发动机单价提高了5 000元。此时吉利的自主创新精神慢慢觉醒，开始真正意识到，核心技术才能决定行业话语权，过度依赖采购而没有研发和自主创新的汽车厂，跟一家零件组装厂别无二致。

## 核心部件的创新突围

造车就一定要造发动机。

——李书福

吉利在豪情车研发之前就与国内一家私营企业合作开发了一款

三缸发动机。1999 年，吉利发动机有限公司的成立标志着吉利正式走上自主研发发动机的道路。吉利第一款自主研发的发动机以丰田 8A 为原型。发动机开发过程中需要攻克三大轻量化、集成化技术——铝缸体、塑料进气歧管和 VVT（可变气门正时）。吉利找到了为丰田配套的国内民营企业，他们又请了一些日本的专家进行学习，最后才开发出塑料进气歧管模具。铝缸体问题的解决过程较长，吉利从自己开发模具的民营企业转到合资企业，最后转为全进口。VVT 则是找了奔驰和宝马的供应商，由于价格高昂，吉利后来又转向日本企业。电喷系统与上海联合汽车电子有限公司合作开发，其他部件主要是自主研发。当时，早在 1994 年就加入吉利从事微型内燃机研发工作的余挺带领项目组进行 MR479Q 发动机的研发。相比于直接从国外进口的发动机，吉利的发动机针对国内市场需求进行了改进，如曾在国内高温、高寒、高原地区进行实地测试等。

吉利的工程师们只用了半年，就成功研制出了 MR479Q 发动机，2002 年，MR479Q 发动机在宁波下线。这款发动机不仅在最大功率、扭矩等核心参数方面达到了丰田 8A 的水平，更在点火方式上进行了本地化的迭代改进，有着更加出色的省油表现。MR479Q 发动机配备在自由舰车型上，继承了 MR 系列发动机动力性与燃油经济性兼顾的特点。自此，吉利彻底摆脱了对天津丰田汽车发动机有限公司的依赖，与其分道扬镳。

然而，自由舰上市后出现了轮胎偏磨问题。由于吉利自身的车辆工程技术储备不足，不得不寻求外部专家的支持，于是请来了原一汽汽车研究所副总工程师、底盘技术专家华福林，吉利的员工亲切地称他为“华老”。华福林积极参与自由舰技术问题的解决，研究发现是后桥悬架系统设计问题导致的轮胎偏磨，他用自身积累的汽车开发理论与底盘研发技术，在短时间内解决了这一问题。

之后，吉利陆续开发了 1.0 排量到 1.8 排量的不同发动机。起初，项目组成员只有 12 名，两个老工程师带领七八个大学生开展研发工作。2003 年，吉利聘请了原一汽汽车研究所副总工程师、发动机设计专家杨健中，投入 2 亿元，真正开始了 CVVT 发动机的研发。在此过程中，吉利遭到了国外企业的技术封锁，如发动机内腔高精度加工的设备进口受到日本一家汽车整机厂的限制。吉利积极寻求外部的支持合作，从国内外企业引进先进的制造设备和电控元件：从联合汽车电子公司引进电控系统元器件，从德国引进可变气门系统、Gehring 珩磨机，从日本引进枪铰自动线，从世界顶级刀具商 Mapal 引进整体式枪铰刀。吉利还与 FEV、HILITE、INA、DELPHI、MIKUNI 等世界知名公司积极交流，如吉利与 FEV 公司共同设计 VVT 液压系统，德国博世为吉利提供电控平台软件等。发动机性能标定则是在上海联合汽车电子公司做的。2004 年 5 月，CVVT 发动机首台样机试制成功。2006 年 8 月 8 日，吉利自主研发的我国首款 CVVT 发动机——JL4G18 在吉利宁波基地正式投产。2007 年 5 月 18 日，随着央视广告片《吉利远景 CVVT 发动机，世界先进，中国领先》的播出，搭载了 JL4G18 的远景系列上市。

吉利 CVVT 发动机是我国首次应用连续可变气门正时这一世界领先技术。这款发动机在降低进排气重叠、提高燃料利用率、降低油耗、提升功率等方面均有良好的表现，同时它也是首台国产全铝缸体发动机和国内首次采用专业工程塑料进气歧管的发动机。这款发动机在杭州通过了包括中国工程院院士在内的我国发动机权威专家主持的省级科技成果鉴定，其技术性能被定为“处于世界先进水平，居国内领先地位”，这也是我国同类发动机获得的最高、最权威的评定。

我们是设备坚决不买国外的，传感器等通用件坚决不用国内的。

——徐滨宽

2002 年，浙江吉利变速器有限公司成立。2002 年 10 月，吉利聘请天津齿轮厂总工程师徐滨宽，启动了自动变速器的自主研发项目。徐滨宽在加入吉利之前曾担任过国家自动变速器电子电器课题组组长，主持过引进的自动变速器的生产项目，但生产出来的变速器被认定为没有前途而流产。虽然之前的研发项目失败，徐滨宽却掌握了国际上比较先进的变速器开发方法。

自动变速器的研发过程中，吉利在核心技术与相关设备、零部件被国外企业严格控制的情况下，自主设计系统和核心专业设备，自行研发检测装置以收集自动变速器油路系统参数数据，向国内厂商采购或定做相关设备。针对配套能力缺失的问题，自动变速器项目组与配套厂商共同学习，几乎是手把手地培养出了配套厂商的生产能力，如含碳的长条状油封配件的生产。

Z 系列液控自动变速器可以匹配 1.0L、1.3L、1.5L 轿车，具有体积小、调速宽、通用性好、坚固可靠、价格低廉等优点。2005 年 4 月，吉利投资了 8 000 多万元研制出的中国第一款具有完全自主知识产权的 Z 系列液控自动变速器开始小批量生产装车，同年 10 月实现了批量生产上市，终结了变速器需要依赖菲亚特供应的历史。2006年，吉利自主研发的自动变速器通过了中国汽车工业科技进步成果的鉴定。这款变速器搭载在新车型“自由舰”上，标志着中国自动变速器实现了零的突破，同时带动了精密加工、非金属材料、油品和检测设备的产业发展。

## 非线性成长之“二次创新”

本章详细阐述了吉利汽车在发展初期资源匮乏的情况下如何培养自身的技术创新能力，实现了非线性成长。吉利的发展史是后发企业成功追赶的典型案例，企业发展初期具有初始资源匮乏、以追赶为战略目标等特点。面临技术和市场的双重劣势，吉利充分利用了低成本等后发优势，以“二次创新”战略为指导，克服种种困难，逐渐在汽车行业获得了优势地位。在这一阶段，吉利的非线性成长主要体现在核心技术与模块技术的非线性改进、组织学习能力的非线性提升以及互补资产利用能力的非线性提升，我们将具体规律总结如下：

首先，汽车的制造技术可以分为整车开发技术与核心模块技术两部分，吉利的技术能力的非线性提升过程包括能力替代、能力转换和能力重构三个阶段。吉利在技术能力的演进过程中呈现出典型的“二次创新”特征，即遵循从Ⅰ类二次创新向Ⅱ类二次创新的非线性演进过程。吉利初创期的整车开发技术是通过拆解外购的奔驰车和红旗车，将零部件仔细研究后重新组装的方式获取的。核心模块技术的获取也是拆解国外的相关产品，通过逆向工程掌握基本的技术原理。吉利在获得了模仿创新能力后继续在整车的内外饰和外型设计以及核心模块研发方面进行改进和提升，最终实现了能力的非线性升级。

其次，吉利的组织学习模式基于“二次创新”过程演进，可以将其划分为内部学习和外部学习，具体包括实践中学习、雇佣中学习和合作中学习。组织学习能力则在以上组织学习模式的非线性演进基础上不断提升。根据“二次创新”与组织学习的互动模型，可以将吉利的组织学习能力非线性提升过程总结如下：发展初期，吉利主要采取实践中学习的内部学习方式，钣金工将在敲敲打打中积累的经验应用于后续车型的生产设计。Ⅰ类二次创新阶段，组织学习模式转变为实践中学习与雇佣中学习相结合的内外部并行模式。吉利借助“外脑”，引进了一批汽车领域的领军人才，他们大多是被李书福的企业家精神以及为百姓造车、让中国车走向世界的愿景所打动。Ⅱ类二次创新阶段，组织学习模式转变为实践中学习、雇佣中学习和合作中学习相结合的模式。吉利与国际知名企业、研究机构和科研院所合作，实现了系统知识与模块知识的存量增长。

最后，吉利在与零部件供应商同呼吸、共命运的过程中，互补资产利用能力得到了显著的提升，逐步构建起与供应商的“命运共同体”。根据“二次创新”与互补资产理论，可以刻画出吉利在非线性成长过程中互补资产利用能力的演进过程。吉利在Ⅰ类二次创新阶段，采取“父子配套”的方式获取稳定的、低廉的零部件供应。随着汽车销量的增加与技术能力的提升，吉利对供应商的质量和价格要求越来越高，在Ⅱ类二次创新阶段采取协同创新的方式建立了完善、系统的供应商体系。吉利不仅对供应商提出了更高的质量要求，还与供应商共同开发部分零部件。这种基于互补资产建立的供应链，有助于双方技术能力的提升与零部件质量的保证，也为吉利实现非线性成长奠定了坚实的基础。

第二篇

# 从1到N：走向有序

本篇分别从质量管理、研发体系、现场管理、人才管理、组织与文化等方面窥见吉利从1到N的“非线性成长”的轨迹与特征。第四章主要讲吉利促使高管自上而下树立质量意识，促使员工自下而上主动担责，与外部合作伙伴构建命运共同体，深度“解码用户”，实现质量持续升级。第五章关注研发管理系统从“无序”到“有序”、技术创新能力从“量变”到“质变”的过程，在“在创造性重组”中迭代蜕变。吉利的“问题文化”由来已久，深入人心，第六章不仅对其在现场管理中的应用进行考察，而且关注了吉利生产体系（GPS）在“破与立”理念下的建立与应用过程。第七章介绍吉利以“开放包容”的姿态培育“人才森林”，为企业的非线性成长赋能。第八章揭示了吉利如何把握“动态平衡”要义，建设企业特有的“元动力”管理模式与文化现象，使企业具有充沛的活力与强劲的韧性。

第四章

# 质量再定义

2006 年，吉利准备完全正向开发一款中高档车型帝豪，这无疑需要在质量把控上痛下决心。细心的人察觉到，宁波（帝豪）基地悄然发生了一些变化。每月最后一周的周一凌晨 5 点，吉利针对生产现场发生故障频次和市场索赔量前十位的零部件，召集责任供应商到所在基地开质量教育会议。

为了保证效果，时任基地总经理安聪慧给质量控制部部长崔载福一柄铁榔头，将不合格的零部件当场砸碎，用这种方式来强化质量管理体系，提高模具制作水平，全面实施零部件产品质量管理。高举“质量锤”砸车、砸线，逐渐发展成吉利质量管理中的一大特色。

质量是企业生存和发展的保证，提高产品和服务的质量是企业获得竞争力并实现可持续发展的重要基础[①]。因此，质量管理是所有企业不可或缺的一项基本管理活动[②]。企业质量管理的持续发展，一方面是由于与提供同类产品的其他企业间竞争的驱动，另一方面是为了应对不断增长的顾客需求[③]。通过提供高质量的产品，即实现“一组固有特性满足要求”[④]，来确保企业在竞争中赢得优势，是质量管理的核心任务。

早在 1999 年，吉利就开始按照 ISO9001：1994 版质量体系标准建立质量管理体系；后来引进国际技术体系规范 TS16949，建立了吉利特色的“质量网”评价模式，于 2017 年 9 月通过 ISO9001：2015 换版认证，在此基础上不断优化，形成全流程质量竞争力评价体系（Total Quality System，TQS）。2021 年，吉利控股凭借“打造自主核心能力的‘梦想成真’品质经营管理模式”获得第四届中国质量奖提名奖。历经 21 年，吉利构建了全球化质量管理系统，形成了“品质研发，品质采购，品质制造，品质营销”四大模块的质量运营模式，逐步将吉利打造成高质量汽车的代名词。

根据汽车行业的风向标——君迪（J.D.Power）发布的《中国

---

① Adam, E. E. , Corbett, L. M. , Flores, B. E. , Harrison, N. J. , Lee, T. S. , & Rho, Boo－Ho, et al. (1997). An international study of quality improvement approach and firm performance. International Journal of Operations & Production Management, 17(9), 842-873.

② 龙勇，李军锋 . 国外质量管理实证研究及其对我国企业的借鉴意义 . 工业技术经济 (2002). (06), 72-75.

③ Weckenmann, A., Akkasoglu, G., & Werner, T. (2015). Quality management - history and trends. The TQM Journal, 27(3), 281－293. doi:10.1108/tqm-11-2013-0125.

④ ISO 9000 (2005), “ Quality management systems - fundamentals and vocabulary ”, ISO International Organization for Standardization, Geneva.

新车质量研究（IQS）》报告，吉利汽车与行业标杆汽车的质量差距逐年缩小（见图 4-1），千车故障率（12MIS）大幅下降（见图 4-2），品质实现了巨大飞跃。在 2019 年的 IQS 评价中，吉利的百车故障数（PPH）较 2018 年下降了 12，整体排名较 2018 年上升 5 位。其中，博瑞

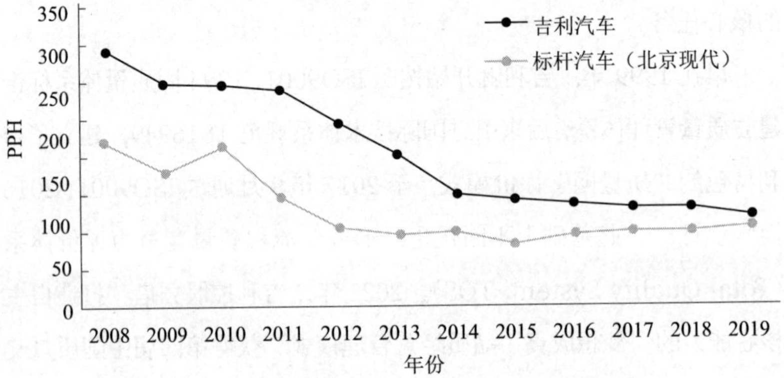


图 4-1　君迪新车质量研究（IQS）调研趋势图

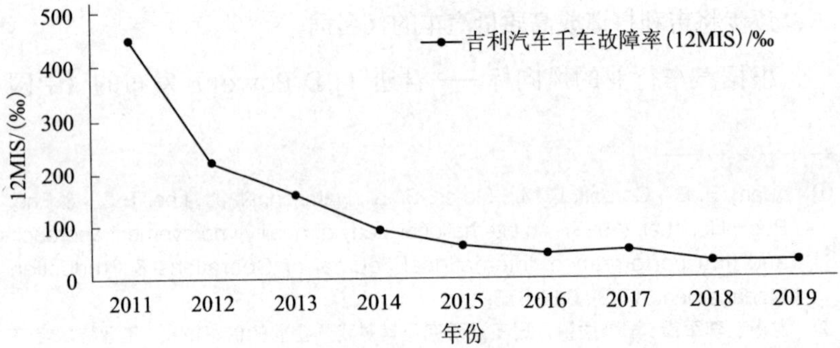


图 4-2　2011—2019 年吉利汽车千车故障率（12MIS）①②

① 千车故障率（12 Months in Service, MIS）= 前推 12 月生产并销售的车辆发生的维修 / 前推 12 个月生产并销售的车辆数 *1000‰。

② 数据来源：吉利控股企业社会责任报告。

的得分位列中型高端经济型轿车细分市场第一名，吉利远景则跻身中型基础轿车细分市场前三。此外，君迪发布的顾客满意度调查报告显示，2008 年以来，吉利的顾客满意度提升了近 60%。

2018 年，吉利汽车（含领克）年销量超过了 150 万辆。从销量的价格分布来看，价格在 10 万~25 万的中高端车型占据了总销量的 1/3，相较 2013 年的分布比例，实现了近 2.5 倍的增长；而在 2013 年占据 14% 销售量的低端车型在 2018 年销量分布中几乎消失不见（见图 4-3）。吉利一改“低档次，低品质”的品牌形象，从低端市场成功进军中高端市场，很大程度上正是受益于吉利对高质量发展的追求。

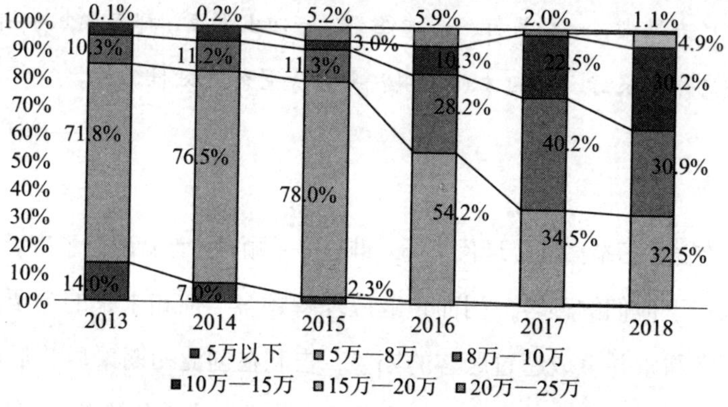


图 4-3　2013—2018 年吉利汽车（含领克）销量及对应价格分布①

究竟是什么促使曾饱受“低质”诟病的吉利，经过短短二十余年的快速发展，逐步实现“质量合格”“质量满意”乃至“质量领先”的？本章旨在揭示吉利“以用户为中心”推动实物质量向感知质量

① 数据来源：吉利控股。

理念升级的过程。一方面，从内部质量管理角度，介绍吉利的管理团队如何自上而下将质量举措惯例化、制度化，使质量意识下沉，成为员工共同的价值观；基层员工如何自下而上主动担责，发挥积极性和创造性，参与质量管理活动。另一方面，从开放系统角度，分析吉利与外部合作伙伴如何形成命运共同体，共同推进质量建设。

## 洞察“感知质量”

用户的感受是第一重要的。所以，整个吉利上上下下的人都要围绕用户去思考，一切目标、一切任务、一切出发点，都应聚焦于用户，让用户体验良好。如何才能实现？要做大量的基础性工作。

——李书福

在竞争日益激烈的现代市场，谁赢得了顾客，谁就赢得了市场。企业依存于他们的顾客，因而企业应理解顾客当前和未来的需要，满足顾客需求并争取超过顾客的期望。吉利在创业初期采用“低价战略”，打破合资品牌的垄断，“以用户为中心”，从价格上给老百姓带去福祉，赢得用户。但低价并不等于低质，当时的吉利就已经制订了切实可行的短期、中期、长期的质量合格目标。此后二十余年，基于对日趋复杂化、多样化的用户需求的洞察，吉利进行了三次重要的质量战略转型（见图4-4），从突破实物质量，到重视感知质量，使得吉利产品完成了从基本满足到实现再到超越用户期待的转变。

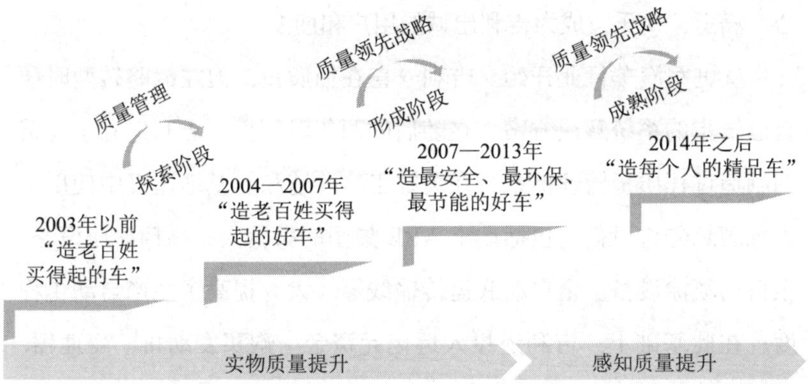


图 4-4　吉利质量战略的阶段转型

## “3824”质量改善法

“入世”以来，伴随着中国经济的快速发展，环境污染日益严重，原材料价格飞涨，汽车企业普遍陷入价格战，这种形势给最初以低价占领市场的吉利造成了很大的压力。尽管当时豪情等产品仍然畅销，但李书福发现，吉利正逐渐陷入“价廉—质劣”的死循环中，若不进行果断的改革，企业将难以为继。

2007 年，吉利迎来了质量提升的重要转折点。为了彻底撕掉“低档次，低品质”的标签，吉利开始了一场被李书福描述为“从奴隶到将军”的中国汽车史上最彻底的自我革新。他亲自撰写的标志吉利战略转型的《宁波宣言》，将吉利的核心竞争力从成本优势重新定位为技术优势和品质优势。吉利的企业使命不再是“造老百姓买得起的好车”，而是“造最安全、最环保、最节能的好车”，向中高端车型发展。同一时期，吉利确定了“时刻对品牌负责，永远让顾客满意”的用户至上的质量方针——每一名员工、每一道工序、每一个经营管理环节，都要时刻为顾客利益着想，使顾客放心、满意、快乐，成为吉利忠诚的用户和朋友。

从进军汽车行业开始，吉利一直在抓质量，但在战略转型时要有进一步的系统解决方案。在随后的两年时间里，吉利建立了完善的制造过程质量管理体系，在关键工序改造和新基地建设中使用了大批国际先进设备，包括瑞士 ABB 集团的机器人、高精冲压设备、全自动喷涂设备、全自动底盘传输线等，大大提高了生产自动化程度。在此基础上，吉利还投入近亿元资金，购买发动机、变速器、制动系统、行驶系统等整车或零部件的质量检测仪器和设备，以更好地把控生产质量。

随着适用范围的扩大，吉利的产品质量保证活动开始涉及整个流程，而不仅仅是生产过程。2007 年，吉利提出以“聚焦用户”为切入点，以“2050”[①] 为目标，建立市场驱动的快速改善机制，对质量管理体系进行深入变革和流程再造。相对于国有企业，民营的吉利基础比较薄弱，这一目标给吉利带来了极大的挑战。

由于汽车制造复杂程度高，传统的质量管理方法难以全面适应，吉利创造性地推行了具有鲜明特色的“3824 质量改善法”。“3824”法融合了传统质量管理理论的精华，提炼了朱兰三部曲、PDCA、8D、六西格玛、项目管理等管理法的核心理念，结合吉利的现状和对流程的优化需求，以识别问题—分析问题—根治问题的思路，由浅入深地揭示问题的本质和变量的规律，是更细化、更适合吉利的质量改进方法。这一方法包含了 3 个阶段、8 个步骤和 24 个节点（见图 4-5）。3 个阶段即策划、改进、控制，为质量改善提供解决问

---

① 指用户投诉每年下降 50%，质量损失下降 20%。

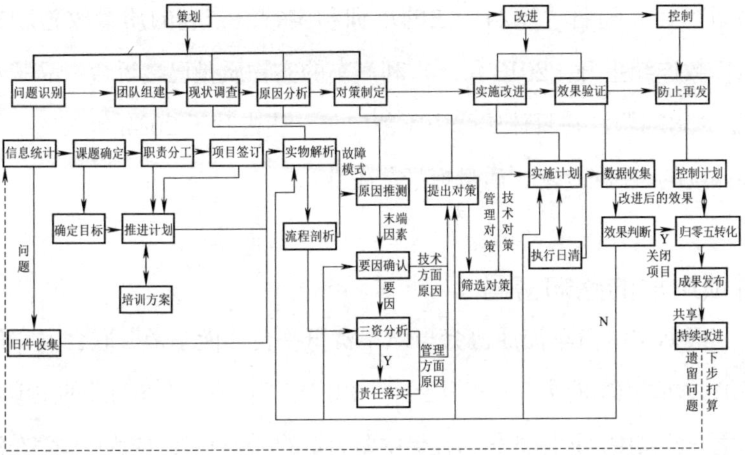


图 4-5　吉利“3824 质量改善法”

题的思路，8 个步骤是相应的工作流程，24 个节点则提供了操作层面的具体方法。“3824”法以用户为中心，以问题为切入点，通过系统分析管理上存在的薄弱环节和漏洞，采取有针对性的改善措施，并对成果进行巩固，使改善的效果最终落地。这一方法为新品的开发提供了宝贵的经验，使吉利能够不断改进新品开发过程，提升质量体系的成熟度。

“3824”法以用户反馈和事实为基础，强调实物解剖、故障再现的精神，而不是单纯凭员工的主观判断和经验。“3824”法中的许多流程都强调，所有的改善标准应建立在用户满意的基础上。员工需要与用户面对面沟通，收集用户的真实反馈。在问题改善的过程中，需拿到故障件实物，对其进行模拟故障再现。如果故障没有复现，就要实地观察用户的使用环境，找到问题的真正原因。最后，针对找到的原因进行实验验证，将问题归零转化，杜绝再次发生。这个过程既保证了吉利能够很好地预防风险，又保证了问题出现后局面可控。随着“3824”法的培训和实行，吉利的质量改善项目达标数连续上升，2013年，吉利汽车的实物质量已接近合资品牌水平。“3824”法在具体实践中不断完善，使吉利于2012年入选工信部评选的全国50家“质量标杆”企业。

## 解锁用户的感知密码

根据中国汽车流通协会与汽车资讯平台“懂车帝”联合发布的《2019中国汽车消费者洞察报告》①，用户年轻化成为汽车行业的主流趋势之一。其中，逐渐成长为社会中坚力量的“90后”，成为中国汽车消费的主力军。2014年，90后用户占汽车消费市场的17%，2016年提升至25%，至2019年上半年，数据达到了42.4%。和其他年龄段相比，90后更加注重生活质量，普遍追求个性自由和生活享受。此外，被称为“互联网原生代”的90后，由于在日常生活中受到密集的信息轰炸，在消费理念、兴趣、爱好、品牌认知等方面有着自己的特点。

吉利也逐渐意识到，随着用户对于汽车越来越了解，汽车不再仅仅是交通工具，人与车之间的交流和联系变得更加密切。风噪的声音是否舒服，座椅的柔软度能否接受，或者是方向盘打转向的时候手感是否恰到好处，这些都成为人们对汽车新的评判尺度。以人性化为核心，吉利建立并完善了基于用户思维的产品开发体系，包括前瞻技术战略、新产品开发体系（NPDS）、联合开发（沃尔沃/戴姆勒）、INTEC—人性化智驾科技等，融合全球的产品开发方

---

① 中国汽车流通协会，懂车帝. 2019中国汽车消费者洞察报告 [ER/OL]. (2019-12-09)[2020-07-02] https://www.sohu.com/a/359388075_372777.

案，紧随科技进步与顾客需求的变化，逐步升级。力图在消灭“硬”的实物故障（比如解决某个汽车大灯的故障）的基础上，解决感官体验的问题，让用户开得舒服、听得舒服、坐得舒服，力求使用户感知到吉利汽车的精致感、舒适感和科技感。

过去，汽车行业常用奥迪特（AUDIT）方法进行内部评审，吉利也不例外。这是新型的反向质量检验方法，说得通俗一点，就是请内部工程师扮演用户，站在用户的立场上审视一辆新车。然而，有增无减的用户投诉和汽车维修率使吉利意识到，传统的奥迪特评审方法，终究还是依据欧洲人的用车观念设计的“舶来品”，并不能有效地提升本土产品的质量，改变国内用户对吉利汽车品质的固有看法。过去吉利由内部工程师来评判质量，现在则要以用户的眼光来看，即以用户的抱怨或维修率作为评价的导向，建立基于用户眼光的质量评价标准。直至今天，“用户的抱怨就是最好的礼物”这句标语仍高悬在吉利的汽车制造基地。2019 年，基于用户思维，吉利发布了首套原创质量评价标准——吉利“GCPA-101”标准，覆盖了研发、采购、制造、销售等各环节。这一标准要求每个评价人员都站在用户角度，经过商品评价、新车评价和耐久评价，识别用户真实需求与抱怨，以更严格的尺度雕琢中国制造，实现质量“零缺陷”。

此外，吉利还建立了面向终端用户的产品满意度调研系统，以多渠道持续收集用户反馈，积极开展体验式活动，让用户全方位感受产品，提供测评意见。将用户需求进行归纳总结，应用于新产品的开发和已有产品的质量改进，以此规避潜在质量问题。通过搭建感知质量评价体系，优化质量管控流程，完成各类全新和改款整车及动力总成新品项目质量评审，通过预防机制对存在质量风险的项目进行预警，及早发现和纠正。在初期质量检验强化和市场问题快速响应方面展开质量管控，有效推进新产品项目质量的稳定和不断提升，从而实现“超越顾客期待，收获顾客愉悦”。

吉利还将“8 秒法则”和“200 米法则”纳入汽车的营销过程。让用户用 8 秒时间近距离感受车的款式、材质、质感、造型、做工，确保汽车给用户留下较好的第一印象；让用户进行 200 米试乘试驾，利用“看、听、摸、闻”等感官体验，了解汽车品质及特性，在用户心中形成对汽车的全面印象。在用户对两项都满意之后，基本就可以确定成交了。

## 质量“瀑布”

高层管理者的承诺已被证明是成功实施质量管理的主要决定因素之一[①]。无论是在管理层岗位晋升、会议等级还是企业文化建设方面，吉利都赋予“质量”高度的优先权，并通过提供足够的资源来实施质量管理工作，以实现对质量的承诺[②]。从“造老百姓买得起的车”到“造老百姓买得起的好车”，再到如今“造每个人的精品车”，吉利的高层管理者始终坚持明确的高质量发展理念，建立

① Ebrahimpour, M. An examination of quality management in Japan: Implications for management in the United States. Journal of Operations Management, 1985, 5(4), 419-431.

② Powell, T.C. (1995), Total quality management as competitive advantage: A review and empirical study. Strat. Mgmt. J., 16: 15-37.

企业内部统一的宗旨、方向和工作环境，使员工充分参与，更有效地实现企业目标，自上而下强化整个集团的质量意识。

## “质量一把手工程”

在经营层面，吉利推行“质量一把手工程”，通过总裁质量月度例会、集团经管会等机制，全面提升产品质量和经营质量，使吉利逐步实现精细化、规范化的质量管理。

“质量一把手工程”是由总裁、副总裁、总经理、副总经理及各部门经理、部长等领导按照逐级负责制的原则，通过总裁质量会、质量发布等形式，通报质量运营状态，提出、讨论、解决质量问题，并对相关过程进行监督、检查、激励。其中，首席执行官直接对质量负责，副总裁直管质量业务，各单位总经理对质量负全部责任。质量是集团领导干部必须重视和深入思考的问题。集团所有的领导干部，要晋升到一定的职级，有质量管理方面的工作经验是一个重要前提。

随着吉利对质量的重视程度不断提高，总裁质量会升级成为集团的“1号会议”。总裁质量会是吉利每月的例行会议，要求集团的总裁、副总裁，以及各个制造基地或单位的总经理和分管质量的副总经理参与现场会议，班组长以上人员参与同步的视频会议，以便更好地了解集团各个业务单位的实际工作开展情况。

会议的上半场主要围绕实物评审展开。会议前10天，集团会组织一个专业团队，对挑选出的两款吉利汽车和对标车型进行集中评审，通过与对标车型的比较，对两款吉利车进行整体评价，总结出对应的优缺点（以需要改进的缺点为主），写在看板上，置于评估车型旁。在会议当天，邀请与会人员现场参观，了解评价结果以及改进方向，最后，借助实车对一些典型问题进行分析和讲解。

会议的下半场则围绕整个集团的销售和质量运营总体情况进行总结讨论。服务公司以问题为导向，通过总结近期产品的市场表现以及相关的舆情监控情况，对顾客口碑进行反馈，指出目前汽车质量存在的关键问题。集团质量中心介绍当月集团质量运营的总体情况并公布某些基地或项目组的专项审核结果及质量排名。根据各业务模块存在的问题和困难，指定专项议题，并集中讨论改进方案。一方面，以用户实际体验为外部诊断，由外及内进行质量改进；另一方面，通过企业内部的质量自我诊断，提早发现问题，由内及外进行质量优化。

## 对标管理协会

2012 年，基于对过去发展中存在的问题和取得成绩的总结，集团总裁安聪慧提出“对标管理，品质经营”的经营思路和管理目标，将品质置于经营的高度，以品质决定企业的生死。在收购沃尔沃、入股戴姆勒之后，吉利全面开展业务对标。

吉利的整体目标是成为“世界最具竞争力企业”，成为像丰田、大众、现代这样的企业。这并不意味着吉利的对标是对某一企业模式的照抄，相反，吉利善于对标，洞悉各家所长，对标对象甚至能够细化到某一项。具体来说，在整车研发方面，对标沃尔沃，优化吉利的新产品开发体系（NPDS），通过 NPDS，整合资源，按照开发流程进行科学管理，满足用户需求，实现用户满意。在产品开发平台化、通用化方面，对标德系企业，联合沃尔沃共同开发 CMA 基础模块架构，打造吉利星越、领克、沃尔沃 XC40；联合戴姆勒打造奔驰 Smart、吉利新能源车型。同时通过积极参与行业交流，持续与通用、大众、本田、丰田等品牌产品开展越级对标，始终保持危机意识，保持整体跟随、局部超越的战略定力，增强同级产品领先一步的竞争力。

除了进行外部对标，吉利还针对公司内部的问题，从整个系统到具体岗位，都会寻找问题和对标的目标。尤其是在制造体系对标优化方面，吉利成立了整车四大工艺对标管理协会，搭建整车制造各工艺系统在质量等方面对标管理的交流平台。按照集团质量管理部的要求，吉利各基地对相关对标车进行了拆解分析，质量管理部再对各基地的对标分析成果进行共享平台管控，并向集团内相关各基地、研究院开放权限。吉利组织分厂自主对标，推广集团内部先进单位的先进经验和优秀改善成果，并形成指导手册。通过使“四大工艺对标→制造类问题挂牌督办→标准化→质量网体系完善”形成闭环，进行过程监控管理（见图 4-6）。

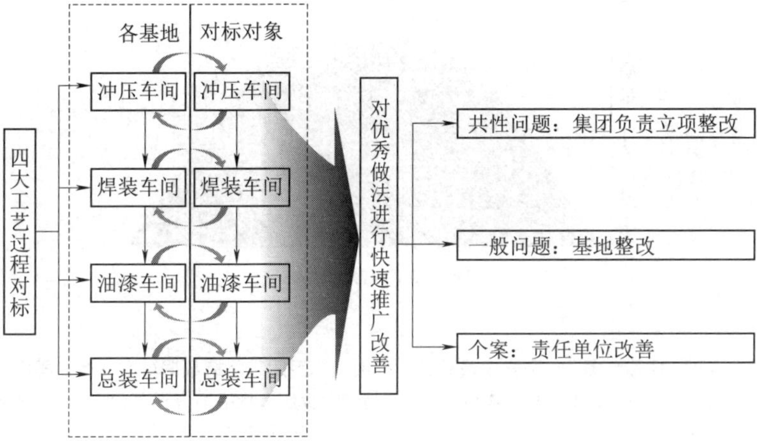


图 4-6　吉利制造四大工艺过程对标

## 质量文化

一般来说，决定产品质量的是看得见的资金实力和技术力量，或者是经营者的企业战略。这些固然重要，但更为重要的是看不见的员工意识以及这些意识的集合，即企业的风气和文化。

李书福认为，企业文化包括规范的制度建设、严格的管理和全体员工的共同实践。2018 年，吉利集团质量管理委员会在全员范围内进行调研，结合公司质量文化及历史经验，形成“十坚持，十杜绝”的吉利“质量十条”[①]，作为全体员工在质量方面的行为规范。同时，吉利以“时刻对品牌负责，永远让顾客满意”的质量方针为质量之道，统一质量发展方向；以“质量十条”“质量是非观”“行动六要求”为质量之法，形成质量管理制度；以“零缺陷经营体”“3824 法”“质量信息化”等质量之术，全面落地质量文化（见图 4-7）。

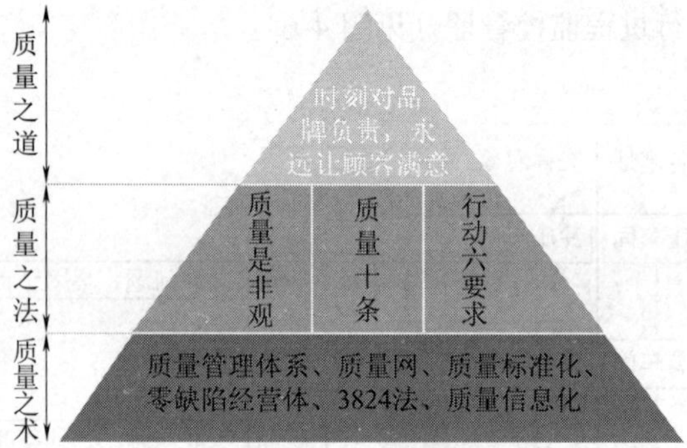


图 4-7　吉利质量文化金字塔

① 吉利“质量十条”：坚守质量红线，杜绝顾本丢质；坚持数据真实，杜绝弄虚作假；坚持用户意识，杜绝本位主义；坚持快速反应，杜绝拖沓延误；坚持一次做对，杜绝重复发生；坚持反复验证，杜绝批量流出；坚持质量对标，杜绝闭门造车；坚持一票否决，杜绝妥协让步；坚持危机意识，杜绝自我膨胀。

为了保证质量文化建设的系统性、长期性、有效性，吉利形成了质量文化建设管理制度，每年年初识别、策划和布置全年质量文化建设的重点方向和举措，在“百日提升活动”中开展质量文化研讨和宣贯，在年底对建设的成果进行盘点和激励。

## 做质量的主人

产品是人创造出来的，员工的素质、态度深刻影响着产品品质。各级员工都是企业的根本，只有他们充分参与，发挥才干，才能为企业带来收益。为了从源头上把控质量，提高质量管理的效率，吉利授权一线工人进行自我审查，并在生产过程失控时及时停止生产，将质量决策的责任合理地落实到一线员工。此外，吉利提供了必要的资源和技术支持，增加员工培训，以提高员工在质量管理方面的能力，同时建立了正式的评估和奖励制度，跟踪和激励员工的参与，让全体员工自下而上为吉利质量管理赋能。

### 生产自主质量保证体系

过去，产品质量检验需要在员工完成所有装配之后进行，参与生产制造的员工只是按部就班地根据自己拿到的零部件进行装配，并不清楚过程中潜在的质量问题。这样一来，产品完成的质量无法得到有效保证，只能等到整车下线，检查出问题部位再进行返修，导致生产效率低下，同时也造成了极大的浪费。

为了解决这个问题，吉利提出并实施了生产自主质量保证体系，明确问题发生的具体节点，由相关工位负责保证质量。这一体系以“质量从我做起，我的质量我保证”为指导思想，强化了员工的质量意识。同时，通过“质量实名制”等正向激励模式（即对工序进行等级划分，建立实名制看板），要求每个生产线上的员工对生产过程中的问题进行管理（即在装配或制造时就要进行检查，保证自己作业内容的质量，而不是依靠之后的检验来发现问题）。由监控员对易发生失误的问题点进行质量控制；生产过程中设立质检工位，强化检验员的作用，最大限度地防止本工位的不合格影响其他工位。将员工的负责内容记录在案，以便后续环节中发现问题时通过关联记录问责到人，以及开展“零缺陷员工”评选及激励。通过这些机制鼓励员工树立“质量问题，匹夫有责”的意识，激发员工的责任心，全方位把控产品质量细节，尽可能提高生产质量（图4-8）。

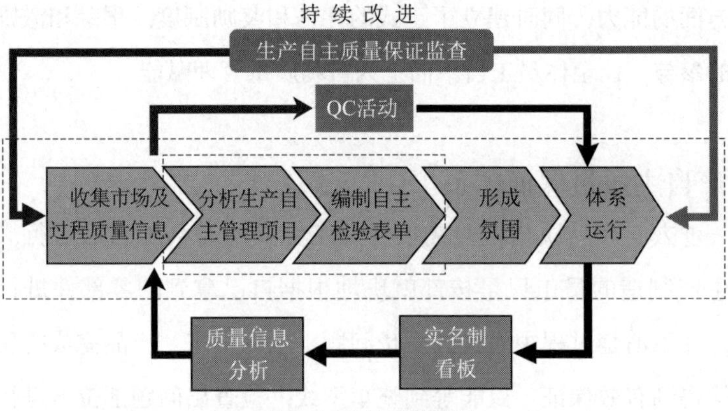


图4-8　生产自主质量保证体系

生产自主质量保证体系以“不接受，不制造，不传递”的“三不原则”为基础，分析重点管理项目，编制过程质量自主检验表，实行自主检验和事后管理，将过程和用户易发的问题落实到具体工位，打造过程质量“零缺陷”。

## 零缺陷质量经营体

为了实现从孤立的项目改进到持续经营、从被动管理到自主创新、从事后救火到事前防控，2009 年起，吉利推行“零缺陷质量经营体”活动。在不打破现有组织架构的前提下，将质量责任层层分解。初步将整车质量目标分解为五个模块，包括空调、底盘、电子电器、车身附件和动力总成。每个模块的质量目标再细化到各个零部件，每个模块和每个零部件确定总质量负责人以及技术、采购、制造、服务、改善管理各环节的具体责任人，每个模块的人员组成虚拟组织，即质量经营体，这一体系架构随着时间发展也逐渐完善（见图 4-9）。

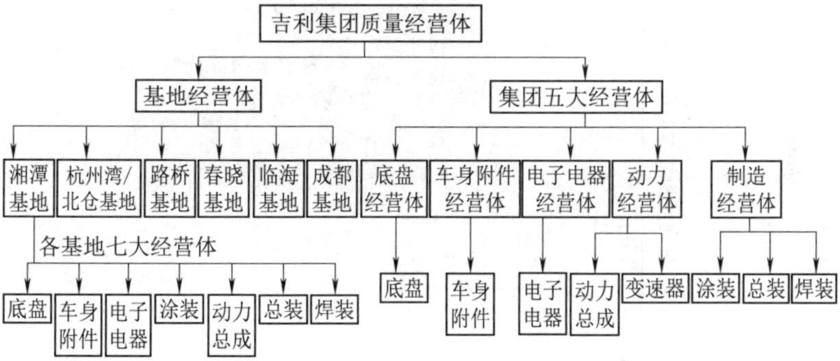


图 4-9 质量经营体框架

以底盘为例，质量经营体包含了负责底盘的技术人员、底盘供应商质量管理人员、负责生产技术的人员以及市场服务人员等，把过去相对分散的人员组合成一个团队，打破沟通交流的壁垒，缩短了解决问题的路径，使员工之间不再推卸责任，而是朝着一个目标共同努力，实现自主管理、持续经营、事前预防，使技术水平、零部件质量、生产制造质量、服务质量得到有效提升。

## 质量共同体

企业和利益相关者之间保持共赢关系，可以提高多个组织创造价值的能力。从吉利历年发布的实质性议题来看，无论是与吉利的关联度还是对利益相关方的重要性，产品始终是最核心的因素，其中质量和安全性能则是最重要的实质性议题（见图 4-10）。事实上，为了实现“让吉利汽车走遍全世界”的美好愿景，吉利不仅在企业

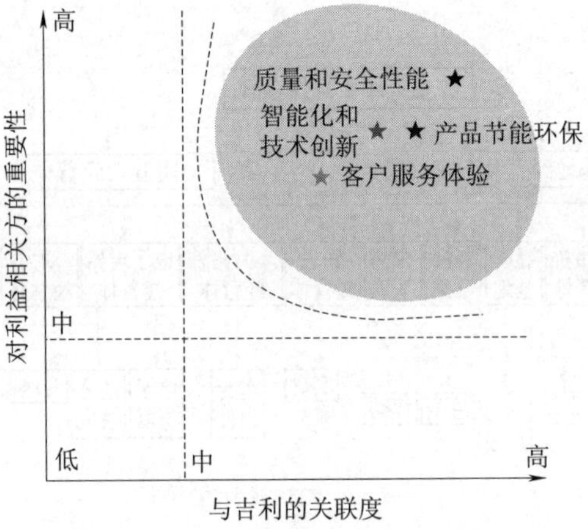


图 4-10　吉利关于产品的实质性议题及其重要程度[①]

---

① 资料来源：2017 年吉利企业社会责任报告。

内部苦下功夫，还注重与供应商、经销商等外部利益相关者建立长期的合作伙伴关系，从技术和管理上提供支持，共同打造具有国际竞争力和影响力的价值网络体系。

## “1+1+1”全球采购

零部件的质量定义了产品的整体质量，任何一个零部件出现问题都可能“牵一发而动全身”。吉利认为，良好的产品质量来自顶级的零部件，供应商的产品质量对吉利的发展起着至关重要的作用。为了提高产品感知质量，击破中国汽车产业发展的最大“软肋”——汽车零部件，吉利采购系统的质量把控也采取了相应的措施。无论是国际供应商还是本土供应商，吉利都要求其不断提升设计、研发等阶段的响应速度，并承诺持续改进零部件质量。

### “1+1+1”合作模式

吉利的很多供应商都是在创业早期同甘共苦，一起成长起来的，但他们中很大一部分面临着被时代淘汰的危机。吉利既难以割舍这些忠诚的合作伙伴，又不得不引进先进供应商来从源头上保证核心零部件质量，提高产品竞争力；既想采购到沃尔沃品质的零部件，又想要最低的价格。面临这样的两难困境，吉利内部产生了激烈的争论。

一方面，吉利根据产品研发、质量提升等需求，坚持引进国际一流且具有知名汽车企业配套经验的优秀供应商，对为全球知名汽车厂商提供同类产品的 A 级供应商开放快速准入程序；对为自主品牌一线阵营主流乘用车提供同类产品的 B 级供应商，组织质量、技术评审团队，开展现场准入审核；对评估为 C 级的供应商，不接受关重件、功能件、外观件，一般件根据实际安排现场审核；不与没有乘用车配套经验、没有同类产品配套经验的D级供应商合作。

另一方面，为愿意继续与吉利共同成长的供应商提供培训，对产品质量、价格、交付、服务等指标长时间不达标的供应商，实行新品以及二轨开发权利的限制，对质保能力弱、成本高、配套单一、供货范围小的供应商实行淘汰。

这种合作模式，促使供应商之间相互竞争又相互学习，形成了具有吉利特色的供应商体系。这称为“1+1+1”合作模式，即借助吉利在国内的市场优势，在地方政策的支持下，利用本土零部件企业的成本和速度优势，结合世界顶级供应商的技术和质量优势，通过资本及法律的纽带，形成利益共同体，将吉利的整车研发能力、吉利体系内优秀供应商的成本控制能力、国际零部件巨头的技术和质量保证能力相结合，形成新的竞争力。法国佛吉亚、日本泰极、中国台湾信昌以及上海的延锋伟世通和延锋江森等公司都先后通过“1+1+1”模式与吉利实现了共赢（见图4-11）。

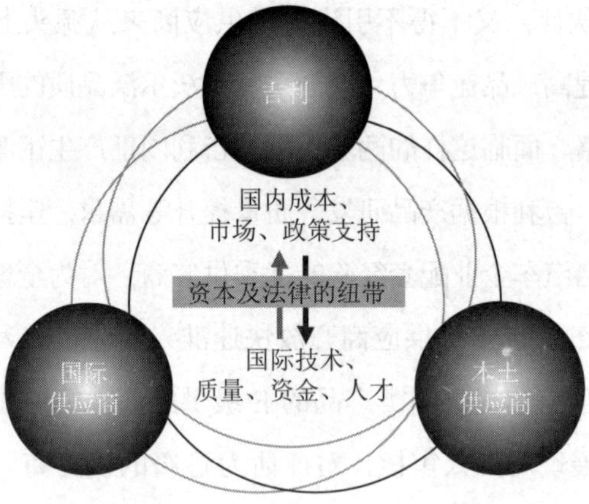


图4-11　吉利“1+1+1”利益共同体

在对供应商提出高要求的同时，吉利也在切实关注供应商的需求。为了破解高质量要求和低成本之间的矛盾，实现吉利和供应商的双赢，吉利竭尽所能地推动产品通用化、标准化、模块化。在采购流程中建立多轨机制，采取多供应商配套的方式，充分保障生产稳定性，降低供货风险；同时建立比质比价的配额竞争机制，使质量好、价格低的供应商获得更多配额。吉利还建立了供应商业绩监控体系，实现供应商队伍动态优化，搭建高水准的配套平台。此外，吉利还成立了吉利汽车供应商协会——协利会，架起吉利与供应商之间沟通的桥梁，提升供应商的共享度，与供应商结成自主品牌的战略联盟，分享设计、创新成果，促进吉利的供应商体系建设，提升吉利的供应链管理水平。

**“金字塔式”动态管理**

为适应“新制造时代”的发展需要，提高供应商的产品开发能力、制造保障能力和质量管控能力，2017 年，吉利成立了供应链质量工程（SQE）中心，通过“引进，淘汰，培育”三结合的方式，以更加开放、包容的心态，进一步整合全球资源，规范供应商准入、评价、淘汰机制，确保供应商质量，优化吉利的供应链体系。

与之前相比，吉利采取了更严格、更精细的供应商准入和评价体系，从研发、制造及质量保证能力三个维度对供应商进行评审，实行“金字塔式”动态管理和优化。对于同一零部件，将不同供应商的同一产品在不同场景下分别进行评审，得出不同的评审结果。在准入机制上，评审结果为“3B”及以上的供应商方可进入。其中，评审结果为“3A”的供应商可以作为行业质量标杆，“3C”的供应商则需要提升改善，通过后续考核才能进入。根据年度考核情况，每年引进优秀供应商，淘汰20家不良供应商（见图4-12）。截至2019年年底，吉利汽车已经与200多家本土及国际供应商构建了具有全球竞争力的供应链体系。

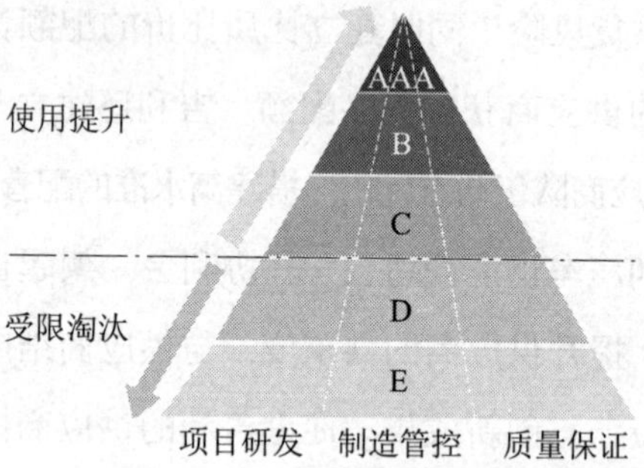


图4-12 “3A”供应商动态评价体系①

根据评审结果，针对位于金字塔顶端的战略供应商（“3A”级），吉利给予更多的资源支持，包括配额倾斜、新项目开发优先等特权。而对于配合度低，存在质量问题甚至持续恶化，以及有诚信、合规类问题的企业，吉利则予以淘汰。

此外，吉利还从技术和管理上为供应商提供全方位的支持，推动双向沟通和知识分享，不断提升生产效率，促进合作共赢。2017年5月，吉利成立企业大学品质经营学院，针对能力不足但有改进空间和意愿的供应商，实施“供应链人才V计划”，以“培训—实战—分享”的精品班模式，推动双向沟通和知识分享，培养内外部人才，以公开课和实战演练相结合的方式开展供应商培训，以确保供

① 数据来源：吉利控股。

应商充分理解吉利的《供应商质量手册》、质量协议签订方式以及质量问题快速响应和解决方案。2019 年，吉利开展供应商大型培训 28 场，并对 51 家供应商进行驻点帮扶，通过提升工艺，节约成本 8 956 万元。

## 服务“战略同频”

吉利始终围绕“让用户满意”的质量方针开展工作。服务质量是保障用户满意度的一个极为重要的环节，而服务质量的核心是售后服务管理与售后技术能力提升。吉利业务的飞速发展，不仅要归功于企业内部质量文化建设和对员工能力的培养，也要归功于向产业链上下游的伙伴（包括供应商和经销商）提供人才培养的服务，尤其是对经销商的一线营销人才的培养，对吉利的“向上”进取起着至关重要的作用。

**1 000 家店和 1 家店同一个服务标准**

相比经销商的快速扩张，吉利更注重对经销商服务品质的管理。通过确立“经销商是我们的用户，消费者是经销商的用户”的服务意识，为经销商提供“顾问式服务”，针对硬件设计、标准管控、物料订购等事宜，提供专业指导，让经销商能更真心地服务吉利的用户。为了让超过 600 万的基盘用户享受到与 3.0 精品车相匹配的高品质服务，吉利持续深化 3.0 营销体系建设，不断改善经销商的硬件设施和服务水平。通过建立“售后服务示范站”，树立标杆，提供优秀的售后服务管理方法与经验，让经销商在实际工作中看得见、听得到、学得会，持续扩大示范站辐射范围，坚持现场管理整洁有序，言出必行；坚持用户满意，努力打造可感知、可执行、可检核的体验场景。

为了强化和经销商的合作，吉利还定期举行集团市占率质量例会，吉利的高层领导、各制造基地的负责人与经销商、用户面对面沟通，了解经销商的诉求，倾听用户的心声。与经销商“战略同频”，与用户“同频共振”，即与合作伙伴的战略相同，与消费者的感受相通。

**提升经销商能力**

自主品牌的发展不能仅停留在技术研发层面，还必须有创新的营销模式与之相匹配。经销商的能力很大程度上影响了企业所能提供的服务品质。为进一步提升经销商的业务能力和吉利的品牌形象，吉利建立了明确高效的市场技术支持流程，由经销商发起，售后技术与质量系统协调快速响应。以各制造基地质量部门为沟通窗口，依据属地化原则，由制造基地对片区内的经销商进行技术培训。针对经销商的不同需求，分别设置相应的培训项目，包括关键岗位认证项目、销售顾问职业素养项目、产品销能提升项目，从强化基础销售技能、提高服务意识以及完善产品生命周期知识等方面为经销商赋能。

除此之外，吉利打破了常规的集中教学方式，通过“以赛促技，以赛代练”的方式“大练兵”，举办以全国销售精英大赛为代表的各类经销商大赛，在检验并不断提升经销商亲和、专业、自信、真诚的专业技能和职业素养的同时，激发销售人员的积极性和主观能动性，促使专业技能过硬、服务态度精诚的销售人才不断涌现，为上升中的吉利汽车不断输送优质销售人才，使吉利的营销和服务品质足以与 3.0 精品车相匹配。每一届全国销售精英大赛，都会依据吉利当时的发展状态改进策略，提升竞技水平。为给客户带来更佳的购车体验，增强客户参与感，2019 年，吉利汽车联合经销商开展试驾体验官、积分挑战赛等促销品牌活动 311 场，以领克为代表，倡导“不止于车”的理念，将传统的经销商变革为集分享、社交于一体的品牌专属社交平台“Co 客领地”；通过 580 余场全球旅行官、汽车音乐节等互动性强的活动，强化用户对领客文化的感知和认同。

## 非线性成长之“解码用户”

“以用户为中心”是吉利开发、制造产品和提供服务的第一要义。在质量发展的不同阶段，吉利以用户为导向，洞悉用户需求，不断推动从实物质量改进到感知质量升级的认知转变。吉利的成功实践表明，质量管理不仅是领导者或质量部门需要考虑的问题，还要渗透到每名员工的日常工作中，即让“质量理念”成为吉利人共同遵守的价值观和判断标准，为提高经营质量、产品质量、服务质量承担责任。具体来说，吉利的管理层推动“高质量发展”理念嵌入企业经营的各个方面，通过明确全体员工在质量方面的行为规范，自上而下促进质量意识的形成，全员自下而上主动担责，推进质量管理体系建设，让管理下沉和建设向上形成自循环，充分调动全员积极性和创造力，直接有效地提升班组长能力，发挥班组和最小单元模块的管理功能和作用，有效落实各项质量管理活动，实现目标（见图 4-13）。

需要明确的是，最高管理层是实施质量管理的驱动力。致力于品质的最高管理者必须传达这样的理念——质量比成本或进度具有更

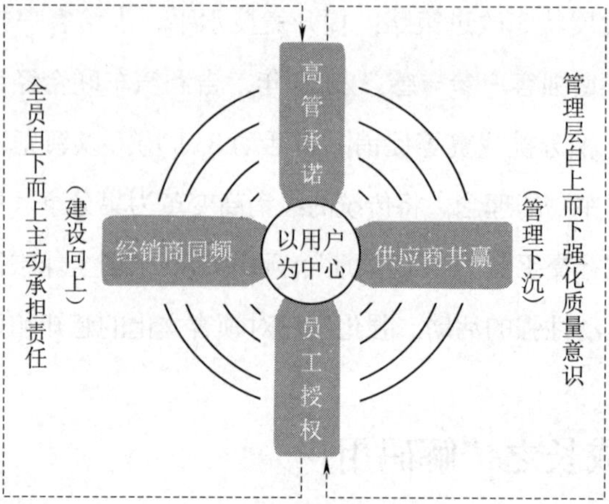


图 4-13　吉利高质量发展中的重要因素

高的优先级[①]。此外，有效地管理产品质量和内部流程的质量，不能脱离对竞争等外部因素的了解，管理者需要明智地将对标意识融入经营管理中，善于学习，利用对标获得的知识，改进自身的产品和流程。

更为重要的是，企业全体员工要共同参与，形成合力，质量管理才能成功。企业必须建立正式的制度来监督和激励员工，否则会导致管理参与度和工作质量的下降。吉利的质量实践证明，将质量决策的责任适度地转移给员工，授权员工对工作成果进行自我审查，同时给予必要的资源和技术支持，往往能够激发员工的责任感和积极性[②]。

---

① Stalk, G., Evans, P., & Schulman, L. E. Competing on capabilities: The new rules of corporate strategy. Harvard Business Review, 1992, 70(2), 57-69.

② Chevalier, F. From quality circles to total quality. International Journal of Quality and Reliability Management, 1991, 8(4), 9-24.

汽车是构造复杂的工业品，每个零部件都与整车质量息息相关。因此，对于整车制造商来说，除了在企业内部形成良好的上下赋能机制，维护与外部利益相关者之间的良性互动关系也很重要。吉利以质量为导向，搭建全面的供应商评价体系，并完善了动态考核与退出机制，与可靠、有能力和意愿进行质量改进工作的供应商建立长期伙伴关系。在经销商的合作上，吉利除了注重经销商网络的城市覆盖情况，还立足经销商需求，不断改善经销商的硬件设施和服务水平，深化营销体系的建设，以实现与高品质产品相匹配的高品质服务。

第五章

# 研发中的“忘却学习”

---

**近十年研发累计投入约 1 000 亿元，建成覆盖多种带宽的四大模块化造车平台，并购 DSI、沃尔沃、路特斯、宝腾等多家汽车行业或供应商的领军企业，发布“蓝色吉利行动”“20200 战略”等技术战略路线，建立全球五大研发中心与五大设计中心，建立新产品开发体系（NPDS），都标志着吉利从追赶到超越的蝶变过程。**

---

在全球汽车产业不断变革与重塑的大环境中，企业面临着高速发展的全球经济、多样化的客户需求和迅猛更迭的前沿技术等多重不确定因素的挑战。伴随着全球化的浪潮，企业的竞争边界也不可避免地从本土市场扩大到全球市场，研发创新已经成为企业适应动态环境、实现持续发展、保持竞争优势以及获取丰厚利润的必要手段。近年来，吉利的迅速崛起引发关注，在这种崛起的背后有一支不可忽视的力量，就是承担着创新攻坚重任的研发体系。研发体系蝶变的过程，也是吉利从“追赶”领先企业到“超越”乃至“引领”

过程的缩影。

总体来看，吉利的造车之路并不平坦。研发体系经历了初创时期的一穷二白和懵懂无知，经历了第一次战略转型时期的壮士断腕和拨云见日，经历了国际并购后的资源整合和研发理念的突破。吉利 1997 年正式进入造车领域，从钣金工做设计师的“逆向开发”时代步入自主创新的“正向开发”时代，进而形成全球化的研发网络与面向“无人区”的“原始创新”技术能力。在组织管理方面，研发体系实行过矩阵制、强项目制，继而与沃尔沃联合打造全业务链新产品开发体系（NPDS），将公司经营战略转化为具有竞争力的产品。

如今，吉利的研发体系已扭转被动参与全球角色分工的局面，并构建起拥有主动性的全球化网络。吉利已建成全球五大工程研发中心、1 000 多个国内销售网点、400 多个海外销售和服务站点，研发设计人员超过 2 万人，全球员工总数达 12 万人，来自 40 多个国家和地区。2008—2018 年，吉利控股集团研发投入累计约 1 000 亿元，2018 年研发投入超过 210 亿元，占销售总收入的比例为 6.4%[①]，这一比例与国际大型汽车集团基本一致。正是对研究与开发能力的高度重视，使吉利能够在全行业微增长甚至不增长的大环境下，依然逆势保持稳步增长的态势（见图 5-2）。

值得关注的是，吉利研发体系的蝶变过程是一个逐步升级的动态过程。从狭义上讲，研发管理体系就是对研发或技术部门及其工作进行管理的部门，主要关注产品的开发与测试过程。企业会不断

① 李书福：中国汽车工业的希望在浙江；吉利十年研发投入近千亿 https://mp.weixin.qq.com/s/rOF6Lsrc9smfexD9rrtm8w.

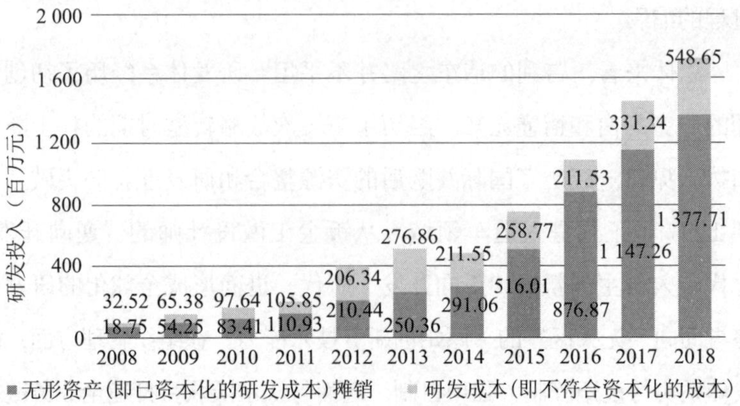


图 5-1　吉利汽车 2008—2018 年研发情况 ①

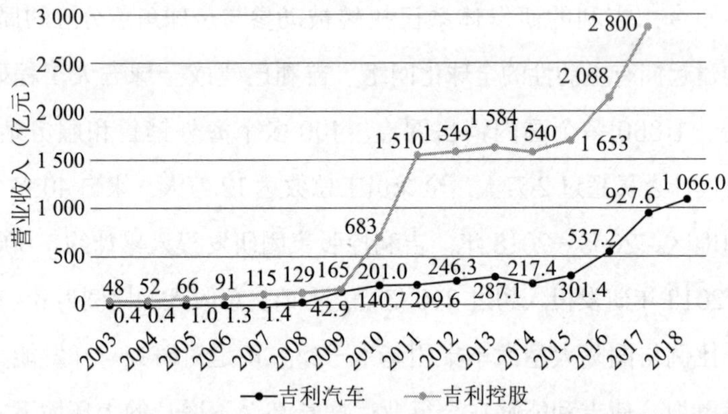


图 5-2　吉利汽车、吉利控股 2003—2018 年营业收入 ②

调整组织结构，以适应战略焦点从应用型技术研发到基础性技术研发的变化。在研发管理系统从无序走向有序的过程中，吉利的技术创新能力也发生了从量变到质变的转化。因此，本章选取技术创

---

① 数据来源：2008—2018 年吉利汽车控股有限公司年报。

② 数据来源：2003—2018 吉利汽车控股有限公司、吉利控股年报。

新能力与研发组织管理两个着眼点，探讨以下问题：吉利的技术能力是如何由弱变强的？吉利的研发管理模式是如何从无到有，并高效管理高度复杂的研发流程的？研发体系多次迭代背后的原因是什么？最后，从吉利研发体系蝶变的案例中提炼出若干经验和结论，以期为国内外企业研发体系的变革和管理提供中国制造业一流企业的实践经验。

## 从量变到质变：技术能力的跃迁

后发企业如何更好地利用后发优势实现追赶，一直以来都是学术界和企业界讨论的重要话题之一。美国经济史学家格申克龙教授是最早关注后发型现代化的经济学家，他从理论高度揭示了“后发国家在工业化进程方面赶上乃至超过先发国家的可能性”。纵观汽车行业的发展，技术起源与行业领先品牌均在欧美、日韩等发达国家，吉利作为中国汽车自主品牌的先锋，以“后来者”的身份逐步实现了对先进企业的技术追赶，在某些方面甚至实现了超越。李书福刚开始造车时曾表示：“吉利要造像奔驰一样的好车。”但是由于技术能力的限制，吉利认识到，只有坚持“打基础，练内功”，不断提升技术能力，才能实现产品创新。

此外，技术能力的追赶过程存在很强的情境性[①]。与韩国、日本、新加坡等国家的企业相比，以吉利为代表的中国制造业企业面

---

① LinsuKim. Stages of development of industrial tecnology in a developing country: A model[J]. Research policy, 1993, 22(2).

临的是截然不同的发展情境。韩国知名学者金麟洙曾通过对韩国31家电子企业的技术能力追赶过程的观察，提出“组装—吸收—改进”的后发企业线性追赶路径。而中国制造业企业的后发追赶实践则是在转型的所有制结构、多样化的技术体制、多层次的市场空间、新兴的全球网络四位一体的时代情境下开展的，是引进—消化—吸收与创新并行的非线性跃迁过程。

## 先“描红”再“写字”

1997年，吉利投资5亿元进军汽车制造业。起步阶段的吉利并不具备汽车研发的技术能力，因此吉利在该时期所走的是学习模仿的道路。以模仿成熟产品和工艺为基本特点，以“干中学”的方式，通过工人熟练程度的提高，逐渐提高生产效率与经济效益，压缩生产成本，逐步提升市场占有率，减少对外部技术的依赖。开始批量造车的李书福确立了“先描红再写字，先学走路再学跑步，先从低端做起，从零部件做起，再做高端”的技术路线。

1998年，吉利第一辆名为“豪情”的汽车，开下了位于浙江临海的生产线。在桑塔纳卖二十多万元、夏利卖十几万元、奥拓卖七八万元的市场形势下，吉利以低价战略快速打入市场，并提出了“三五”造车目标，避免与大型车企发生正面竞争。豪情汽车与市面上其他汽车相比具有明显的价格优势，一年之后，吉利就创下了数千台汽车的销售量。当时的中国汽车销售市场虽然相对低迷，但吉利瞄准了数量庞大的个体商贩和处于创业初级阶段的创业者们，3.5万元至8万元的汽车定价填补了这一区间的市场空白。通过低价战略，吉利成功开拓了国内市场，一举冲破了三大轿车合资企业的价格垄断和市场垄断，使轿车从奢侈品变成了老百姓都能买得起的消费品，并成功跻身中国轿车行业十强。

如第三章所言，此后，吉利成功运用“二次创新”战略，实现了从0到1的技术突破。吉利造车的第一个学习对象是夏利，夏利遵循“省钱，省心，省时”的造车理念，十多年来始终稳坐经济型轿车销量第一的宝座，这与吉利“造老百姓买得起的好车”的理念不谋而合，所以夏利汽车在很长一段时间内都是吉利的模仿对象。李书福买回几辆夏利车，将其一一拆解后重新组装，以此分析汽车内部的零部件配套体系以及变速器、底盘等核心部件的细节。此时的吉利，没有自己的研发人员，也没有图纸与专业的模具，整个组装过程基本依赖钣金工对技术的理解逐步完成，用“逆向工程”仿制的第一辆豪情6360汽车仿佛夏利的“孪生兄弟”。

中国加入世贸组织之后，经济发展日益加快，普通消费者的消费升级需求成为吉利亟需面对的新挑战与新机遇。通过“二次创新”，吉利已初步具备相对全面的汽车生产能力，美日车型应运而生。相比于豪情模仿夏利，美日的模仿对象是当时的两厢车富康。随着对技术的进一步消化吸收，吉利的汽车制造能力也在同步提升，美日从建厂、开模具到安装、下线，前后只耗时9个月。2002年，消费者对于三厢车的需求与日俱增，吉利进一步拓宽产品线，推出第一款三厢轿车优利欧，标志着吉利对汽车生产技术掌控的灵活性大大增加。吉利成功开发出的这三款产品，被称为吉利的“老三样”。

吉利的研发体系在此时还是相对分散和薄弱的。在“老三样”的开发过程中，吉利通过“拆解—组装”的逆向工程法逐步增强对核心技术原理的理解，引进多种相对成熟的产品和技术（生产线、产品、核心零部件）并进行产品或工艺上的改进型创新，有效完成了技术能力的原始积累。但不可否认的是，伴随消费升级的新要求，吉利的低价战略已逐步成为自身发展的阻碍，饱受质疑。同时，核心部件供货厂商的涨价，将吉利的利润空间压缩得所剩无几。因此，吉利的高层管理者很快意识到，“这么搞肯定不行，提升技术水平（能力）才是王道”。

## “壮士断腕”迎来新起点

2007 年，从国外考察回来的李书福毅然提出要进行战略转型，努力实现年产销 200 万辆的战略目标。这个大胆设想引发了集团内部的激烈讨论，有人认为是瞎折腾，有人认为是变相的“大跃进”行为，有人认为根本无法实现。但是在李书福看来，全球汽车产业经历了数次兼并收购的浪潮，低于 200 万辆规模的汽车品牌都难逃被别人兼并的命运，连沃尔沃这么好的国际品牌都被福特兼并掉了，吉利若要始终拥有独立品牌，就必须达到 200 万辆的规模和硬实力；在产品结构上，车型要全，不仅要有轿车，还要有 SUV（运动型多功能汽车）、MPV（多功能汽车），从经济型轿车领域向高端车领域突破。从那时起，掌握核心技术，走正向开发的研发道路，成为吉利造车的新思路。李书福心中燃起的不仅是吉利汽车走遍全世界的愿景，更是中国汽车工业振兴的雄心和希望。

自由舰的诞生奠定了吉利战略转型的基础。时任吉利宁波分公司总经理的安聪慧接到李书福一个任务：解决“老三样”造车刮腻子的问题。为了解决这个系统性问题，安聪慧带队去国内外领先的汽车主机厂参观学习，结果让他们大吃一惊。当时吉利在国内已小有战绩，然而身为管理层的他们却看不懂韩国现代等先进企业的造车方法，这让安聪慧下定决心打造吉利第一款正向开发的车型——自由舰。安聪慧后来曾对媒体说：“自由舰的开发给吉利带来三点启示：一是改变了吉利的造车思维，质量不仅仅是制造出来的，更是研发设计出来的；二是要以高标准严要求去造车，而不是以省钱抠门的方式去造车；三是掌握核心技术，才能不受制于人。”

**引进外部人才**

2003 年，吉利聘请韩国大宇汽车前副总裁沈奉燮担任吉利汽车的副总裁和技术顾问，指导自由舰的研发。通过建立完善的技术管理体系，采用计算机虚拟化设计，推广并行开发模式，帮助吉利初步建立起一套与国际接轨的汽车研发流程，彻底告别了原来手工画图的开发方法。吉利凭借技术上的质变，迅速建立起现代化的生产线，对原有生产车间进行大规模改造，完全改变了设计制造“老三样”时的窘境。

这一时期，吉利通过不断将外部技术内化的方式，持续提升自身的技术能力，同时也不再满足于对外部技术的模仿，而是寻求技术的“为我所用”。吉利将已有的成熟技术进行一定的结构和模块化，并加强与外界技术环境中的利益相关者开展联系，对正式和非正式的信息系统进行大量的投资，从而获得通用性、专业性更高的技术知识，进一步促进企业技术创新能力的积累与升华。

**突破核心技术，打破发达国家垄断**

2001 年，处在发展初期的吉利在发动机等动力总成核心零部件领域还没有取得自主知识产权，主要依赖进口，最早选用的是丰田的 8A 发动机。吉利当时的计划是集中精力做好整车，发动机等核心零部件暂时依靠外部采购。没想到，正式投产上量后，丰田单方面违反合同约定，大幅涨价，导致吉利每台车要亏损 5 000 元。经过多轮激烈的谈判，最终还是没能说服日方的总经理，“卡脖子”的感觉给了当时代表吉利去天津谈判的安聪慧很大的触动，他立下“军令状”，要研发出具有自主知识产权的发动机。回到宁波后，安聪慧立即召集实验、质量等相关技术人员，投入紧张的研发工作。经过几年的努力，吉利作为国内民营汽车企业研发出我国首款具有自主知识产权的 CVVT 发动机 JL4G18，并应用在当时吉利的主打产品自由舰、远景等车型上，一举打破了发达国家对汽车动力核心零部件的垄断，是我国汽车发展史上一个新的里程碑。

**产品创新与工艺创新的动态交互**

吉利以第一款正向设计的车型自由舰的开发和生产为契机，投资十几亿元，对四大工艺进行大规模技术改造。自由舰采用世界一流的模具供应商开发的模具，确保冲压件的质量达到国际一流水准；采用一流检具、ABB 焊装机械手等先进工艺和装备，大大提高产品生产的一致性和稳定性；还采用了承载式车身、整体式侧围、防撞钢梁、发动机舱吸能装置等 28 项安全措施。果断实施质量战略，有效巩固了吉利在汽车行业的十强地位，为吉利的后续发展赢得了时间和空间，产品的价格也有所回升，形成了新的市场竞争力。

从低价战略向“技术先进，品质可靠，服务满意，全面领先”战略的转型，有效推动了吉利研发思维的全方位转变。2007 年 5 月 18 日，面对来自全国各地的 100 多位经销商，李书福发表了吉利发展史上具有里程碑意义的《宁波宣言》，宣布吉利进入战略转型期，开始推行全方位的变革。同一年，吉利的使命也从“造老百姓买得起的好车”转为“造最安全、最环保、最节能的好车，让吉利汽车走遍全世界”，同时确立了“总体跟随，局部超越，重点突破，招贤纳士，合纵连横，后来居上”的发展战略。吉利以壮士断腕的决心，彻底放弃了低价战略。李书福曾在访谈中表示：“吉利坚决不打价格战，而是打技术战、品牌战、服务战、企业道德战。我们坚信，谁占据了道德的高地，谁就能拥有发展的主动权。”

随着技术的发展，吉利已不局限于引进成熟技术，而是开始关注新兴技术和前沿实验室技术。吉利通过多种渠道吸收外部知识，逐步接近领先企业的技术水平。自由舰的开发实现了制造工艺和研发水准上的重大突破，同时也让吉利在关键零部件的设计和生产领域拥有更多自主权，产品一经推出便受到市场的青睐，即使在 2005 年“老三样”占吉利汽车总出货量 60% 以上的情况下，自由舰的比例仍高达 17%。但随着金刚、远景车型的相继推出，“新三样”很快取代了“老三样”，2008 年后，“老三样”的销售量已经削减到不足 5%。吉利的高层管理者深知，这只是吉利技术能力发展的新开端。在竞争日益激烈的全球经济环境下，努力实现技术超越与引领，才是赢得新一轮全球竞争的核心竞争力。

## 全球视野下的能力进阶

作为全球最大的单体市场，中国市场的规模和发展潜力，正在深刻影响全球汽车市场的趋势和行业格局。在这欣欣向荣的表象背后，李书福内心有着深深的隐忧：虽然吉利已经在国内站稳脚跟，但是吉利对汽车的理解还是不够深刻，技术、质量、研发、生产等各方面的能力，跟世界名牌、老牌汽车公司相比，还是有明显差距。

至此，吉利在技术能力上已经完成从追赶到跟随的过程，逐步缩小了与领先企业之间的技术差距。如何进一步突破发展的天花板，形成面向“无人区”的原始创新研发能力，成为吉利高层管理者不断思考的一个难题。凭借对国际形势的谨慎判断，吉利的高层管理者一致认为，从产业“追随者”向“引领者”的战略角色转变，是突破吉利发展瓶颈的有效途径。

**抓住国际并购机会窗**

数次国际并购为吉利的快速学习提供了有利土壤，吉利抓住了全球创新资源流动的重大发展机遇[①]。2010 年 3 月，吉利控股集团出资 18 亿美元收购瑞典沃尔沃轿车的全部股权成为全球汽车行业的一件大新闻。“这如同一个农村来的穷小子追求一个世界顶级的明星。”吉利掌门人李书福对吉利收购沃尔沃做出这样的评价。显然，这项收购对中国汽车产业是具有里程碑意义的，吉利收购沃尔沃打破了传统合资企业中“市场换技术”的逻辑，创造性地确立了中方汽车企业和外方汽车企业的新型关系，也为吉利开启了令人憧憬的全新时代。

通过此次收购，吉利顺利拿到了沃尔沃轿车商标的全球所有权和使用权，及其 10 个可持续发展的产品、产品平台及发展升级策略，还有已进入量产前准备阶段的全新 SPA（可扩展平台架构）。吉

① 杜健，丁飒飒，吴晓波．基于二次创新理论的吉利跨国并购案例研究 [J]. 科研管理，2019,40(06):130-143.

利保留了沃尔沃的技术人员并获得了其多年的用户数据，以及分布在 100 多个国家的 2 325 个网点的销售、服务体系，涵盖发动机、整车平台、模具安全技术、电动技术的 10 963 项专利和专用知识产权（在福特会计报表上，无形资产达 16 亿美元）。此前一年，吉利于 2009 年 3 月 27 日在澳大利亚的全球第二大变速器制造商 DSI 公司宣布破产 40 天后收购了它的全部股权，包括研发中心、知识产权等无形资产和设备、厂房等有形资产。2012 年，拥有百年历史的英国锰铜公司进入破产程序，吉利大胆进行海外抄底，以零现金零债务模式，成功收购了锰铜的所有股份。这一时期的三次成功收购帮助吉利快速获取了全球先进的技术知识，为吉利技术能力的跃迁奠定了基础。

**技术与资源的全球协同网络**

李书福曾多次提到："核心技术受制于人，是无法做大做强的。"随着吉利全球化尤其是国际资源整合的推进，吉利自身的技术能力得到了显著提升。吉利的国际并购并不是对并购对象的简单"剥夺"，而是在相互尊重和认同的文化交流过程中，以全球视角来应对企业所面临的复杂局面，通过全面协同，在更高的层面实现双方的融合和升华。

2013 年，吉利和沃尔沃形成了更加紧密的战略资源共享关系，在瑞典哥德堡建立了中欧汽车技术服务公司（CEVT），这是吉利汽车集团的全球五大工程研发中心之一。CEVT 拥有来自全球 20 多个国家的 2 000 余名顶尖的汽车工程师，其定位是全力打造新一代中级车的模块化架构和相关部件。CEVT 充分发挥吉利和沃尔沃的优势与资源，通过分摊研发经费、共享研发成果的方式，让来自吉利和沃尔沃的技术人员合作开发全新的基础模块架构和核心部件，满足双方未来的市场需求。在这一背景下，CMA（紧凑型模块化）架构应运而生。CMA 的研发成功，使吉利的技术能力上了一个新台阶，标志着吉利拥有了世界领先的平台设计能力。目前，吉利已在德国法兰克福、英国考文垂、瑞典哥德堡、杭州、宁波建立起全球五大工程研发中心，在瑞典哥德堡、西班牙巴塞罗那、美国加州、英国考文垂、上海五地建立了全球造型设计中心。吉利的全球研发协作体系的建立，为走出去的中国企业提供了良好的实践经验。

如果说吉利开发出首款具有自主知识产权的 CVVT 发动机 JL4G18 是解决了我国汽车动力核心部件“从无到有”的过程，那么，由王瑞平带领的吉利跨国动力研发团队便是推动了吉利动力总成“从有到强”的新跨越。

随着汽车动力产业技术的迭代升级，欧系厂商率先推出“TSL+DCT”直喷增压发动机，被誉为“黄金动力组合”。它的油耗下降超过 10%，而性能提高了 15%~20%，很快便在市场上引起了极高的关注度和购买热情。2011 年，王瑞平加入吉利并立下“军令状”，要在两年之内带领团队开发出一款新型发动机，适配吉利 3.0 产品。作为国际化的汽车集团，吉利马上建立起快速响应的研发团队，来自 17 个国家的 100 多名全球顶级研发专家共同参与开发；同时建立全球顶级供应商协同体系，发动机产品 90% 的供应商与沃尔沃共用，变速器产品 83% 采用世界顶级供应商；基于沃尔沃的全球开发标准和开发流程，大幅提升产品质量。2019 年，吉利开发出 41% 热效率发动机，均质超稀薄燃烧单缸机实现 49.5% 指示热效率，达到全球领先水平。王瑞平曾在采访中表示：“作为一个车企，最核心的还是技术竞争力。为了一个 0.01 毫米间隙的控制，我们对 30 多道工序进行逐一研究，直到最后把公差降低到原来的 1/10，才解决了噪声问题。C 位不是天生的，是奋斗出来的。”

**“造每个人的精品车”**

吉利的第三次转型有效应对了技术发展与消费者需求变化的高度不确定性。在科学发展日新月异的今天，技术发展具有高度的不确定性，在主导设计出现之前，努力跟随前沿技术的脚步，成为企业持续健康发展的重要因素。由于技术的迭代升级与消费者对高品质的执着追求，把握行业发展趋势与消费者需求变化，成为吉利高层管理者需要面对的挑战之一。

2014 年，用户需求和消费形态全面升级，中国汽车市场进入了一个全新的发展阶段，90 后逐渐成为汽车消费的主力军。针对这种市场环境的改变，吉利做出了主动的战略调整。此时，吉利正处在相对艰难的发展时期，品牌较多却没有亮眼的新产品。因此，吉利提出第三次战略转型，发布了“造每个人的精品车”的品牌使命，以此应对消费者需求的变化。

另一方面，汽车行业处在由传统燃油汽车向新能源动力汽车的技术范式转变期。面对主导设计变化带来的机会，吉利积极进行新能源战略布局和技术储备。2015 年，吉利汽车发布新能源战略，提出“蓝色吉利行动”计划；2018 年发布“智擎”新能源四大技术路径。吉利已汇聚全球 3 000 多位新能源技术和工程研发领域的“最强大脑”，在新能源研发上累计投入超过 300 亿元，取得了数百项核心技术，打造底层架构，提供 100% 自主研发的中国新能源技术体系和解决方案，初步实现了“局部超越”。

**研发战略的二元性**

笔者在对中国企业数十年的研究中发现，企业在技术追赶中往往要面临“利用与探索”“外部与内部”“本地化与全球化”等对立因素，因此需要构建二元型管理体系，以实现企业的战略目标。作为中国汽车行业自主品牌领头羊的吉利也不例外。吉利汽车研究院在内部成立前沿技术开发部，紧盯全球前沿技术动态，同时专注于颠覆式创新技术的开发。为了在技术范式转变中掌握主动权，吉利研究院将技术分为三类：第一类是较为成熟的技术，在未来三到五年内可以落地使用；第二类是方向较为明确的先进技术，将在未来五到八年内投放市场；第三类是发展趋势明显的实验室技术，将在未来八到十年内成为主流。吉利汽车研究院通过建立“二元型”研发管理模式，高效地管理三类技术，在“前沿探索”与“稳步推进”之间力求平衡。

在不断积累技术能力的同时，吉利的企业核心能力也在不断升级，二者共同推动了技术创新从“二次创新”到“原始创新”的飞跃。吉利在对外界技术和知识进行高效学习的同时，构建利益共同体，对外部技术进行整合，不断提升技术引进的深度、广度、速度，从而踏上“原始创新”的阶梯。

## 从无序到有序：研发管理的迭代

在极富变化的商业环境中，企业要保持业务系统的竞争优势，管理好组织变革是非常关键的。纵观吉利三次主要的研发组织变革历程（见图 5-3），我们认为，每一次变革都与吉利当时的市场定位、集团战略、产品属性等关键要素保持高度一致。

图 5-3　吉利三次主要的研发组织变革历程

在发展初期人才、技术、资金等多种资源匮乏的情况下，吉利的研发组织仿佛“游击队”，分散在各制造基地。随着研发规模的日益扩大，吉利迫切需要体系化的研发组织及管理方法，以解决开发低效等问题，全矩阵制、强项目制等研发组织模式便适时出现。随着吉利逐渐成为实力雄厚的行业领导者，它开始积极主动地提升研发系统，有意识地向优秀的同行沃尔沃学习。为保持全球竞争力，吉利开始整合全球资源，打造全业务链新产品开发体系，并使之成为企业经营战略转化为有竞争力的产品的桥梁。

## “游击队”升级为“正规军”

从 1997 年开始造车以来，造“好车”一直是李书福的初心。但 21 世纪初期的中国汽车企业和发达国家的汽车企业相比，一个显著的差距是新产品开发的技术、流程与手段落后，以至于基本不具备自主开发的能力，这严重影响了新产品的开发周期、制造周期及质量，也阻碍了企业的长远向好发展。随着中国经济的迅速发展，客户对车的认知在悄悄发生着改变。与此同时，缺乏专业性的研发组织模式也产生了一系列问题，主要包括：

**产品开发与技术研发衔接不力**

2006 年之前，吉利没有公司层面的书面研发计划和技术管理制度，也没有成型的技术管理系统。集团研究院于 2003 年成立，但是一直没有发挥实质性的作用。研发力量分散在各个制造基地的研发组织中，难以统筹协调，导致新产品开发项目的技术准备和资源准备工作没有经过总部的正式评估，使得项目启动后很容易遇到技术难关。技术开发的周期相对比较长且不可预测，而产品开发的周期则取决于技术难关被攻克的时间。为了尽快攻克技术难关，通常需要研发外包，或者请“救火英雄”加盟。技术研发和产品开发之间存在一定的断带，在产品实际运行的过程中暴露出许多新的问题，较高的故障率也是造成吉利在该阶段客户口碑下降的原因之一。

**研发人才与技术需求不匹配**

2006 年年底，临海的吉利汽车研究院只有 300 多人，规模与国际领先车企动辄上万人的研发团队相差甚远，即使与国内其他自主品牌的研发团队相比，力量也相对薄弱。另一方面，吉利当时正在生产的产品，包括金刚、远景、自由舰，零部件的数模几乎都不完整，标准也不统一。受限于研发人员的技术能力，技术开发的进度也受到一定程度的影响。

**缺乏产品开发的标准化流程**

吉利早期在产品开发的过程和决策中缺乏标准化的工作流程。当时，研发部门的工作还处于“摸着石头过河”的状态，产品开发的决策好坏更多取决于产品经理的个人能力，项目优先级取决于推动者的个人地位，缺乏真正科学的决策方法。这至少带来了两方面问题：首先，集团层面的产品组合和各产品线缺乏统筹性和计划性；其次，项目决策方式不够科学，增加了产品开发失败的概率。

总而言之，随着公司规模和产品开发规模的扩大，非正式研发组织的缺点逐渐暴露出来。李书福等吉利高层管理者敏锐地意识到初露端倪的风险，在不改革研发体系的情况下，进一步扩大公司规模是十分危险的，建立正式的研发体系已迫在眉睫。于是，李书福与吉利当时的高层管理团队开始寻找可以担此重任的“将才”。

不久，在业界颇有名气的赵福全进入了李书福的视野。在日本、英国、美国的多所世界一流大学深造过的赵福全于 1997 年 4 月进入美国克莱斯勒汽车公司任产品工程师，后担任该公司技术中心研究总监。2004 年 4 月，赵福全回国后任华晨汽车副总裁，主持开发了多款有影响力的车型。在与李书福、杨健、张爱群等高层成员多次深入接触后，赵福全被李书福对汽车事业的痴迷和中国汽车自主品牌走出国门的梦想所打动。2006 年 10 月，赵福全正式加盟吉利，出任分管研发的副总裁。他的加盟，给吉利研发体系带来了非常深刻的变化，主要表现在以下方面：

一是整合分散的研发团队。在研发团队整合之前，吉利的研发力量分散在临海研究院、华普研究院和各生产制造基地，各研发团队之间没有通用的技术语言，连图纸标注都不一样。图纸不统一，零部件就无法通用。因此，赵福全在李书福、杨健等人的支持下，全力推行技术体系整合大战略，整合成功的标志，就是将华普研究院和宁波的项目组等并入临海研究院。

二是建立统一的管理和技术标准。赵福全在研究院大力推行全面标准化管理，他来吉利后，组织编写了各项标准及规范手册，包括停车场、吸烟室、门牌、门卡的规格等细节问题都做了详细的规定。业务方面，组织人员整顿图纸，要求吉利所有正在生产的产品，包括金刚、远景、自由舰，图纸全部转换成统一格式，补齐所有的二维图和三维图。同时组织人员编写了第一版《吉利集团研发项目管理办法》，在立项、评审、审批、过程管控等多个方面都做了详细的规定。经过一番努力建立起的管理和技术标准，为吉利后续产品的质量改进、升级开发打下了坚实的基础。

三是建立全矩阵式的研发体系。从赵福全来到吉利的第一天起，组织和体系的建设就一刻未停。他牵头建立"流水线式"研发模式，基本思路是把研发过程划分为在时间上相等或成倍的若干工序，劳动对象（车型研发）按一定的速度，顺次流过各个工位进行加工（设计），形成任务流，使每个部门的每个人都能连续工作。赵福全的另外一个方法是平台化战略，它以通用化、标准化、模块化及少件化为基础。他自言分别借鉴了大众和丰田的平台化理念，将平台分为技术平台和产品平台，提出了两层平台化的新概念，例如：同一个技术平台的两款车，发动机等全部核心零部件可以通用；同一个产品平台的车，在轴距和轮距相同的情况下，底盘可以通用。全矩阵式的研发组织模式，让吉利能够以有限的资源同时完成更多的项目开发。

四是建立起四条人才发展通道。吉利的人才基础和规模相对薄弱，研发力量以吉利自己学校培养的毕业生、大专生为主。受限于当时吉利的品牌影响力和临海的区位条件，吸引高端人才的难度较大。为了调动员工工作的积极性，吉利研究院内部设立了管理、项目、技术、技能四条职业发展通道。管理通道是常见的行政职务，技术通道是从设计院的岗位到总工程师，是为喜欢钻研技术的员工准备的。吉利研究院的创新之处是项目通道和技能通道，项目通道是从项目管理员到项目总监，技能通道是从初级技工到资深技师。这四条人才发展通道对吉利的团队稳定起到了决定性作用。

此外，吉利的技术考核体系也日趋完善，整个研发组织体系基本建立，成为吉利成长为世界级企业的重要一环，也为研发体系日后的迭代升级提供了良好的开端。在一定程度上，吉利的研发速度与质量有了质的飞跃。

## 强项目制

随着车型开发要求的升级和产品体系的不断扩大，原有组织体系的工作载荷和效率成了新的障碍，在产品端和市场端表现出以下问题：

一是项目的延期率较高。由于当时研发人员的技术水平、理念等各种因素的制约，研发业务的按时交付率与预期严重不符。恰逢当时SUV在市场上出现了较大的增长，国内其他车企的产品快速打开了市场，而吉利的产品却因质量问题迟迟无法推向市场，对吉利造成了一定的产品开发压力和品牌压力。

二是平台化、通用化衍生出的产品同质化问题。由于由同一个归口单位负责研发不同的项目，开发体系不可避免地倾向于用最少的资源满足所有的需求，于是衍生出产品缺乏区分度的问题。奔驰、宝马、大众等国际品牌具有较高的品牌辨识度，矩阵式开发会带来效率的大幅提升，而此时的吉利，迫切需要“爆款”产品在市场上建立新的竞争优势。与此同时，伴随着消费者认知水平的提升，高标准、高强度、高要求的研发任务对研发体系提出了更大的挑战。

2012 年，安聪慧提出，研发人员要有市场意识，实践“源于市场，忠于市场”的研发理念，“工程师团队要向市场看齐，而不是闭门造车”。2013 年，冯擎峰成为吉利新一任研究院掌门人（CTO），“强项目制驱动”成为吉利 3.0 产品研发的新模式。所谓“强项目制”，是以项目组为核心开发一系列产品，项目组由研发、战略、销售、采购、财务、制造、质量、ME（机械设备）等单位组成（见图 5-4）。原则上由研发单位作为项目组长单位，对产品全生命周期负责，具体负责产品的开发、验证、投产支持等工作，并承担产品生命周期内的改款、换代、升级和市场反馈问题等技术责任。项目组组长的级别相当于研究院副院长，项目组有权调动集团内外的各种资源，主导项目的立项、开展及完成，由项目组按照集团战略规划，对项目开发内容、开发方式及分工进行具体决策，并对最终结果负责。

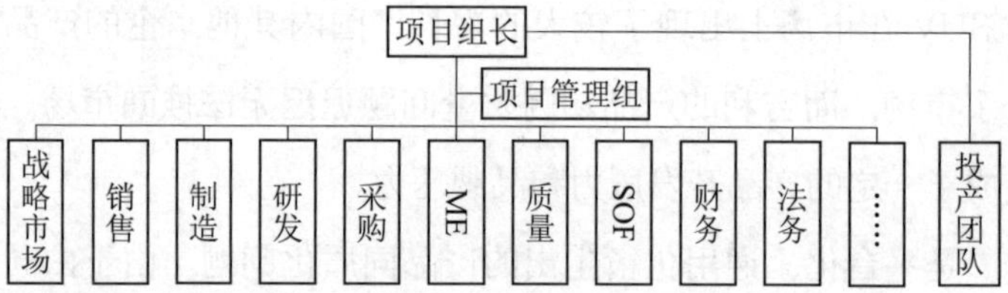


图 5-4　项目组的组织形式

强项目制的实施，进一步提升了吉利的整体研发能力和多部门协作能力，具体表现如下：

（1）战略规划：能够结合市场需求进行产品定义，对产品进

行精准定位

（2）产品研发：通过对标模式，建立了核心技术的正向开发体系

（3）试验验证：通过对标、学习领先企业，形成属于吉利的试验规范

（4）工艺规划：紧密结合产品需求，进行工艺路线规划

（5）制造基地：引入投产小组概念，和产品开发团队实现全周期的无缝对接

（6）销售推广：注重体验营销和内容营销，建立“效果图露出—动态视频公布—全员命名—全国试驾—产品预售全面上市”的完整营销体系

（7）服务保障：设置VIP体验室，建立服务领先的保障理念

强项目制建立了跨部门的研发团队。在强项目制变革之前，不同部门负责和管理产品开发的不同阶段，可能会造成一些工作的重复。例如，制造部门会在投入制造时发现产品设计上的缺陷，再要求研发部门重新设计，这样中间的流程就需要再走一遍。而在变革之后，串行的流程变为并行的流程，项目组的每个部门都需要派出代表，参与整个产品开发周期。这样的机制能够更有效地保证产品的研发效率和研发质量。

强项目制建立起基于市场绩效的评价体系。强项目制对吉利的另一个比较重大的影响是对公司内部评价体系的改变。吉利的项目组管理秉持“经营体”的理念，认为研发是一种投资，而不是单纯的开销。根据这一思想，项目组人员的绩效也应该根据产品的市场效益来评价。与传统的考核评价体系不同，项目组对员工的评估不

仅看单个阶段的绩效，还要看其参与开发的产品的最终市场绩效。这就意味着每一个人都要对该项目组产品的最终效益负责，有效调动了不同部门员工的工作积极性。

强项目制的研发组织形式在吉利取得了较好的实践成绩。伴随着吉利体量的进一步升级，组织变革也走向了新的方向。

## 全业务链 NPDS

吉利的管理者普遍认为，NPDS（New Product Development System，新产品开发体系）的建立是吉利研发历史上的里程碑事件之一。NPDS（见图 5-5）被誉为“将公司经营战略转化为具有竞争力的产品的桥梁”，搭建了基于消费者期望的新车型开发的框架。吉利需要通过 NPDS 整合集团内的汽车业务，如统一集团产品战略、共享市场信息、共享产品平台、共享生产线等核心业务，使企业实现长远经营战略。NPDS 包含的领域有前瞻工程、架构开发、整车开发、动力总成开发、新能源开发，通过描述流程、交付物、模板、方法和工具等，推动设计和开发更安全、更可靠、更流行的产品，使用最少的资源在最短的时间内交付令顾客满意的产品。

**NPDS 的建立过程**

沃尔沃的产品开发体系（Volvo Product Development System，VPDS）是完整的、经过历史检验的成熟体系，在全世界处于领先地位。成功收购沃尔沃后，吉利逐渐发现自身的研发体系缺乏普适性，难以与全球同行业其他企业进行深入对话。对很多面临同样困境的企业来说，照搬成功企业的管理模式似乎是一个直接且高效的

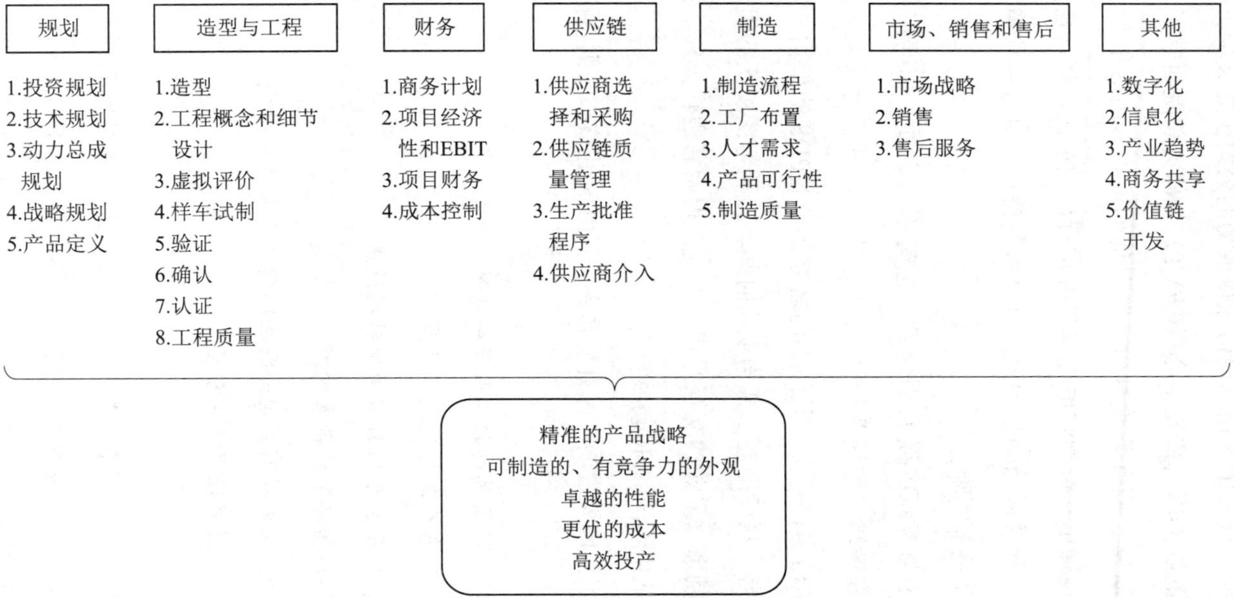


图 5-5　NPDS 相关部门的跨职能体系

途径，然而，现实中真正靠模仿取得成功的公司少之又少。有鉴于此，吉利的欧洲联合研发中心（CEVT）与研究总院建立了双边团队，赋予研发工程师双重身份，既对他们输入 NPDS 的理念和方法，同时在输出交付物时也对 NPDS 进行反向输入。就这样，在沃尔沃的产品开发体系的基础上，具有吉利特点、符合吉利需求的产品开发体系逐渐明晰。

NPDS 与 VPDS 既有相同点，也有不同之处。相同点是具有共同的开发逻辑（包括业务层级、职能层级、项目等级、业务流程等）、产品结构和开发工具，不同之处在于 NPDS 的架构开发与车型开发重合，从而缩短了架构项目时间。吉利与沃尔沃的组织架构不同，与制造、采购的交互方式也不同，但两者逻辑一致，语言统一，只是适用不同的环境和群体。

作为行业内先进的产品开发体系，NPDS 的核心原则包括：

（1）在正确的时间做正确的事

（2）各个工作流同步开发

（3）在整车项目应用中持续改进

（4）始终聚焦顾客需求

（5）采用提前发现并解决问题的正向开发模式

（6）兼容性优于完整度

NPDS 具有金字塔结构，分为三层，体现了开发流程在不同层级的逐步深入，共包含 2 000 多个流程、方法、工具，51 个职能层级节点和 18 个业务层级里程碑。开发过程分为四个阶段，每一个阶段为下一个阶段提供必要的输出（见图 5-6），保证项目关键节点的物料交付（见图 5-7）。

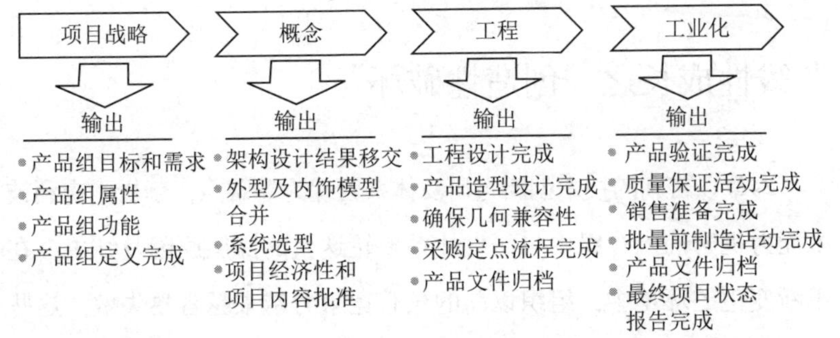


图 5-6　NPDS 的四阶段

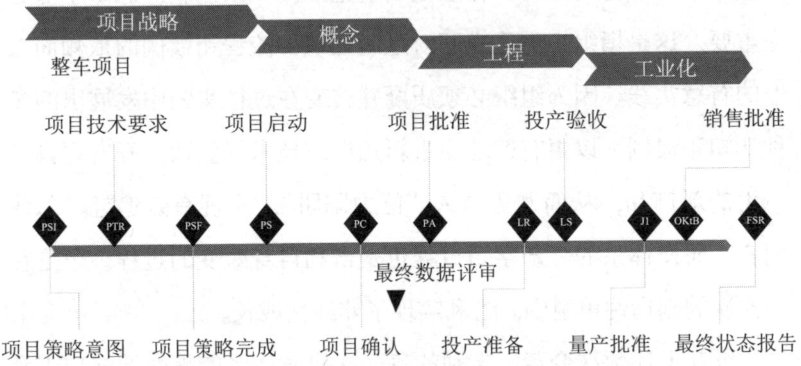


图 5-7　NPDS 里程碑及关键交付物

NPDS 对吉利意义重大，它帮助吉利重构了新产品开发体系，突破了发展过程中的瓶颈，解决了研发效率低的问题。通过建立跨部门团队，引入一套科学的工作流程，显著地降低了产品开发成本，缩减了产品开发周期，提升了产品开发质量。NPDS 帮助吉利将技术开发和产品开发有机地结合起来，并且找到了客户需求和研发效率的合理平衡。通过学习和引入这套源自西方公司的研发管理方法，吉利很好地解决了发展过程中的低效问题。毫无疑问，如果没有 NPDS，吉利很难应对未来的挑战。

## 非线性成长之“创造性破坏”

本章以吉利的技术创新与研发体系管理为着眼点，剖析了吉利技术能力提升的内在缘由与研发体系多轮迭代的深层原因及结果。在不断变化的环境中，组织以前的核心竞争力越来越容易失效。这些需要多年完善和发展的核心能力，可能会变成“核心刚性”，成为组织竞争和取胜的障碍。特别是后发企业的二次创新，忘却学习更为重要，这是指组织为了克服对过时知识、流程和惯例的依赖而采取的有意实践。因为组织必须质疑并转变在过往实践中发展出的多种认知和惯例，以更有效地促进新知识或技术的获取，开发更具竞争力的新产品，从而避免坠入“能力陷阱”，实现有效追赶。总体而言，研发体系的忘却学习过程也是吉利自身蜕变的过程。正是在一次次的创造性重组中，吉利实现了非线性成长。

纵观上述数次变革，吉利的每一次研发体系的蝶变始终与吉利的市场地位和战略定位保持高度一致。早期的吉利用逆向工程的方法造车，以“低价战略”快速打入市场。“造好车”的初心始终是吉利研发的方向，通过多次转型，吉利逐步积累起相对成熟的技术创新能力与先进技术储备。在随后到来的全球化浪潮中，吉利实现了全球创新资源的有效抓取、快速配置、高效协同，逐步形成了面向“无人区”的原始创新的技术能力。

随着吉利在商业方面的进步，产业链不再只是从研发到新产品的线性流，而是一个技术与市场机会互相匹配的非线性体系。对企业和国家而言，对基本技术的积累和应用决定了当前的生存能力，对核心技术的掌握决定了当前的核心竞争力，而对行业先导技术的判断、研发和开拓应用能力将决定未来的竞争力。吉利坚持“打基础，练内功”的路线不动摇，稳定的战略使吉利具有坚实的基础；全球顶级团队携手攻克一个又一个技术难关，使吉利在越来越多的领域扮演技术引领者的角色；组织的二元性使吉利用“三只眼”来“瞻前顾后”，应对复杂的技术发展局面，在技术范式转变的混沌期避免遭受非线性打击。

值得注意的是，吉利敢于直面问题，不断打破现有体系并建立新的平衡，从而适应不断变化的外部环境，这为很多企业提供了值得借鉴的经验。研发组织变革的核心议题由组织结构变化转移为流程变化，具体表现在研发管理系统从职能化系统向更复杂的矩阵式系统转化，最终成为流程导向的系统，从根本上保证了企业在规模不断扩大的过程中兼顾效率与灵活性，从而开发出用户满意的产品。对于未来，吉利将在 NPDS 的基础上，进一步完善研发与营销的衔接，使市场部门和研发部门并行工作，使用户需求得到更深层次的定义。

第六章

# 现场管理的“破与立”

**李书福曾说过:“发现问题是好事，解决问题是大事，回避问题是蠢事，没有问题是坏事。”由问题文化引申出的一系列做法，已经成为吉利精益生产理念的重要组成部分。**

汽车企业的生产管理体系是生产效率、产品质量、供应链等核心环节的制度保障，全面优化生产管理体系，是实现可持续发展的核心环节。随着全球一体化竞争的加剧，各类型企业都需要以更低的成本、更高的品质、更短的交货期去响应瞬息万变的市场和个性化的客户需求。如何围绕质量、成本、交货期展开竞争，抢占市场，是摆在我们面前的现实问题。对汽车生产企业来说，产品、质量、成本、速度的实现都离不开生产现场，“现场”是创造利润的核心场所，是企业工业数据的原始产生地，也是各种问题萌芽的场所，现场管理是企业生存和发展的关键环节之一。现场改善是对现场管理的深化，是运用科学管理的思想、方法和手段，对现场的

5M1E[①] 等各种要素进行合理配置和优化组合的动态过程。

总体而言，吉利的现场管理既有自下而上的底层逻辑，又有自上而下的顶层设计。吉利内部十分重视员工全员参与创新的过程，积极开展各项全员改善的活动[②]。从2005年起，吉利开展了“问题解决票”“员工创新提案”等活动，充分调动了全员创新的积极性。2008年，吉利对原有提案制度和流程进行全面的改革和创新，实现了员工提案与员工建议、问题解决票“三结合”的模式。2011年，吉利启动G.G.Q-3.5.3品质革新项目，致力于打响吉利品牌的新一轮攻坚战。2015年，吉利提出“厂部长周改善”模式，管理者以身作则，参与改善。2017年，吉利在“对标管理，品质经营”的理念下提出“全球品质革新”（GQI）概念，将每一个品质项目革新到全球化水平。2018年，吉利成立GPS推进室，致力于进一步完善具有吉利特色的生产体系（GPS），建立自上而下创新体系。

全员创新所激发出的组织活力也为吉利带来了可观的经济效益。2018年，吉利汽车的各下属单位累计收到员工提案的数量超过66.69万条，为吉利创造经济效益达4.45亿元，累计发放员工奖励金超过1 000万；同期，累计处理员工问题解决票超过4.25万份，问题解决票到期关闭率达到100%。不断激发的组织创新活力使吉利具有更强劲的发展势头，实现了国内市场占有率的不断提升（见图6-1），在中国自主品牌轿车各细分市场始终保持领先地位。

吉利是如何在经验匮乏的情况下打造现场管理的创新闭环的？本

---

① 5M1E：即Man（人）、Machine（机）、Material（料）、Method（法）、Measurement（测）、Environment（环）。

② 许庆瑞，王海威．全员创新的理论来源探究 [J]. 科学学研究，2006(3):466-469.

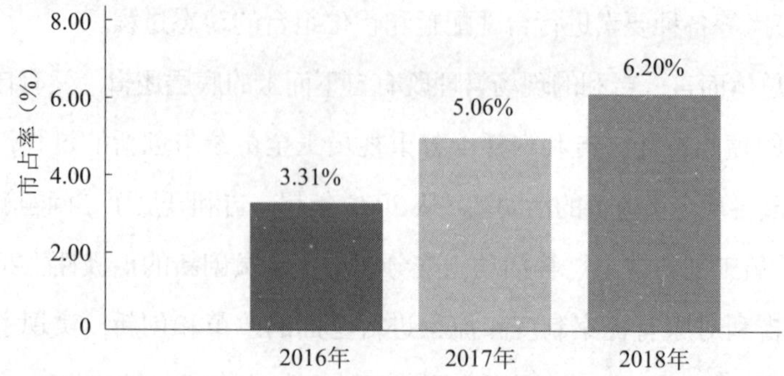

图 6-1　吉利汽车 2016—2018 年国内市场占有率

章从自下而上与自上而下的双重创新管理逻辑入手，揭秘吉利现场管理的动态演进过程。从某种意义来说，正是对革新无止境的坚持与追求，使吉利能够在高竞争、高技术含量、环境动荡的现代汽车制造领域里占据一席之地并蓬勃成长。

## 自下而上：没有问题是最大的问题

近年来，如何激发员工的自驱力，已经受到国内外理论界、企业界的广泛关注。现代全员创新理论认为，全员创新是指组织内所有员工，不论身在什么岗位，都有权利和义务在本岗位实施创新行为，进行有效的创新活动，使创新成为组织内所有员工工作职责的一个重要组成部分，从而更好地为客户提供服务。[①]

吉利的管理实践表明，企业的创新行为不再只是研发和技术人员的专利，而应是全体员工的共同行为，从基层员工到高层管理者，人

① 许庆瑞，王海威．全员创新的理论来源探究 [J]. 科学学研究，2006(03):466-469.

人都可以成为出色的创新者。全员参与创新并不是偶然事件，而是在企业的文化创新、组织结构创新和流程创新的支持下形成的常规活动，企业要创造出有效的创新方法、良好的创新机制，保障全员创新的整体性、连续性和高效益，从而形成组织的创新流。我们通过观察发现，吉利在现场管理中推行了一系列切实有效的制度和方法，将无止境的创新内化为每个员工的工作内容，在组织内部自下而上地掀起一股革新的浪潮。

## 有始有终的创新提案

2007 年 5 月，发表《宁波宣言》之后，吉利宣布正式进入战略转型期，争取用 3~5 年的时间完成从低成本战略向高技术、高品质、高效率、国际化战略的转变。吉利秉持当时已经确立的新的企业愿景“让世界充满吉利”，在充满不确定性因素的市场中稳步前行。但是吉利的高层管理者深知，此次战略转型的背后是对员工智慧、激情及经营工作参与度的迫切需求。

### 元动力工程为指导思想

对于激发组织创新活力、鼓励员工主动参与企业管理这个命题，吉利提出了“元动力工程”的解决方案，该理念也被誉为“吉利经营哲学的起点”。员工是企业最基本的细胞，企业是否有活力取决于每个细胞是否有活力。为了理顺员工的气，凝聚员工的心，调动员工的积极性，发挥员工的主动性、创造性，把员工的所思所想转化为企业发展的动力，2007 年，李书福提出实施“源动力工程”①，成为吉

① 2007 年提出时名为“源动力”，2009 年更名为“元动力”。

利特有的管理模式和文化现象。为此，李书福曾撰文《“元动力”是企业生存与发展的核心力量》，文中说：

> 没有员工的努力，没有企业的凝聚力，就不可能形成企业的战斗力。因此，我认为员工是企业真正的主人，是形成企业战斗力的核心力量。无论是一线生产员工、研发员工，还是一线公关员工、人力资源员工、财务员工、保卫员工、服务员工；无论是普通员工还是骨干员工，所有员工的心，构成了企业的元气。伤害了员工的心，就是伤了企业的元气。

何谓元动力？元动力是组织内所有成员发自内心地为达成组织和个人的共同目标而积极主动、创造性开展工作的一种内在的、持续的精神力量。在元动力工程的指导下，吉利推出的员工创新提案等一系列举措不仅成为员工的创新学习平台，也成为员工的快速成长通道，充分调动了员工参与管理、改进工艺、提升产品质量、提高生产效率的主观能动性。

**员工创新提案制度**

吉利十分重视员工创新能力的巨大作用和企业内部的创新氛围，积极开展基于元动力工程的员工创新提案活动。吉利内部流传着李书福的一句名言：“花小钱办大事，不花钱也办事。”以此为指导思想，吉利建立了员工创新提案制度，明确创新活动的运行方式，通过持续地自我完善，在提高工作效率、提升产品质量、降低经营成本、改善工作环境的同时培养员工动脑动手的能力，进一步实现员工的自我价值。

员工创新提案制度，是指吉利通过制度化的激励措施，引导和鼓励员工积极主动地提出并实施任何有利于公司生产经营及业务发展的创新方案、改进方法、发明创造等，从而增强企业竞争力，推动企业可持续发展。早在2007年，吉利集团旗下的一级制造子公司浙江吉利汽车有限公司就率先开展了员工创新提案活动，具体做法包括：

(1) 导入理念，宣传培训

(2) 制定制度，标准管理

(3) 成立组织，职责分明

(4) 明确目标，相互竞赛

(5) 学习交流，总结经验

(6) 表彰先进，以点带面

值得一提的是，吉利的员工创新提案制度在实施过程中始终强调三个核心要素：其一，奖励制度化，而不是随意奖励；其二，要求员工自主提出并自主实施改善活动；其三，以员工为中心，全员参与。吉利在实施过程中不断优化对员工提案的管理方法，提高管理工作的信息化程度，真正做到让提案“从一线来，到一线去”，全面推动吉利“上质量，降成本，反浪费，增效益”的结果达成。

**创新提案流程**

员工创新提案作为吉利元动力工程的“法宝”，不断激发出员工的智慧与热情。吉利对创新提案的管理有一套标准化流程，保证提案能够真正发挥作用。员工在工作过程中，如果发现改善点的存在

(即生产过程或产品中可以变得更好、更快、更便宜、更方便的问题点)，就可以从自身专业出发，探索改善方法，提出改善提案与实施方案，经过实践验证后，将效果写成提案表，交由公司进行评审和认定。公司最终遴选出具有推广意义的提案，进行成果的标准化并扩大应用范围，从而取得实质性成效。

另一方面，吉利对提案的质量也有一套完整的评价标准，根据提案内容将其分为 9 个等级，分别给予 1~120 点的员工点数和数十元至数千元不等的奖金，员工点数将作为个人评优、研修培训及职级晋升等的参考标准。对于特级提案，吉利会以颁发命名牌等形式进行额外表彰，扩大提案的影响力。流程化的管理，使吉利的员工提案日趋专业化、规范化、标准化。

表 6-1　创新提案的分级制度

| 等级 | 总分 | 点数 | 评审方式 |
| --- | --- | --- | --- |
| 特级 | ≥ 86 | 120 | GPS 专业模块 |
| 1　级 | 76 ～ 85 | 80 | |
| 2　级 | 66 ～ 75 | 50 | |
| 3　级 | 56 ～ 65 | 30 | |
| 4　级 | 46 ～ 55 | 20 | |
| 5　级 | 36 ～ 45 | 10 | 厂部长 |
| 6　级 | 26 ～ 35 | 5 | 科长 |
| 7　级 | 21 ～ 25 | 2 | 班组长 |
| 8　级 | 16 ～ 20 | 1 | 班组长 |

**员工创新提案制度的局限性**

激发出员工集体智慧的同时，员工创新提案制度也表现出一些局限性。自该制度运行以来，由于员工创新能力不足等多种原因，提案整体质量偏低，统计数据显示，高质量提案占提案总数的比例不足1%，显然，创新效率还有较大的提升空间。此外，高层管理者在该过程中参与度较低，带头创新、指导创新的过程存在缺失，也是员工创新提案制度的局限性之一。

## 体现主人翁意识的“问题解决票”

为了持续有效地推进“元动力工程”，积极预防可能存在的问题，使员工敢于并乐于参与企业的管理工作，吉利提出“领导为员工服务，部门为一线服务”的理念，有针对性地建立了“问题解决票”制度。

**问题文化的重要载体**

吉利内部有“四大文化”，其一为“问题文化”，问题解决票制度是问题文化的重要表现形式之一。员工创新提案主要是员工立足于本职岗位，发现改善点，设计并实践改善方案的一种“有始有终”的创新活动。与此不同，问题解决票不局限于专业或岗位系统，凡是员工在工作过程中发现的自身无法解决的问题，均可用问题解决票的形式提出，职能部门及相关科室人员得到信息后将在规定时间内对问题进行解决，最终解决结果将由问题提出人检验并进行评价。这不仅实现了“发现问题，立刻暴露，彻底排除”的目标，而且消除了原来职能部门与生产一线单位之间互不信任、互相推诿的不良现象，使吉利内部形成通力协作、共同解决困难的和谐局面。

**问题解决票的制度设计**

吉利的高层管理者深知，只有深刻认识自身的问题，才能找到企业进步与发展的方向。因此，吉利建立起一套完善的问题解决票执行体系与高标准的管理流程。对于员工提出的问题，必须在规定时间内给予答复，必须在规定时间内予以解决。一线员工提出的问题要得到根本性解决，这是吉利对“问题解决票”的基本要求。

有条不紊的管理流程是制度高效实施的保障。吉利的问题解决票管理流程包含七大步骤（见图 6-2）：第一步，员工提出问题，并正确填写问题解决票；第二步，部门管理员收集并记录问题票，确定责任部门，并把问题票送达责任部门管理员；第三步，责任部门管理员负责记录并通知到责任人；第四步，责任人与问题提出者进行沟通，妥善解决问题；第五步，提出问题的员工检验后确认签字；第六步，问题票归还提出部门管理员，并做好记录和相关台账；第七步，公示。

吉利通过多种形式深度识别和分析所收集的问题，将解决问题的效用发挥至最大。自问题解决票制度实施以来，吉利采取了定期召开问题文化座谈会、问题解决票公示、分析各类问题比例、召开问题解决票讨论（推进）会等多种形式，确保问题解决票制度的真正落地。如图 6-3 所示，吉利的每个基地每年会收到数千张问题解决票，解决后直接带来数千万甚至上亿的经济效益。吉利通过真正发挥员工自驱力，构建出“创新共同体”的双赢制度，把个人发展与企业发展紧密结合在一起，不仅可以把员工的所思所想转化为企业可持续发展的动力，也提供了一种实现员工自身价值的途径。对员工来说，可以在这个过程中有效学习，获得荣誉、奖励和发展机会；对公司来说，可以获得可观的效益，从根源上提升企业的核心竞争力。

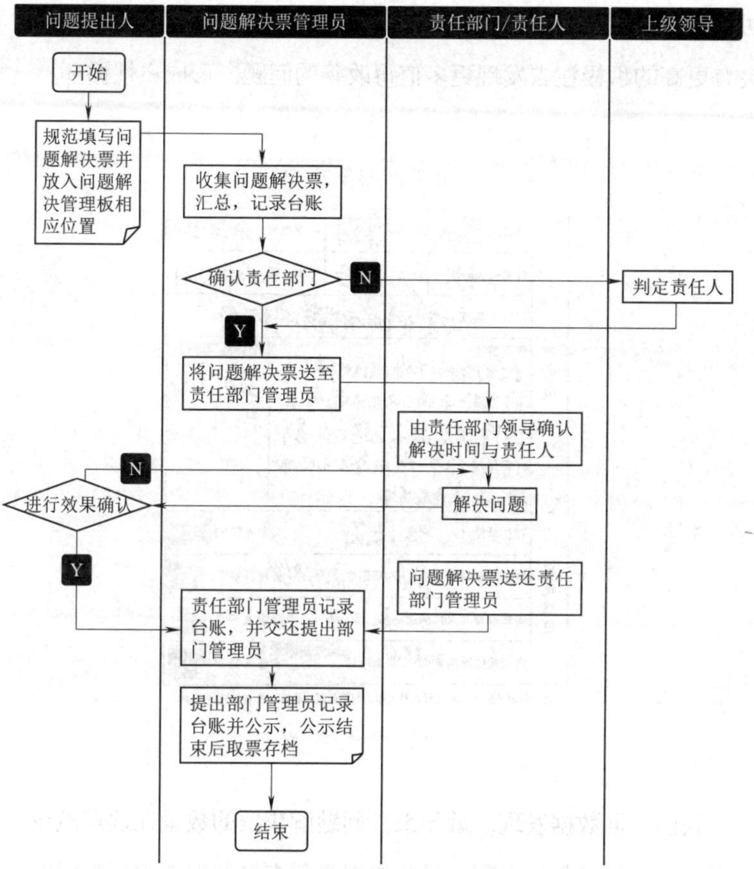


图 6-2　问题解决票管理流程

## “问题文化”的制度延伸

问题解决票制度最初在一线制造部门实行，经过长期推广，已经横向延伸至企业管理的方方面面，并逐渐成为吉利的文化基因。问题解决票涉及的领域非常广泛，小到垃圾箱的设置、生产配件的摆放，大到产品工艺的创新、员工生活的保障等。问题解决票也搭建起干部与员工交流的桥梁，一方面拉近了两者之间的距离，管理者可以真正发现企业的问题所在；另一方面，员工得到了积极的回应，就会有更高的积极性去发现更多值得改善的问题，形成良性循环。

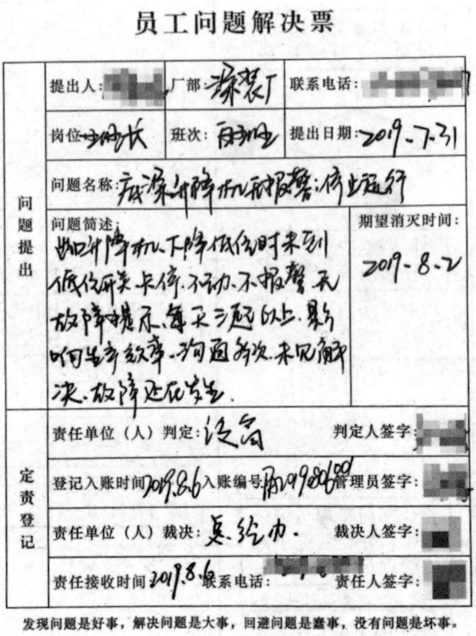
员工问题解决票

| | | | |
|---|---|---|---|
| 问题提出 | 提出人：[redacted] | 厂部：涂装厂 | 联系电话：[redacted] |
| | 岗位：班组长 | 班次：白班 | 提出日期：2019-7-31 |
| | 问题名称：[illegible] | | |
| | 问题简述：出口升降机下降低位时来到低位开关卡停、不动、不报警、无故障提示，每天3起以上，影响生产效率，沟通多次，未见解决，故障还在发生。 | | 期望消灭时间：2019-8-2 |
| 定责登记 | 责任单位（人）判定：设备 | | 判定人签字：[redacted] |
| | 登记入账时间 2019.8.6 入账编号 [illegible] | | 管理员签字：[redacted] |
| | 责任单位（人）裁决：[illegible] | | 裁决人签字：[redacted] |
| | 责任接收时间 2019.8.6 联系电话：[redacted] | | 责任人签字：[redacted] |

发现问题是好事，解决问题是大事，回避问题是蠢事，没有问题是坏事。

图 6-3　问题解决票示例

我们根据数据发现，近年来，问题解决票的数量在逐年减少。一方面，由于信息化的发展，员工有更多更直接的渠道去反映问题，不再局限于某一种形式；另一方面，吉利的员工已经在工作中逐渐养成了带着主人翁意识和有始有终的心态去思考问题的习惯，这种精神已经融入了企业的血液之中。

## 自上而下：GPS 体系

吉利基于元动力工程开展的员工创新提案、问题解决票等一系列举措，极大地提升了组织的创新能力，我们可以将其理解为一种自下而上的企业创新行为。在全球制造业领域，日本丰田的“精益生产”理念具有极高的影响力与认可度。精益生产的核心思想是客户价值最大化，致力于减少生产过程各环节的非必要增值活动，杜绝浪费现象，通过持续改善，降低成本，提升产品品质，缩短产品的交付周期，满足客户需求。精益生产是全球制造业企业普遍认可的价值理念。

多年来，吉利也在摸索中逐渐形成了独具特色的管理体系——吉利生产体系（Geely Production System，GPS），为全球制造业企业带来了中国经验。GPS 的建立是一个自上而下的过程，新制度的建立势必会打破旧制度的平衡。一般认为，根植于组织文化和企业惯例的学习对组织有良好的导向作用，但会阻碍组织进一步的学习和发展。西方学者在 20 世纪 80 年代对此类现象进行研究，提出了“组织忘却学习”（organization unlearning）的概念。吉利的高层管理者根据市场的变化，快速识别变革需求，通过强有力的制度保障和外部人才的引进，克服组织惯性和组织僵化等问题，快速实践先进的制造理念，根据自身特点将变革融入体系，把“吉利制造”乃至“中国制造”打造成“精品”的代名词。

## 扩张背后的危机

通常而言，变革的需求和动机，可能是外部环境或组织自身存在的问题、危机或机遇[①]。这种需求和动机大致可以分为两类：一类

---

① Bernard, M, Wolf. The Machine That Changed the World [J]. Journal of International Business Studies, 1991.

是外部因素，如商业环境的变化、技术变迁或政策变化等；另一类是内部因素，如企业战略的变化、企业经营遇到的问题等。变革需求的产生一般是不可预测的、非连续性的，企业通常都是因为内部危机而被迫变革。吉利经历了改革开放后中国经济的快速发展，以敏锐的市场嗅觉和敢为天下先的果敢精神，在自主汽车品牌中逐步站稳脚跟。但是随着全球市场的产能过剩和消费升级，汽车行业的竞争变得愈发激烈，如何进一步提升产品的制造水准和生产效率，成为吉利高层管理者面临的一个重要议题。从“造老百姓买得起的车”到“造老百姓买得起的好车”，再到“造每个人的精品车”，这些理念均体现出吉利对制造品质的重视。但是由于某些原因，吉利的制造水平与世界先进水平相比还是存在较大差距。

**精益生产意识淡薄，政策落地不到位**

吉利在前期的管理中，也曾引入“三定”“5S”[①]等相对先进的生产管理理念，但当时普遍存在政策执行者对此不够重视，导致生产管理理念“形同虚设”的情况。例如，“三定管理”的出发点为定品（所有物品任何人都知道是什么）、定位（所有物品有固定位置，任何人都能找到）、定量（所有物品任何人都知道量为多少），但据不完全统计，此时吉利由于仓库管理不规范，每年报废的零部件损失超过1亿元，零部件堆放得仿佛一座座小山，对生产效率也有极大的影响。显然，这是提升制造水准的一大障碍。

① “5S”理念起源于日本，包括整理（Seiri）、整顿（Seiton）、清扫（Seiso）、清洁（Seiketsu）、素养（Shitsude）5项原则。

**缺乏强有力的管理者**

吉利前期在全球范围内引进了许多制造管理人才，对集团的生产、研发、质量、供应链管理等体系进行了提升改造，我们可以将这一过程理解为帮助吉利走上了“正规军”的发展道路。但是，吉利仍然缺乏强有力的管理者对现场管理进行根本性的整顿，这也是一直萦绕在李书福心头的一件大事。

**各生产基地之间缺乏统一的管理标准**

吉利在国内有多家整车生产基地，但早期各基地之间缺乏统一的管理标准，且鲜有技术交流。这导致各基地的运转相对独立，缺乏经验、技术与知识的共享渠道，阻碍了制造体系的构建。

此时，吉利的高层管理者意识到，提升制造体系的水准是当务之急。推行变革，首先要确立目标及切入点。切入点可以是某个试验区，也可以是整个系统，但是在多数情况下，为了减少失败的风险，缓冲变革的阻力，应采用渐进的方式，从试点切入，然后推广到其他区域。在这样的情况下，吉利选择的第一块“试验田”便是帝豪系列。2011 年 9 月，李书福、杨健、安聪慧等吉利高层管理者共同启动 G.G.Q-3.5.3 变革项目（第一个 G 代表 Geely，即吉利；第二个 G 代表 global，即全球；Q 代表 quality，即质量），以帝豪系列作为先锋队，吹响品质经营的号角。“3.5.3”的意思是，帝豪系列在三年内要达到单车索赔金额降低 50%，IQS 满意度进入国内汽车前三名（含合资品牌）。这场变革分别从产品品质、生产流程、IQS 质量保证、组织运营等多个维度进行，致力于将帝豪系列打造成具有国际先进制造水准的产品。

## “三个月见效”

我一直认为，如果一场变革不能在三个月之内站稳，取得明显成效，那么这场变革就是失败的。站稳主要是为了形成一种变革的气氛，这对于变革成功尤为重要。

——李相才

2011 年 4 月，具有丰富行业经验的李相才（韩国）以制造副总裁的身份正式加盟吉利，他的加入加快了吉利制造体系“翻天覆地”的变革升级的过程。李相才来到吉利后，首要任务便是将“三定”“5S”等管理理念落到实处。李相才在访谈中回忆:“吉利很多人都接触过最初由日本人提出的‘三定’‘5S’管理理念，但是了解却不执行，其实就等于不知道；还有一些人虽然执行，但是执行得不彻底或断断续续地执行，也是起不到作用的。”鉴于这些情况，李相才来到吉利后做的第一件事就是“清扫”，这不仅包括对车间卫生的“清扫”，也包括对思想不转变的人员的“清扫”。

**车间清扫**

吉利采用严格的“白手套工程”来进行车间卫生的管理。什么是白手套工程？即每天当班的负责人用白手套去检查工厂各个环节的设备、器具，每个手套的旁边标示出哪个位置需要重点注意。在李相才看来，“干净整洁不是最终目的，通过干净整洁的工厂实现更好的产品品质，才是吉利的追求。此外，在这个过程中也可以消除浪费，提高生产效率等”。果不其然，经过三个月的时间，吉利快速建立起一套不同于以往的生产体系，并取得显著成效。近半年后，吉利的单班生产效率从 4 000 台提升至近 9 000 台，G.G.Q-3.5.3 的目标也在一年的时间内快速实现。

**人员清扫**

吉利采用“不换思想即换人”的做法。李相才酷爱棒球，对下属秉承“三振出局”[①] 的原则，即三次机会把握不住便淘汰。正是在这样一种高强度、高压力的管理模式下，吉利取得了快速的变革成效，也培养起一批能够胜任更高工作要求的管理人员。

在这场快速变革的战斗中，不难发现，企业若需要将旧的工作范式转变为新的工作范式，就要有主动遗忘的能力。在经济全球化的大背景下，汽车行业面临着空前复杂和瞬息万变的环境。吉利的高层管理者意识到，企业如果不能适时变革，就会很快被善于创新、适应能力强的竞争对手击败。研究表明，组织忘却是企业商业流程再造和变革的重要组成部分。随着时间的推移和科技水平的进步，企业所掌握的技能或知识会逐渐贬值，甚至变为有害知识。吉利原有生产体系中的不规范行为会滋长组织中的惰性，这些“贬值知识”会极大地窄化企业知识库的“参考系”。

因此，在吉利生产体系发展、完善的过程中，识别并放弃过时的、不适应企业发展的惯例、知识或行为，显得尤为必要。吉利通过对人员与车间的彻底清扫，进一步扫清了汲取新知识的障碍。总体来看，学习与忘却两种行为在组织的成长过程中相伴而生，对立统一，有高度的交互性，协调好二者的关系，对企业的健康发展至关重要。

---

① 棒球运动的术语，指击球手三击不中而出局。

## “标准化”与“持续改善”

丰田生产体系（Toyota Production System，TPS）是日本丰田汽车公司创造的一套生产管理方式，以消除浪费、降低成本为目的，以改善活动为基础，通过消除所有环节上的浪费来缩短产品从生产到交付的时间，从而提升企业的竞争力[①]。“杜绝浪费”是丰田生产的基本思想，“准时化”和“自动化”是其两大支柱。丰田生产体系所追求的目标是成本最小化，杜绝浪费，从而保持企业的竞争力，而准时化和自动化是实现杜绝浪费的手段。TPS受到流水线生产的启发，又吸收了工业工程的精髓，既可以用流水线提高生产速度，又可以借助工业工程降低成本。TPS迫使整个工业界转变了对库存的看法，从视为资产转变为视为负债。TPS使用库存缓冲来代替流水线的空间缓冲，同时能够快速换模，用这两方面优势解决了产品小批量、多样化的需求，这种高效、精益的生产方式很快成为全球制造业企业学习和模仿的对象。

吉利的生产管理中也不乏对西方先进方法的学习，但吉利的做法并不是“死搬教条”式的学习，而是基于吉利自身特点和现状，进行了有效的创新，由此建立起一套科学的、严谨的、有吉利特色的吉利生产体系（GPS），并提出吉利制造系统的“七美文化”[②]，使吉利的制造文化融入企业的发展基因。

吉利生产体系的本质是消除所有的浪费，其理念是以奋斗者

---

① Liker J K. The Toyota Way: 14 Management Principles From The World's Greatest Manufacturer[M]. 2004.

② 吉利制造系统的“七美文化”是：改善美、创新美、执行美、团结美、目标美、制度美、诚信美。

为本的价值观与消除浪费的使命感，以“标准化”和“持续改善”为两大主轴。持续改善不但包括全员参与改善，还包括针对性改善、系统性改善；持续改善的基础是标准化，通过 PDCA①、SDCA②的不断循环，才能使持续改善具有根基。吉利生产体系与丰田生产体系具有相似性，但也存在一些根本性的不同。例如，日本的产业工人体系是较为成熟的体系，而吉利在这方面相对薄弱；生产线平衡的关键要素是标准工时，标准工时跟人的技能水平是息息相关的，在这方面，丰田的模式并不完全适用于吉利。吉利将其作为生产体系中需要重点提升的部分，催生了吉利生产体系的第一个主轴“标准化”。

**标准化**

吉利标准化的原则是“事事有标准，人人讲标准”，对管理流程和现场作业进行全面标准化。对制造运营中所有重复的工作进行标准化，正体现出吉利“造每个人的精品车”的追求。在管理流程方面，吉利编写的标准化文件已有百余册，严格的执行和管理考核使标准化文件能够被贯彻落实，发挥实质作用。在现场作业管理方面，标准化是一个覆盖范围相对广泛的工作。吉利提出“三现主义”③，同时建立吉利企业大学汽车制造研修学院，对基层员工、干部进行滚动式培训，有效地将标准化作业的要求落地。

与此同时，吉利也在各专业模块上推行标准化。通过建立基地间四大工艺的故障案例库、缺陷样本库、成本库、设备安全库，使

---

① PDCA 即 Plan-Do-Check-Act。

② SDCA 即 Standardization-Do-Check-Action。

③ “三现主义”即“现场，现实，现物”：发生问题时，管理者需要快速到现场去，亲眼确认实物并认真研究，提出和落实符合现实的解决办法。

分散的生产基地在资源上做到共享与协同。同时，汇总各基地的生产难题，汇聚人才与专家库的力量，对四大工艺难点逐个攻破，也取得了显著的效果。

**持续改善**

吉利本着“全员参与，永无止境”的原则进行持续改善，开展了重大创新改善、厂部长周改善、员工改善、GQI 问题银行等一系列活动。吉利的员工创新提案制度极大地激发了员工的学习与创新热情，但管理层的改善氛围并不浓厚。因此，吉利提出由厂部长、科长、班组长以身作则，每周进行现场改善，即“厂部长周改善”计划，实现全员参与改善。厂部长周改善主要着眼于具体的、独立的改善案例，各专业模块着眼于系统性、有规划地去发现浪费问题并加以改善，将所有的系统性改善成果形成标准，进一步推动标准化工作的进行。成立 GQI 问题银行，收集消费者反馈的各类问题，逐个改善，不断优化。

## GPS 的推广

如何实现变革成果在更大范围内的联动与共享？研究表明，将变革融入公司的管理体系，将变革从试点区域推广到其他区域，并将新的工作方法及行为模式深植于企业的制度和文化当中，能够巩固小范围试验形成的变革成果[①]。吉利逐步建立了 GPS 矩阵式推进架构，设置各专业模块的改善课题，进一步推动生产体系变革在各基地之间的联动，实现资源共享，优势互补。

① Gassmaun O. Opening Up the Impvation Process: Towards an Agenda [J]. R & D Management, 2006. 36(3).

GPS 矩阵横向关注重点：

- 优势互补，先进经验总结、推广
- 难点攻克，资源协调
- 先进工艺和管理模式的导入及创新
- 深度探索全面标准化的形成

GPS 矩阵纵向关注重点：

- GPS 目标的达成情况
- 制造管理体系标准化的建立、贯彻和改进情况
- 各专业模块课题的实施情况

吉利成立了 11 个专业业务模块，各模块以课题的形式将改善成果提炼为执行标准，最终通过厂部长周改善的平台，让优秀的改善个人从业务链条中脱颖而出。吉利所建立的 GPS 矩阵式推进架构，将分散的生产基地打造成一个有机整体，从管理层到一线员工，全面培养和完善 GPS 理念，这也体现出吉利生产体系与丰田生产体系的区别与联系（见表 6-2）。

表 6-2　吉利生产体系与丰田生产体系的对比

| 分类 | 丰田生产体系（TPS） | 吉利生产体系（GPS） |
| --- | --- | --- |
| 身份 | 行业领先者 | 快速学习者 |
| 核心思想 | 彻底消除所有浪费 | |

（续表）

| 分类 | 丰田生产体系（TPS） | 吉利生产体系（GPS） |
| --- | --- | --- |
| 两大支柱 | “准时化”与“自动化” | “标准化”与“持续改善” |
| 理论支撑 | 精益思想 | 四大文化、七美文化 |

## 非线性成长之“破与立”

吉利现场管理的成功实践表明，企业的现场管理体系发展，既需要自下而上的全员创新，也需要自上而下的系统变革，不断打破平衡并建立新的平衡已成为一种主动的管理行为，在“破与立”中达到新的稳定。在以员工创新提案、问题解决票等形式为代表的自下而上的创新行为中，激发员工主动参与公司管理的自驱力，激活组织创新活力，有利于使命型组织的形成。在GPS的形成过程中，吉利通过优化顶层设计，辐射全局，进行系统性改善，高层管理者的身先士卒也起到了积极的促进作用。更为重要的是，两者之间形成的良性循环，在外部资源的协同配合下，能够使组织进入一种可持续的发展状态。

吉利在推进员工创新提案、问题解决票等管理制度的同时，集团层面的战略、组织、文化等要素表现出高度的一致性，使创新活动能够更好地发挥作用。为此，吉利构建起包含战略、文化、制度、组织等核心要素的全员创新协作管理钻石模型（见图6-4）。在战略上，吉利按照“总体跟随，局部超越，重点突破，招贤纳士，合纵连横，全面领先”的战略思想，分阶段地提供新的目标，激励员工不断学习；在文化上，吉利的生产体系深刻地践行集团的四大文化，并积极培养制造体系的七美文化；在管理制度上，吉利的改善活动将物质激励和精神激励有效地结合起来；在组织架构上，吉利提倡建立跨部门流程，建立员工创新提案管理小组、问题解决票管理小组等，共同保障创新活动的顺利展开。不难发现，核心要素的高度协同是吉利创新改善活动的重要保障。

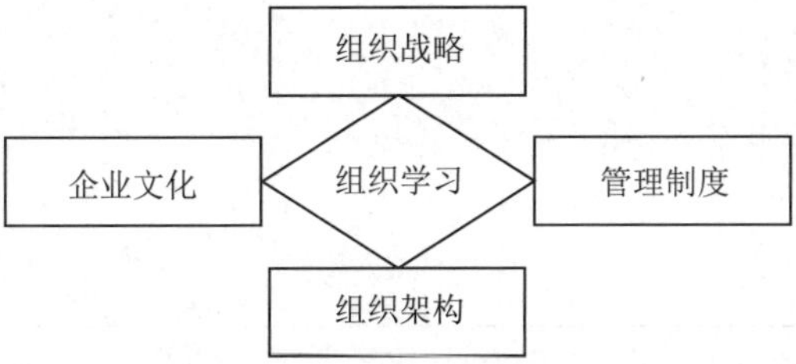


图 6-4 吉利全员创新协作管理钻石模型

吉利自上而下的生产体系的变革经历了较长的时间，可以发现，强有力的领导者参与变革，能够有效地推动变革，实现目标。在变革的初始阶段，吉利的高层管理者能够根据内外部环境的变化主动感知变革的必要性。虽然面临着诸多压力，比如新规则和员工旧习惯之间的冲突，但是吉利本着“不换思想就换人”的快速变革原则，取得了立竿见影的效果，同时也将新体系的执行情况纳入员工考核，克服了组织惯性带来的变革阻力。在变革的执行阶段，吉利的管理者实行厂部长周改善制度，主动做出表率，带领员工拥抱变革，从而深层次地淘汰旧思维，形成新的组织惯例，并最终将变革成果落实到新的日常管理体系之中。

吉利的生产体系将制度化的变革基因与企业的核心文化有效结合，形成了坚定员工信念的重要支撑力量，也是激励企业不断改善的重要动力。

第七章

# 共生共融的人才森林

2013年的“五四”青年节对于吉利员工吕义聪来说是值得铭记一生的节日。当天，习近平总书记亲切接见了“中国青年五四奖章”获得者等各界优秀青年代表，吕义聪便是其中一位。精于钻研的他，拥有50多项创新成果，是吉利汽车路桥公司唯一一名七星级员工，被誉为“从打工者到工程师”的汽车调试专家。

事实上，吉利内部“猛将”如云。秉承“寻找同路人”的理念，吉利在全球网罗认同吉利文化的行业人才的同时，更注重自己发掘培养人才，他们扎根吉利，有的从大学生成长为行业领袖，有的成为卓越工匠……经过近30年的经营与实践，吉利的“人才森林”已初显成效。

人力资源是第一资源，汽车事业的发展需要源源不断的人才来支撑。

——李书福

正如李书福所说，人才战略的成败决定着企业战略的成败[①]。企业只有形成自己的人才培养和管理系统，才能形成源源不断的发展动力[②]。中国汽车要想有自己的出路，实现跨越式发展，就必须有强大的人才队伍作为支撑。事实上，正如本书前文所述，由于我国的职业教育发展还不够完善，汽车行业的高质量人才一直短缺，因此，自进入汽车领域的第一天起，吉利就在思考人才培养的问题。

在不同时期，吉利通过不同的人才管理模式来满足业务发展需求。总体上，吉利的人力资源发展是一个从松散向集中管理转变的过程。在集团成立初期，吉利的人事工作主要围绕如何引进人才、留住人才、培养人才开展。为了提高各子公司的效率，吉利采用了传统的人事管理方式，集团的人力部门主要承担了“办手续”的工作，仅负责员工的招聘、培训及入离职手续办理，而真正在研发、制造、营销等业务前端发挥作用的则是各子公司的人力部门。随着企业规模不断扩大、品牌多元化，这种子公司各自为战的人才管理模式很容易造成资源的浪费，而且不利于集团总部掌握各子公司的人力资源情况。2007 年，为配合企业战略转型，集团人力资源部将“建立战略性人力资源开发体系和内生型人才培养体系”作为工作目标和重点，逐步形成了集团化的人力资源管理体系，并通过信息化建设，推动体系落地。此外，全球布局的步伐加快，也促使吉利的人力资源管理逐渐从行政事务性工作中脱离，强调贴近业务，把精力与资源集中于服

① 浙江吉利控股集团，吉利人才森林生态构建与管理实践 [J]. 中国工业和信息化，2019(Z1):84-91.

② 哈佛商业评论 . 吉利李书福：敢为天下先 [ER/OL].(2018-12-11)[2020-07-02] https://www.hbrchina.org/2018-12-11/7009.html.

务高附加值的内外部客户，向战略性人力资源管理转型。2014年，吉利发布全新的品牌架构，提出精品车战略。为快速响应业务需求，吉利建立了符合企业特色的“三支柱”模型，并在此基础上于2017年建立了“N支柱”模型，人力资源管理开始趋向智能化及内部市场化。

事实上，吉利进行一系列人力资源变革的战略目标就是打造万木争荣的“人才森林”。吉利成立之初，员工只有2 000多人，其中位于台州临海的吉利汽车研究院只有300多人，主要来自五金、机械等相关企业。2018年，集团员工总数超过80 000人，其中研究院员工达8 500人，技术专家就有400多人。吉利的人才培养如同森林的成长，队伍不断壮大，结构不断优化，根系更加发达。如今，吉利已经打造了一支精干高效、素质优良、充满活力、具有全球竞争力的人才队伍，帮助企业在更大范围、更广领域、更高层次上参与国际经济技术合作与竞争[①]。

那么，吉利是如何建设具有组织特色、符合组织发展要求的全球化人才梯队，打造共赢、共享、共生、共融的可持续发展人才森林生态圈，以支持自身从传统汽车制造企业向全球创新型企业转型的呢？本章旨在揭示吉利以开放、包容的用人之道，打造“人才森林”生态系统以支持业务发展的成功经验。一方面，从人才引进角度，吉利结合企业发展战略的阶段性变化，开放、多元地吸纳和“移植”国内外优质的创新人才，成为支撑企业发展为全球型企业的重要力量；

① 浙江吉利控股集团，吉利人才森林生态构建与管理实践[J]. 中国工业和信息化，2019(Z1):84-91.

从人才培养角度，吉利通过产教融合，打造能够与岗位迅速对接的储备人才梯队，并打破平衡，建立差异化的培养体系，发掘竞争性人才。另一方面，吉利通过充分授权，为各类人才提供自由发展、大胆试错的国际化事业平台和机会，形成包容的文化氛围，并通过建设具备组织特色的员工关爱和培训体系，为各类人才赋能，使吉利最终形成一片有高有低、有大有小、具有强大生命力和生态调节功能的人才森林。

## 引进“大樟树”

很多优秀的社会人才都梦想为中国的汽车工业多做贡献。虽然他们在全球化的企业中已经积累了很好的知识和能力，但是由于种种原因，职业发展遇到了瓶颈。吉利把他们请过来，给他们实现梦想的舞台。很多外来人才加盟吉利几年后，完全没有了原来企业的影子，成了100%的吉利人。

——魏梅

所谓“大樟树”，指的是具有丰富行业经验的“空降兵”。无论是创业初期加盟的本土人才，还是吉利融入全球化后吸纳的国际人才，都在各阶段帮助吉利应对内外部不确定性的过程中发挥了重要作用。目前，每年约有1 000名“大樟树”加盟吉利，且“成活率”很高，这与李书福倡导的“海纳百川，合纵连横”的企业文化密不可分，这种以业绩、结果、奋斗者为导向的高度包容的文化，使吉利成为一个真正开放的企业平台。现在，吉利的各个团队中，都能看到来自各地、各个企业，甚至各个国家的面孔[①]。

## 不拘一格，知人善用

汽车制造是人才密集型产业，产品的研发需要各专业领域的人才。要搞自主研发，单靠企业内原有的技术人员肯定不行。在技术上几乎是白手起家的吉利，对人才的需求如饥似渴。然而，“民营”的出身极大地影响了社会人才对吉利的价值判断。虽然“老三样”的成功帮助吉利赢得了一些名气，吸引了一些技术人才的注意，并且从1999年开始，逐渐有专业的汽车技术人员来到吉利，但是吉利仍缺乏顶尖人才，处于“一将难求”的境地，招聘来的大学生也往往难以留住。为了摆脱困境，李书福成了吉利最大的“猎头”。而打动人才的，不仅仅是李书福“三顾茅庐”的真诚相邀，还有振兴民族汽车工业的使命感召。

**振兴民族汽车工业的使命感召**

“自主造车”的使命吸引了许多愿为中国汽车工业的振兴献身的专业人才，原一汽汽车研究所底盘专家华福林就是冲着自主造车加入吉利的。当时的合资企业大都全套引进国外车型，很多专家难以施展才能。对于这个在一汽憋了一辈子想造车的人来说，吉利给了他释放造车能量的巨大空间。于是，华福林被安排在远景项目开发组，负责底盘开发。

**用人不疑，疑人不用**

在李书福看来，企业是由来自不同地区、不同年龄、不同性别的员工共同组成的大家庭，“我的企业，我想怎样就怎样”的

---

① 喻庭．解读吉利“人才森林”计划 [J]. 经理人，2016(4):90-91.

心态是不利于企业发展的[①]。与很多传统企业将员工的手脚"捆绑"起来,"由领导说了算"的做法相比，吉利的授权非常到位，每一位加盟的专家都会得到充分授权，拥有真正施展能力的机会。准备开发怎样的车,具体设计怎样的方案,和供应商等相关方面如何沟通……产品开发的各个环节，吉利都愿意放手让员工去尝试，即使可能遭遇失败，也给予充分包容，允许员工试错。

2002 年，天津齿轮厂的总工程师徐滨宽被李书福请到了吉利。为了邀请这位变速器专家"出山"，李书福曾不下十次登门拜访，甚至为他搭建了一个独立的变速器研发、制造平台——浙江吉利变速器有限公司。"在这里，一切都可以按照我的想法做。"徐滨宽积蓄了 20 多年的研制变速器的能量，终于找到了释放的空间。按照徐滨宽的说法，自动变速器开发的失败风险高达 60%，这也是许多国内造车企业望而却步的原因。"尽管整个过程困难重重，但我没有受到任何阻力。"徐滨宽说。在吉利，只要李书福能宽容，就不会产生其他阻力。在卧薪尝胆的三年里，徐滨宽不断寻找故障，不断纠错，烧了 100 多辆车，积累了 29 000 多个用以表征变速器损坏转折点的特征数据。2005 年，徐滨宽终于研制出了三速液控自动变速器[②]。

当有激情、有梦想的人才得到充分授权后，出于对企业信任的回馈，他们会把公司的工作当作自己的事业，有加倍的动力为企业创造价值。当然，吉利也不会盲目信任某个员工，而是会对员工进行持续考察。"也不是说我不了解你，我就授权给你，"时任奔驰

---

① 吉利董事长李书福：我为什么不轻易信任别人 [J]. 中国民营科技与经济，2003(Z1): 44-47.

② 朱琼 . 吉利的生命力 [J].IT 经理世界，2006(18):50-53，55-59，8.

Smart CTO（首席技术官）羊军谈起自己在吉利的发展历程时说，“你也看到我的发展，从一个模块负责人到一个项目组长，再到参与管理全球项目。吉利培养一个人，也是一步一步去观察，对你的能力进行动态的评估，如果能够胜任某个岗位，再给你更大的平台。”

**打造全球化发展平台**

2010 年，吉利收购沃尔沃。李书福对集团未来的定位是一家全球化汽车企业，当时只有沃尔沃即将完成的 SPA 架构能够满足全球化的要求。因此，李书福要求吉利汽车和沃尔沃共同为 C 级车开发一种高度灵活的架构，使双方都能利用该架构进行生产，并适应各自的品牌定位。当时，全球汽车行业举步维艰，许多企业先后倒闭。由于资源有限，无论是吉利还是沃尔沃，想要单独开发一个新架构都很困难[①]。世界汽车产业格局的变化，为吉利带来了机会。由于财务问题，通用汽车被迫放弃其在欧洲的业务，1 200 多名优秀工程师流出通用。后来任 CEVT 首席执行官的方浩瀚当时认为，如果吉利能够迅速整合资源及人才，开发一个新的架构，这会是一个很好的机会。因此，吉利和沃尔沃联合组建了一个新的研发中心 CEVT，一个全新的 C 段架构 CMA（紧凑型模块化架构）由此诞生。

CEVT 从原始设备制造商那里招揽到的非常优秀的人才中，约有 1/3 来自沃尔沃，1/3 来自其他汽车公司，包括曾效力于通用、福特、雷诺等汽车公司的资深技术专家和管理专家，其余 1/3 则是来自中国的工程师。沃尔沃作为一个豪华汽车品牌，其员工享受着较高

---

① 浙江吉利控股集团官方网站 . 2019 年 12 月 6 日 . 全球化企业的基础——创造一个全球化架构 . http://zgh.com/media-center/story/the-foundation-of-a-global-enterprise-creating-a-global-architecture/.

的待遇，相比之下，吉利在瑞典的研发中心所提供的员工福利不及沃尔沃。既然如此，为什么还有1/3的员工愿意接受从沃尔沃到CEVT的岗位调动呢？

“对工程师来说，项目才是最重要的。福利是一方面，但他们并不在乎那么多福利，或者说在乎的人不会过来，来的人在乎的是真正想做的事情。”吉利控股副总裁魏梅这样解释。相比沃尔沃，吉利有更多的新项目需要开发。对就职于沃尔沃的工程师来讲，重新创立一个沃尔沃品牌是难以实现的事情，而CEVT却能让他们放下过去的包袱，做一些全新的事情，从零开始，这是非常有趣的，而且一旦成功，将为他们的职业生涯添上浓墨重彩的一笔。

没有最好的福利待遇，也没有最好的工作条件，但在宽广发展平台的吸引下，一批有志之士相继走进了吉利的大门。在CEVT诞生的第三年，也就是2016年的10月20日，吉利正式发布了基于CMA模块架构打造的中高端新生代品牌领克。这些工程师在成就领克品牌的同时，也享受了这一品牌的成功带给他们的荣耀。

## 开放的“全球人才智库”

企业走出去只是第一步，相互融合才是关键。跨国经营与全球发展必须不分肤色、不分人种、不分语言，为了一个共同的商业追求而相互尊重，共同发展。

——李书福

吉利充分授权的“聚才”策略立竿见影，吸引了很多包括国内三大汽车集团等国有和合资企业中认同吉利理念的管理专家、技术专家和工程技术人才，改变了初期人才奇缺的局面。这些加盟的人才在决策层、技术管理层、生产制造层等各个领域发挥了重要的作用。随着国际化步伐的加快，吉利的运营范围从国内逐渐扩大到全球市场，对人才的需求也发生了变化——具有国际经验的高素质人才成为引进重点。吉利逐步将人才引进的眼光投向海外，采取全球化的人才战略。

吉利参股英国锰铜，收购澳大利亚自动变速器公司 DSI、瑞典沃尔沃汽车、马来西亚 DRB 旗下宝腾汽车及路特斯股份和德国戴姆勒股份，在这个过程中，吸收了一大批一流的国际化人才。吉利清楚地知道，任何一家企业都离不开培育它的母国土壤，离开了土壤就意味着企业失去根基，而没有根基的品牌自然也会失去它原有的价值[①]。因此，吉利以国际视野进行全球布局，建立“行动本土化，思维全球化”的管理机制，无论是收购海外企业还是人才管理，都将文化融合摆在关键位置，以更好地管理来自不同国家和地区、具有不同文化背景的员工。

**倡导“尊重、适应、包容、融合”的全球型企业文化**

吉利从文化入手，打破交流的隔阂，在深化全球共识的基础上，结合不同品牌的历史定位、不同国家的文化认知，开展因地制宜的跨文化沟通与融合，整合不同历史及文化背景的全球人才[②]。以沃尔沃为例，吉利在尊重其原有企业文化、管理团队和员工的基础上，逐步将吉利的企业文化融入其中，建立彼此互信的机制，减少情感冲

① 戴惠芳 . 尊重各国文化传统　融合吉利文化优势 [J]. 企业文明，2010(8)：33-34.

② 工信头条 . 吉利人才森林生态构建与管理实践 . 2019-09-18. https://www.gongkongke.com/posts/QCapQXxk6tHn/.

突对团队凝聚力的破坏，从而使双方能够最大限度地发挥自身优势，为企业发展注入了强劲的人才动力。

在瑞典哥德堡CEVT研发中心，共有千余名优秀的国际化人才，包括吉利外派员工、原沃尔沃员工及全球招募的优秀工程师、设计师，他们共同奋战在吉利和沃尔沃联合开发的平台项目上。和很多企业采取的直接由中方高管接管并雇用国外人才的方式不同，CEVT成立时，吉利将其交由来自沃尔沃的高管管理，中方的工程师则抱着学习的心态参与项目开发。在双方合作中，吉利通过渐进式的文化融合，找到双方的平衡点，注入吉利血液。这一做法在给予沃尔沃员工充分尊重的同时，帮助吉利更好、更快地深入沃尔沃内部，促进了沃尔沃与吉利的资源整合、文化融合。CEVT一方面为世界顶级汽车工程师提供了释放造车激情、实现个人价值的平台，另一方面集合了汽车创新领域的众多顶级专家，协同合作，使吉利真正拥有了“最强大脑”和独特的工程师文化。

2015年，由来自中国、德国、瑞典的研发团队合作开发的吉利7DCT变速器项目进入攻坚阶段。这一项目要求技术达到世界领先水平，满足极其严苛的沃尔沃全球标准，很多标准甚至超过了欧美主流变速器要求，管理难度非常高。虽然CEVT研发人员的加入使团队的研发力量得到了加强，但在项目开发过程中，中国和瑞典的研发团队经常各执一词，无法达成一致，沟通屡屡陷入僵局。双方的不理解、不合作导致项目推进得异常缓慢，各项耐久试验失效，多个系统亮起红灯，调整后的SOP（量产）节点眼看将再次失守。在这种情况下，项目组长林霄喆首先从文化与工作方式入手，在中瑞团队中召开文化宣导会议，互相了解对方的工作方式与思维方式，消除彼此的不信任。通过建立国际化大项目组管理机制，统一项目管理工具，信息共享，在项目管理、硬件、软件及性能等关键模块，派遣最优秀的中国员工到瑞典工作，与团队一起展现中国员工的才华与拼搏作风，赢得了瑞典团队的信任。

**打造“中西合璧”新语言**

团队文化问题的解决，使双方的融合逐渐深入，能够逐步形成合力，推动项目开展。但与从前大不一样的是，除了在专业技术领域引进大量国际化人才，吉利在集团的很多统筹工作上，也邀请了来自不同国家的经理人进行管理，其中就包括吉利控股集团高级设计副总裁、原沃尔沃汽车设计副总裁彼得·霍布里。但是，一个对中国文化一知半解的“门外汉”，如何管理好吉利这家有着深刻本土印记的企业呢？

2011 年，彼得·霍布里宣布加入吉利汽车。作为一名土生土长的欧洲设计师，要想真正了解中国文化，寻找能融入设计的中国元素，自然不是一件易事。“这离不开一个好的团队，更要感谢李书福董事长。”彼得·霍布里坦言，正是李书福的奇思妙想，让最初“水土不服”的他迅速融入了新环境。

在大多数人眼中，李书福是一位睿智、有远见的战略家，但鲜为人知的是，他酷爱音乐，尤其对交响乐情有独钟。交响乐起源于欧洲，但其中也包含中国曲目和中国文化元素，是典型的中西合璧的艺术形式。借助这一艺术形式，李书福帮助彼得·霍布里进一步了解了中国文化。不仅如此，吉利还将中西合璧的交响乐作为文化载体，搭建起企业跨国文化交流和情感沟通的桥梁。2011 年 9 月，由国际著名指挥家汤沐海任指挥的浙江（吉利）交响乐团，在德国、捷克、意大利等欧洲六国巡演，用全新的音乐语言，让世界倾听吉利的声音，并特别到沃尔沃的欧洲生产基地瑞典和比利时，为沃尔沃员工奉献精彩的专场演出，以增进当地主流社会及沃尔沃员工对中国文化的了解。此外，乐团还对巡演曲目做了精心设计，不仅包括中国作品和外国经典作品，还特别创作了反映吉利文化和精神的节目。

东西方文化在彼得·霍布里的脑海里碰撞，擦出了很多灵感的火花。在李书福的陪伴下，彼得·霍布里深入了解古代神话、四大名著等经典作品，体验了古筝等传统乐器，对中国人的价值观有了更深入的理解和认识，并带着这种认识，在工作中影响团队里其他的外籍员工，使中国文化深入每一位来中国工作的员工心中。“彼得有位助手几乎已经完全中国化了，那位助理刚来吉利的时候第二个孩子才出生，现在老二已经上学了，他（孩子）的中国话说得比他父亲都好。”吉利集团资深副总裁张爱群打趣道。融入吉利三年后，彼得·霍布里带领他的国际化团队交出了令人惊喜的答卷。从KC概念车到帝豪Cross混合动力概念车，彼得向公众呈现了全新的吉利设计DNA，恰到好处地融合了中国元素和国际审美潮流，而没有丝毫沃尔沃的痕迹[①]。

吉利“书福奖”获得者、造型内饰的掌舵人白高颐[②]认为:“吉利对外籍员工给予了诸多生活方面的帮助和关怀，使他们能够全身心投入日常工作。在吉利的每一天都充满动力和挑战。”作为一名在瑞典、

---

① 马聪．为吉利注入东方之韵——吉利控股集团高级设计副总裁彼得·霍布里带你找寻吉利设计DNA[J]．中国汽车市场，2014(14)：24-25.

② 白高颐（Guy Burgoyne）来自澳大利亚，于2013年加入吉利中国造型中心，目前任上海分中心总经理。

澳大利亚等国家都有丰富工作经历的业内顶级设计师，白高颐非常清楚，自己的职责就是带领团队设计出既能彰显国际品质又具有中国特色的产品。在吉利包容、尊重的环境下，白高颐与其团队有充分的空间来发挥创意，为吉利 3.0 汽车设计带来焕然一新的气质。在吉利博越的产品设计上，在细节处巧妙地增加中国文化元素，内饰组件上的杭州西湖拱桥造型和极具特色的水波纹格栅造型都得到了业界的广泛好评。此外，令白高颐最骄傲的设计之一就是用中国传统生肖形象设计的生肖雕塑，它们是每年中国车展吉利展台的特色之一。

## 栽培“小树苗”

全球汽车工业的发展，根源在于人才的培养。吉利这么多年的发展，也是靠人才培养来推动的。

——李书福

在李书福看来，国内顶尖乃至全球顶尖的人才就像难得一见的大樟树，全世界屈指可数。企业在初创阶段，自身资源匮乏，人才主要依靠引进；到了发展阶段，人才结构就需要进行调整，内部培养和外部引进相结合；当企业发展壮大到一定程度，人才将以内部培养为主，同时还要为社会培养、输送人才。因此，要从根本上解决汽车企业的人才问题，就要“量身定做”，自产自销。换句话说，吉利必须拥有自己的培养渠道、成长土壤和文化群落，形成可持续发展的人才成长环境，通过内生型人才培养机制及独有的激励体系，让内部的“小树苗”看得见吉利的发展空间，能够期待自己的成长。

## 产教融合，深耕教育梦

我认为到今天为止，我们唯一跟别人不一样的就是我们有这么强大的教育培训系统。吉利办教育既是一种责任，也是一种情怀；既是对教育事业的忠诚与向往，也是因地制宜，为吉利汽车工业发展提供人才保障。

——李书福

李书福清楚地认识到，象牙塔式的大学难以真正满足企业对实用型人才的需求。因此，他专门组织观察团赴美国哈佛大学、麻省理工学院、斯坦福大学等世界一流院校进行考察学习，同时对世界上近百家长盛不衰的企业进行调查，最后发现，那些知名的企业无一例外都拥有自己的学院、培训基地和技校。中国的企业虽然也不乏高技术人才，但是人才的延续性还远远不够。因此，他下定决心要办自己的学校，培养有道德、有知识、懂业务、会动手、能吃苦的汽车专业人才，从根本上解决汽车企业的人才问题。

**造车育人，双赢共进**

在第三次全国教育工作会议召开，政府鼓励社会力量办学的背景下，北京吉利大学（现吉利学院）于 1999 年应运而生。吉利就这样在造汽车的同时，创办了自己的学校。吉利选择了比普通高校更贴近企业实际需求的创新教学模式，始终坚持以就业为导向，培养实践型应用人才。吉利的教育模式是从社会和岗位需求出发，思考如何培养学生。除了开设传统的汽车制造与装配技术、机械制造与自动化等多个实用专业，学校还依托吉利集团的技术优势，重视汽车工程类学科的发展，围绕新能源汽车和智能汽车前沿技术，加强学科建设。此外，吉利大学还与海外教育机构联合办学，引进国外成熟的技能培训体系，培养具有国际水平的现代化技术人才。学校常常邀请来自吉利及其他知名汽车企业的高级工程师与学生交流。曾在丰田、马自达等企业从事精益生产工作的藤冈博司（现任吉利汽车湘潭基地精益生产管理专家）便常去给学生授课和开办讲座，介绍精益生产的相关知识和业界动态。

从 2011 年起，吉利将 20 大类、300 多种岗位的任职资格提供给学校，指导学校将吉利集团的汽车整车制造、发动机与变速器制造、市场营销、人力资源管理、供应链管理等岗位的任职标准融入培养目标，使学校的人才培养与企业的人才需求进一步接轨。吉利分布在全球各地的生产基地、汽车研究院、销售公司、动力总成事业部等，为学院各专业的学生提供了优越的校外实习条件，形成了具有吉利特色的产学研联合的人才培养链，学生从进校门起，就有非常明确的专业方向。教育为产业提供智力资源，产业为教育提供实践支持，吉利的产学研已经融为一体，营造出“人人是老师，人人是学生”的学习研究氛围。

吉利大学的学生虽然拿的是民办大学的毕业证，却是就业市场上的“抢手货”。据不完全统计，北京吉利大学建校 21 年来，已有两千余名校友成长为国内大中型企业的高管，校友企业超过一千家；更多毕业生成为吉利控股集团所属各单位的骨干力量，有的成了生产一线的工匠型技术能手，有的则走上了部门以上的管理岗位。

**教育布局的扎实铺垫**

李书福认为：“造就一所可持续发展的、受人尊敬的大学，不是一日之功，更不是一人之功，而是像一场接力赛，需要不断向前推动。”心系教育的李书福，将吉利的教育版图扩大到了海南、湖南等地，建立了三亚市最早、规模最大的民办本科院校——三亚学院，以培养汽车类高技术人才为主的全日制普通高等职业院校——湖南吉利汽车职业技术学院，以及以培养硕士研究生和博士研究生为目标的浙江汽车工程学院，围绕国家战略和地方经济社会发展趋势，因地制宜，不断探索“职业人”式的人才教育模式，形成了“专科—本科—研究生”的多层次人才培养结构（见表 7-1），走在了同行前列。仅 2019 年，就有超过一万名优秀人才从吉利各高校毕业，为吉利汽车工业的发展提供了有力的人才保障（见图 7-1）。

表 7-1　吉利教育产业布局

| 学校 | 创办年份 | 最高培养层次 | 累计培养学生人数 | 2018—2020 年就业率 | 特色举措 |
|---|---|---|---|---|---|
| 浙江汽车职业技术学院 | 1997 | 大专 | 11 000 | 98.50% | · 开展“现代学徒制”试点，成立独具特色的“帝豪”“领克”等系列订单班<br>· 将真实生产车间打造为集展示、实践和培训为一体的造车工艺教学区<br>· 2019 年 4 月，携手临海市政府，建成临海首家工业机器人专项职业能力培训基地 |
| 吉利学院 | 1999 | 本科 | 61 161 | 97% 以上 | · 坚持以赛促学、以赛促教，鼓励学生参与各类学科专业竞赛<br>· 与马来西亚、泰国、丹麦等国高校开展合作交流，让学生有机会到国外高校攻读学位<br>· 校园活动丰富，邀请知名专家学者开设吉利大讲堂，拥有文艺、体育、公益等各类学生社团 30 多个 |

（续表）

| 学校 | 创办年份 | 最高培养层次 | 累计培养学生人数 | 2018—2020 年就业率 | 特色举措 |
| --- | --- | --- | --- | --- | --- |
| 三亚学院 | 2005 | 本科 | 51 933 | 95%以上 | · 围绕“一带一路”倡议和海南自贸区产业发展需要，建立“旅游与文化”“海洋与汽车”“商科与社会”“大数据与人工智能”和“体育与健康”五大学科群<br>· 2019 年举办中国–东盟民办教育发展与合作论坛、数字产业与学科发展学术论坛、旅游演艺及疍民文化学术研讨会、海南自贸区医疗健康“产学研用”协同发展研讨会等各类学术交流活动 230 余场 |
| 浙江汽车工程学院 | 2007 | 博士研究生 | 486 | 100%（定向） | · 与浙江大学、同济大学、英国考文垂大学和比利时根特大学等国内外知名高校开展联合办学项目，培养具备全球化视野的高潜人才<br>· 学院特聘教授 215 名，来自全球 14 个国家和地区，涵盖 41 所国内外高校，其中院士 17 人、教授 121 人，研究方向包括汽车技术，管理实战等 |
| 三亚理工职业学院 | 2009 | 联合本科（四年） | 10 225 | 97% | · 2019 年 6 月，入选教育部首批“1+X”汽车运用与维修职业技能等级证书制度试点院校<br>· 结合海南重点产业，于 2019 年成立健康管理系，新增护理专业，并新建健康管理实训中心，包含基础医学、基础护理、急救护理以及母婴护理等实训内容<br>· 2019 年 3 月，2018 级人才培养课程全部完成课程地图的绘制工作，实现可视化<br>· 立足区域经济特点，发挥学院专业特色及优势，积极承接政府培训项目 |

（续表）

| 学校 | 创办年份 | 最高培养层次 | 累计培养学生人数 | 2018—2020年就业率 | 特色举措 |
|---|---|---|---|---|---|
| 湖南吉利汽车职业技术学院 | 2012 | 大专（高职） | 5 126 | 98%以上 | · 多位吉利汽车湘潭基地的高级工程师授课，并按照真实车间标准，在学校建立实训基地<br>· 逐步完善教师与工程师、教学与生产、教室与车间相结合的“双主体育人”培养模式<br>· 组建雷锋班，负责校园的日常管理以及公益活动和志愿服务等 |

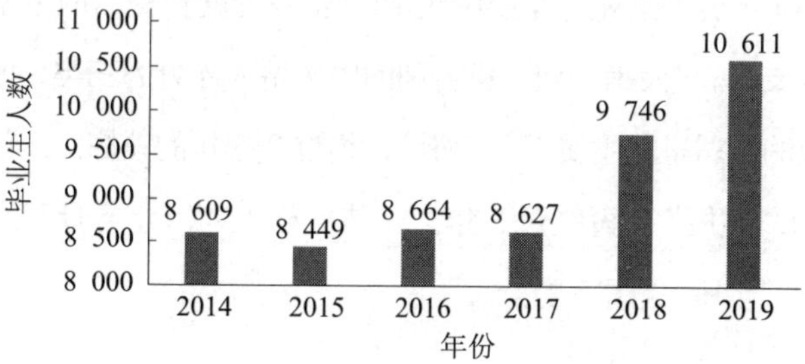


图 7-1　2014—2019 年吉利教育产业毕业生人数[①]

# 有温度的人才培养体系

找到一些好苗子，放在吉利的体系里进行培养，赋予正能量，练就真功夫，学习真本领。我们的最高目标就是要做到招之即来，来则能战，战则必胜。

——李书福

① 数据仅包括北京吉利学院、湖南吉利汽车职业技术学院、三亚学院和三亚理工职业学院，不包括浙江汽车职业技术学院、湖南工商大学北津学院和浙江汽车工程学院。

除了在教育上深耕细作，吉利对企业内生型人才的培养也给予了充分重视。人才培养体系的建设是人才成长必不可少的条件。吉利通过开辟人才晋升通道、构建全方位培养模式以及制订全职业生命周期关爱计划，为人才提供广阔发展空间的同时，建立严格且与员工能力价值相适应的激励体系，使员工快速成长，满足企业需求，实现自身价值。

**“雁系列”内生型人才培养机制**

为了配合集团的战略目标，吉利人力资源系统创造性地制订了“大雁计划”。这项雄心勃勃的计划成为企业造就独特的内生型人才梯队的重要支撑。“大雁计划”将吉利的内生型人才分为三类：刚刚走上工作岗位的应届毕业生属于“大雁”；经过3~5年的锤炼，一部分大雁将成长为“飞雁”；再经过5年，一些标杆人才、业务骨干会脱颖而出，成为“金雁”（图7-2）。

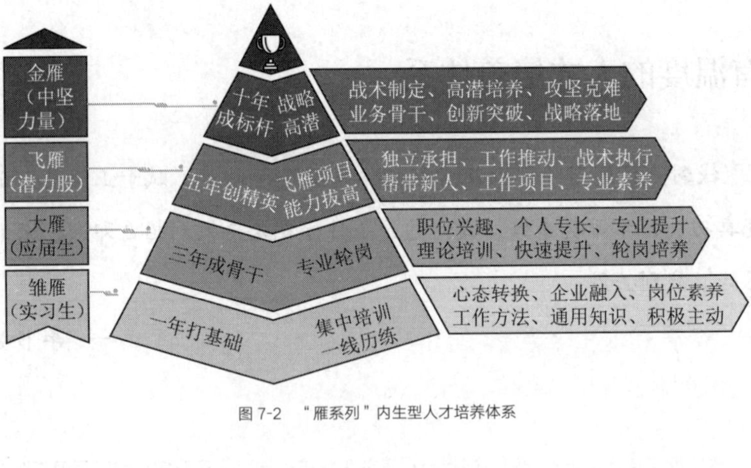


图7-2 “雁系列”内生型人才培养体系

现任吉利动力总成有限公司春晓基地副总经理李劲峰便是这一

成长过程的典型代表。1996 年，李劲峰作为众多制造员工的一员加入吉利。在吉利制造摩托车的时代，他打破了摩托车发动机关重零部件外购制约公司发展的瓶颈，为年产 30 万辆摩托车打下了坚实的基础。在华普任职期间，负责设备采购，通过招标，节省设备预算资金几百万元，多次被评为公司先进个人。在湘潭发动机厂任职期间，带领该厂连续 6 年获得动力总成系统“先进集体”或“学习型组织”称号，在 GPES“着陆”行动中以及“扎根”行动中全部荣获工厂第一名，诠释了企业与员工的“命运共同体”关系。2016 年高产任务下达时，他带领团队实现一个半月产量翻番，月产突破 3.3 万台，年产突破 20 万台，建立起动力系统月产、年产双高工厂；2017 年，所带团队月产突破 3.6 万台，累计产量突破百万台；2018 年，他成为吉利最高荣誉——第十七届书福奖的获得者。

由普通一线工人成长为拥有出色专业能力、管理能力的高级汽车人才，从实现自我发展到成功反哺企业，李劲峰诠释了“大雁”团队“志存高远，目标坚定，自发合作，主动补位”的特点。“大雁”的故事其实还有很多。事实上，吉利控股集团总裁安聪慧作为李书福招进吉利的第一批应届大学生，起初也是“大雁”。截至 2019 年年底，吉利的内生型人才总数占所有员工的 1/5，内生型人才培养体系为吉利的可持续发展奠定了雄厚的人才基础。

**“2521”甄别机制与奋斗者追赶计划**

根据对企业员工敬业度的长期调查，分管人力资源的集团副总裁魏梅发现，吉利各部门的员工分布往往遵循“2521”的规律，即前 20% 的人是优秀的，是大家学习的榜样；50% 的人是合格、称职的；20% 的人需要进一步提高，需要组织内部进行帮扶；最后 10% 的人不能胜任岗位，甚至无法融入企业的经营体系。同时，对员工成长的持续考察发现，后 10% 的员工往往是长期低绩效的。如果身处高职位的人属于这 10%，对企业来说是一件非常可怕的事情，可能会影响部门中其他员工，使部门甚至整个企业偏离正常的经营发展轨道。

基于这一规律，吉利的人力资源部门对这几类员工进行了分别讨论，并根据“CPV”（Capability-Performance-Value，能力—业绩—价值观评价模型）评价模型区分员工的绩效贡献，进行梯队划分，对前 20% 的优秀奋斗者给予高激励，对胜任岗位、业绩良好的 50% 员工给予常规激励，对业绩一般的 20% 员工不激励，对业绩不达标的最后 10% 员工负激励。一方面，吉利建立了星级奋斗者激励机制，员工的绩效表现越优异、越持久，激励越高。吉利期望通过为优秀奋斗者提供晋升机会，如在每年的薪酬调整、分房福利等方面优先考虑，来体现对高绩效员工的尊重。另一方面，为后 10% 的员工制订了奋斗者追赶计划，以此来激发他们的能量（见图 7-3）。

Capability　　Performance　　Value

评价模型

| 两个维度 | 指标类型 | 指标衡量的内容 | 考核方式 | 年度考核 |
|---|---|---|---|---|
| P<br>业绩 | 关键业绩指标<br>（工作目标） | 衡量各岗位关键工作成果完成情况（从组织目标、岗位职责提取出来的绩效指标或重点工作） | 日常考核（月度/季度） | P×70%<br>CV×30% |
| C/V<br>能力/价值观 | 关键能力指标<br>（行为目标） | 衡量各岗位完成本职工作具备的各项能力与行为情况（员工：七项领导力模型；干部：干部三力模型） | 日常记录，年度考核（日常如触碰底线，一票否决） | |

分配机制

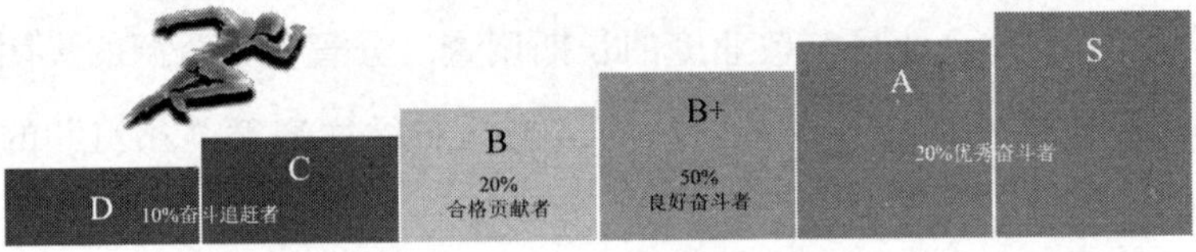


图 7-3 “CPV”与“2521”结合的绩效管理评价机制

“2521”的分配原则对员工来讲是很残酷的，但吉利认为员工的绩效表现不佳，很多时候是因为企业没有激活他们。对吉利来说，每个员工都是宝贵的财富，吉利希望通过创新的方式，最大限度地激发员工的潜力，让他们感受到企业负责任的态度，而不是通过冷冰冰的绩效考核直接“末位淘汰”。

吉利认为，培训是企业对员工最好的福利。因此，在湖南吉利汽车职业技术学院创建了奋斗者追赶营，设置了专门的培训项目，指导员工从价值观、专业能力、团队配合、管理能力方面进行追赶，鼓励员工在实践中发现并激活自己的潜力。每个月，吉利都会派遣约10%的“落后”员工参与训练，包括20千米拉练体能训练、走访贫困家庭等。对很多员工来说，这是一个加油站，也是一个检验场。封闭式培训让员工重新审视工作和人生目标，重新学习吉利的企业文化和管理规范。参加了“奋斗者追赶计划”的员工如果被评估可以胜任岗位，就可以回到原岗位或调整至其他岗位，如果依旧难以胜任，则进行淘汰。返回岗位的员工往往会发生很大的变化。员工通过再培训，找到了更适合自身发展的空间与岗位，提升了综合能力，成为更优秀的人才。这种培训也会增加在岗人员的紧迫感，使他们更加珍惜目前的工作岗位。很多人难以相信自己会在这几年失去斗志和方向，有的人甚至追赶到了前20%的优秀行列，这其实也源于员工内心的震动：

员工甲：第一是感恩，感恩成长路上所有人；第二是合作，只有合作才能获得成功；第三是包容，包容彼此，才能共同进步！

员工乙：自己的小坎坷，和集团的创业历程相比，真的不算什么，回去之后，一定奋起直追！我相信：坚持和优秀的人交往，自己一定也会成为优秀的人！

员工丙：机会是留给努力奋斗的人的，没有谁的幸运是凭空而来的，只有足够努力，才会足够幸运。这世界不会辜负每一份努力和坚持，时光不会怠慢执着而勇敢的每一个人！

当然，并不是所有后 10% 的员工都愿意接受这样的机会。每年，吉利需要派遣近 5 000 人参加奋斗者追赶营，但实际上只有 2 000 人愿意接受这个机会，也就是说，有近一半的人会直接辞职。吉利认为，只有愿意接受这个机会的人，才有被改变、被激活的可能。

2020 年年初，新冠肺炎疫情的暴发与持续蔓延引发了全球公共卫生危机，给世界经济带来了巨大冲击。此次“黑天鹅”事件如同一场大考，不仅是对企业战略战术管理上的一次检验，更是对组织和员工的一场磨炼。为避免疫情放大员工焦虑不安、消极怠工的负面情绪，吉利当机立断，宣布将当年的绩效考核机制从原来的“2521”变为“2422”，以全新的“蓝海计划”为载体，在员工工作量不是很饱和的情况下，抓住机会，利用间隙加紧培训，激发员工潜能。所谓“蓝海计划”，即设置跨专业、跨组织、跨部门的针对性培训内容，通过训战结合、问题解决、自主学习等模式，打造一支主动出击、自我变革、不断超越的高效能战队，为“高绩效管理攻坚战”提供激活保障[①]。

---

① 吴晓波 . 吉利汽车：大变局中的组织韧性 [N]. 企业家日报 , 2020(38). http://www.entrepreneurdaily.cn/upfile/att/20200619194253c87aa.pdf.

**“人挪活”，走出温水煮青蛙的舒适区**

外部环境的高度不确定性与内部体系变革的持续深化，对吉利关键岗位的复合人才提出了更高的要求。为了保证员工的工作动力以及长期稳定的高水平工作产出，吉利在已有的人力资源体系中加入了“活力计划”——内部人才轮转机制。“活力计划”秉承“成就员工，成就组织”的理念，通过轮岗的方式，鼓励员工挑战舒适区，在发展中寻找更适合自己的岗位，培养具有开阔视野和多领域业务经验的复合型人才，推动组织战略发展。随着优秀人才的流动，更多管理经验可以被带到不同部门，从而提升吉利的整体管理效率。有些员工因为长期在同一岗位工作而失去热情，轮岗制能很好地解决这个问题。这一机制也有效避免了部门内的“山头主义”以及各级干部“人才私有化”观念带来的风险。此外，轮岗制与“2422”高绩效管理机制相辅相成，员工通过再培训，可以找到更适合自己的岗位，提升综合能力，成为更优秀的人才。

*我们的企业文化整体还是很严厉的，是一种淘汰的文化……但是我们人力资源必须为这样一种“高压力、高绩效、高收入”的文化负责任，让大家能够感受到温度。人力资源应该像水一样温柔而有力量。*

*——魏梅*

**关注员工工作体验，建立情感联系**

在日常工作中，吉利管理层总是试图让员工感受到家庭般的温暖，在元动力工程的实施中，转变管理者的角色，服务于员工。分管制造的副总裁李相才对员工有着严苛的要求，除了推行“白手套工程”，要求员工在工作中用精益的眼光来发现问题，还要求车间干部每天早晨7点前到现场，对车间环境进行精细检查。但是，他也将每个员工当作自己的家人，非常关注员工的需求。“他把员工都当成兄弟，看到他们这么累就想办法解决劳动强度的问题。”张爱群回忆道，“到了夏天，他一个厂长，在几千人的工厂，把毛巾送到每一个工位上去。”

集团总裁安聪慧也是服务员工的典范。2006年，宁波公司自由舰销售火爆，供不应求，工厂经常加班加点。安聪慧发现有些一线员工下午四五点钟时经常走神，精力不集中。经了解，是担心孩子在幼儿园没人接。为解除职工子女学前教育的后顾之忧，吉利在杭州湾、宝鸡等基地开办了多所吉利幼儿园，并要求幼儿园与工厂作息时间相同[①]。从此，员工再早上班，幼儿园都会有老师迎接孩子，再晚下班，幼儿园都有老师照看，彻底解决了员工的顾虑。

除了在日常工作中设身处地为员工着想，吉利还制订了从员工入职、工作到退休的全职业生命周期关爱计划。在入职之前，通过面试硬件打造、面试氛围营造、面试官素质培养等，提升应聘者的体验；入职阶段，通过进行入职引导、发放新人礼包、开展“梦启航”项目等，提高员工在吉利的归属感；试用阶段，通过新员工培训、签订师带徒协议、建立导师制、进行绩效辅导、新员工座谈会等，让员工快速融入团队；在岗与发展期间，通过为人才提供定制化、体验式培训服务的企业大学，共享服务产品及管理平台，对员工的综合能力、专业能力和领导力进行培养，并建立任职资格体系

---

① 李书福的人才观——打造吉利人才森林 . 2018-08-25. https://www.sohu.com/a/249982694_99917046.

和星级发展通道，提供轮岗和国际轮转的机会，增强员工在吉利的获得感、成就感[①]（见图 7-4）。

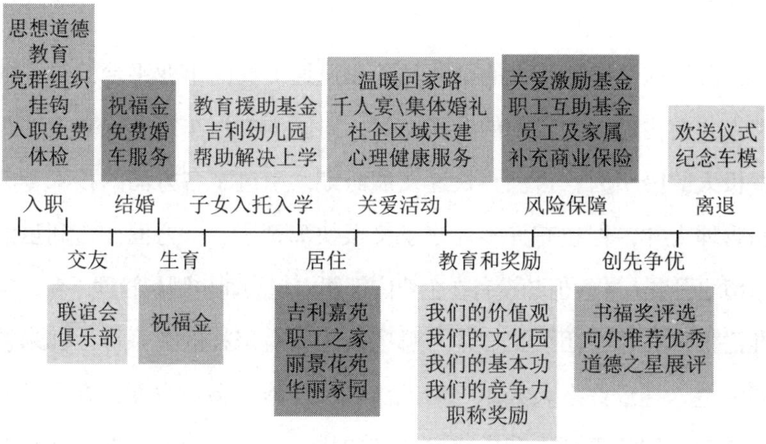

图 7-4　员工全职业生命周期关爱计划

吉利还持续推进关爱激励、员工互助、教育援助三大制度，并将每年的 6 月 26 日定为吉利员工关爱日。针对少数民族员工、复转退军人军属、归国留学员工、志愿者、先进标杆等群体，精准营造超预期的关爱体验，帮助员工快乐工作，快乐生活。根据统计数据，除基础社保外，吉利连续三年每年投入近亿元，为全体员工及其配偶、子女和父母购买商业保险，保障内容覆盖意外 / 疾病身故、重疾及门急诊等。截至 2019 年年底，商业险保障已覆盖 22 万名员工及家属，超过 2.2 万个家庭获得帮助；获得教育援助的吉利员工子

① 工信头条．吉利人才森林生态构建与管理实践．2019-09-18. https://www.gongkongke.com/posts/QCapQXxk6tHn/.

女 111 人，资助金额 49.7 万元。

## 组织赋能

吉利这个逐渐壮大的企业品牌和迅速扩展的事业平台，给了各类人才自由翱翔和发展的广阔空间，对国内外汽车行业优秀人才有着极大的吸引力。吉利在快速发展时期，引进了各方面的技术专家和管理人才，但也有许多人来了又很快离开了。一方面，吉利虽然迫切地引进人才，但却没有在企业内部建立起沟通机制和管理平台，向谁汇报、在哪个团队工作、与哪些人之间有怎样的关系等，都未梳理清楚，导致许多人入职之后无法施展才能；另一方面，在生活保障方面，例如来到吉利后家属如何安排，子女上学的问题如何解决等，都未形成常态化的机制，这让员工感到更加不适应。归根结底，是没有建立合适的人力资源架构，以匹配人才的发展需要。

同时，为了提高各子公司的运营效率，吉利早期“因人设岗”的情况非常普遍。由于集团总部人力资源的大量时间用于绩效统计、员工培训等事务性工作，员工定薪、招聘等工作都由各个制造基地（子公司）进行决策。这样一来，在企业规模扩大的过程中，总部人力资源感受不到市场竞争的压力，难以形成服务意识，因此无法及时了解各业务单元的需求，提供针对性的支持，更不能提供业务需要的客户化解决方案。所以，“麻雀虽小，五脏俱全”成了各子公司的常态。然而，随着吉利规模的扩大，各子公司独立配置岗位的模式使得人员忙闲不均的情况十分常见——一些员工有时需要承担较大的工作压力，但有时又会特别轻松。这使得各个制造基地之间对“相互支援，人才共享”的需求越发强烈，越来越需要总部进行整体的指挥协调。

## “三支柱”变革

为了系统性地提高人力资源管理水平以满足内部客户（业务部门）的需求，吉利于 2010 年与 IBM 管理咨询公司合作，发起人力资源管理“三支柱”[①] 变革，将所有的岗位进行了统一，并对人员划分了岗级 [②]，岗位数量从千余个精简至四百余个。人力资源管理从“有限的客户服务”“有限的战略规划”“以解决事务为目的”转变到“关注内部客户”“支撑和执行正确的战略”“基于标准化的项目流程”。

“三支柱”模型（见图 7-5）创造性地提出了专家中心（Center of Expertise, COE）、业务伙伴（Human Resource Business Partner, HRBP）及共享服务中心（Shared Service Center, SSC）三类角色概念。其中，专家中心主要负责根据集团战略、业务发展要求及外部人才竞争环境制定相应的人力资源战略及选、育、用、留、退、备等各项政策与流程。

业务伙伴负责紧密配合各业务单元，为业务提供多种人力资源解决方案；提升和发展员工团队协作能力，构建良好的团队氛围；

---

① “人力资源三支柱”模式（HR Three-pillar mode）最早是 IBM 以人力资源管理大师戴维·尤里奇的理论为基础，结合自身人力资源转型实践提出的。以三支柱为支撑的人力资源体系源于公司战略，服务于公司业务，其核心理念是通过组织能力再造，让人力资源更好地为组织创造价值。

② 吉利的干部岗级划分包括 5 岗、6 岗、7 岗、8 岗、9 岗、10 岗、AB 岗。

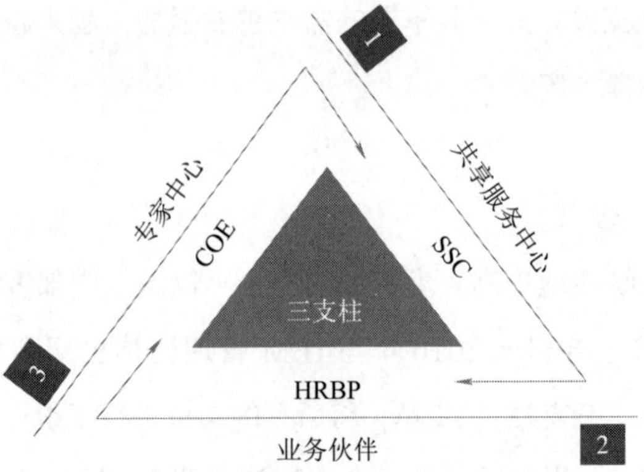

图 7-5　吉利人力资源管理“三支柱”模型

促进组织绩效的达成和持续提升。对于不同岗级的业务伙伴，吉利提出了事务型、方案型、战略型等不同层次的要求：6 岗以下的业务伙伴主要从事务型工作入手，快速熟悉业务部门，提供相应支持；6 岗和 7 岗的业务伙伴需要及时发现业务部门的问题，通过专业能力对业务部门施加影响；8 岗及以上的业务伙伴需要具备战略性的长远眼光和敏锐的商业嗅觉，保证整体战略方向的正确性及可行性。

共享服务中心的招聘中心扮演着吉利内部“猎头”的角色，负责渠道管理、人才库建设及招聘实施，通过建立人才共享数据库，提高了为各业务部门供给人才的效率，也减轻了吉利对外部猎头公司的依赖程度。仅 2018 年上半年，吉利的这一项成本就节省了 4 000 万元。人事共享中心负责充分利用信息化和互联网技术，实现员工自助服务，建立高效统一的共享服务平台。截至 2018 年，吉利共设立了 23 个共享服务站、33 个服务网点，覆盖吉利汽车集团、商用车、新业务等领域的 7 万余人。在此基础上，吉利通过引进数字化管理模式，实现人力资源管理智能化与内部市场化。人事共享中心就像第三方人事服务集团一样，以（内部）客户为出发点，推出了各种倍受员工欢迎的服务产品，比如“吉时语”“吉时办”“吉淘淘”等，还有统一的大数据和 IT 管理平台，提供多数据分析，为人力资源管理的预警和决策提供支持[①]。

值得一提的是，吉利在进行“三支柱”管理模式变革时，恰逢“大众创业，万众创新”的政策风口。深受创业思维的启发，吉利为共享服务中心成立了公司，并允许它有自己的营业模式，推进 SSC 向 SDC[②] 转型。以往，共享服务中心的员工只能从事签发合同、办理入离职手续等工作，没有太大的成就感，创业模式则为员工提供了方向，共享服务中心的每一单服务都要向特定的业务单元收费，员工看到了服务的价值，在这个过程中成长为有市场竞争力的高效运营团队，激发出更多想法来为内部客户服务。如今，共享服务中心不仅能办理入职、离职、福利等手续，还是企业内部人才交流的重要平台。这里有专门针对高端人才的服务，他们遇到任何问题都能享受到“管家式”的一对一服务。对新入职的员工，共享服务中心也有专门的工作流程，包括介绍吉利发展史、发放新员工资料文件包等，通过这些及时到位的服务，缩短他们的适应时间，使他们更快地投入工作。

---

① 中国汽车报网 . 杨学良：吉利人力资源实践分享 . 2018 年理事会年会暨中国汽车人才高峰论坛 . 2018-08-28. http://www.cnautonews.com/20180202/20180704/20180828qcrc/201808/t20180828_595570.html.

② 与共享服务中心相比，共享交付中心（Shared Delivered Center, SDC）以用户需求为出发点，通过深入挖掘用户需求进行超出预期的交付，最大限度地满足用户需求，而不仅仅是对需求的被动响应。

## 企业大学

“三支柱”模型改变了吉利原有的功能化的人力资源管理方式，完成了从管控驱动向业务驱动的转型，同时也使吉利的人力资源管理在信息系统的支持下更有活力。随着一系列海外合资并购的完成，为了更好地支持全球化业务拓展，吉利在“三支柱”的基础上建立了“N 支柱”（见图 7-6）。除了对“三支柱”的工作职责进行进一步深化，这一模型中的企业大学也成为吉利人才培养、文化传播和智慧碰撞的重要支柱。

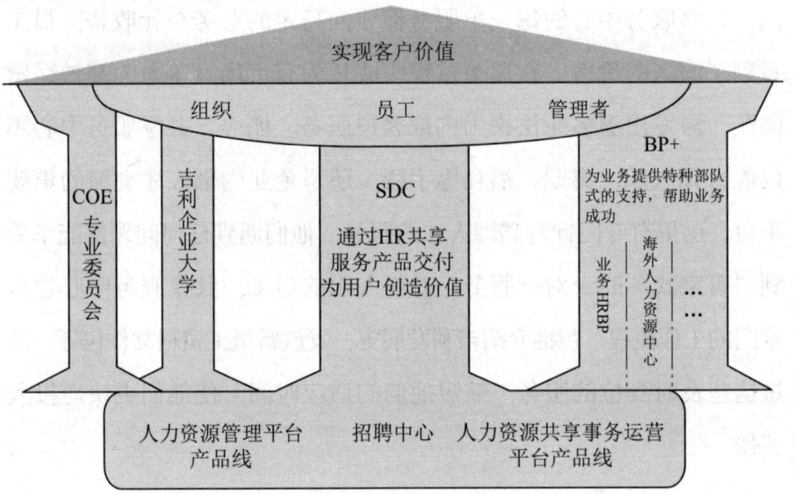


图 7-6　人力资源管理“N 支柱”

除了设立吉利学堂，吉利还建立了许多专业的培训院校，成立了 10 个专业领域的分校或专业学院，动力总成、信息技术、人力资源、安保等，都有专业学院。企业大学提供人才培养解决方案，协助业务下沉和资源整合，在支持业务发展、提升员工能力方面发挥了学院优势[①]。

吉利的企业大学并不局限于课堂式的培训，而是为来自世界各地的员工、专家提供一个国际化的交流平台，使他们通过思维碰撞提升自己的专业能力。与布局教育的初衷一致，吉利的企业大学也期望能够在专业上进行深耕，找到企业内部的培训需求和业务痛点。因此，企业大学大多以项目制运行，基于业务需求，为不同层级的人才量身定制培训项目，进行有针对性的人才培养。

在管理干部培养方面，吉利在 2011 年策划启动了“航计划”，针对控股集团基层、中层、高层干部分别设计了“启航”“远航”“领航”项目，以及针对各子公司中高层干部的“微远航项目”和针对基层干部的“微启航项目”。航计划围绕“方向、方法、秩序”三项管理者的必修课，聚焦关键能力提升和绩效提升，在全集团形成了统一的管理语言。

此外，“航计划”还为干部之间的交流提供了平台和机会，促进了共创氛围。以“（微）远航项目”为例，由于许多干部分布在吉利的各子公司或制造基地，各自负责不同的产品线，在不同的部门承担管理职责，互相之间鲜有交集。针对这一情况，吉利每年会举办四次“远航”高管培训班，组织这些来自全国各地的干部，针对各阶段最困扰吉利发展的 4~5 个项目，进行跨部门学习，项目组的成员要解决这些问题才能毕业。这些培训实际上也是人力部门对干部能力的考察。吉利以项目的形式将原本陌生的同事聚在一

① 中国汽车报网．杨学良：吉利人力资源实践分享．2018 年理事会年会暨中国汽车人才高峰论坛．2018-08-28. http://www.cnautonews.com/20180202/20180704/20180828qcrc/201808/t20180828_595570.html.

起，探讨现有的管理难题并尝试解决，不仅消除了隔阂，还形成了创新的氛围，干部们的思想和意识也在这个过程中得到了统一。事实上，很多人非常愿意参加这项培训。“在整个干部管理体系中，‘远航’的口碑还是不错的。因为许多干部参加了之后，和同期培训班的其他人成了朋友，在以后工作中，有什么困惑就不用上网去搜索了，他可以直接打个电话给对应的人，很多问题就迎刃而解了。”魏梅说道。

为了使员工学习更便利，顺应在线教育的潮流，吉利的企业大学还自主开发了集在线学习、知识管理、培训管理为一体的综合培训系统——“吉时学”平台，全面推广员工在线学习。平台有在线课程、考试问卷、学习地图、培训管理、知识库、教室管理、大数据管理等十余项核心功能，为员工提供 1 200 多门精品在线课程，覆盖企业、管理、通用、专业四大方向。2019 年，吉利组织员工培训 2 万余次，总时长超过 485 万小时（见图 7-7）。

## 非线性成长之“开放包容”

全球汽车工业的发展，根源在于对人才的培养。从“造老百姓买得起的好车”到“造每个人的精品车”，吉利从低价战略向全球化经营的成功转型证明了人才培养的重要性。通过对人力资源体系建设的不断探索和创新，吉利秉承开放、包容的用人之道，在各阶段打造更符合自身发展需要的人才发展和管理体系，逐步构建起吉利的“人才森林”生态系统，成为企业持续发展的关键原因之一（见图 7-8）。

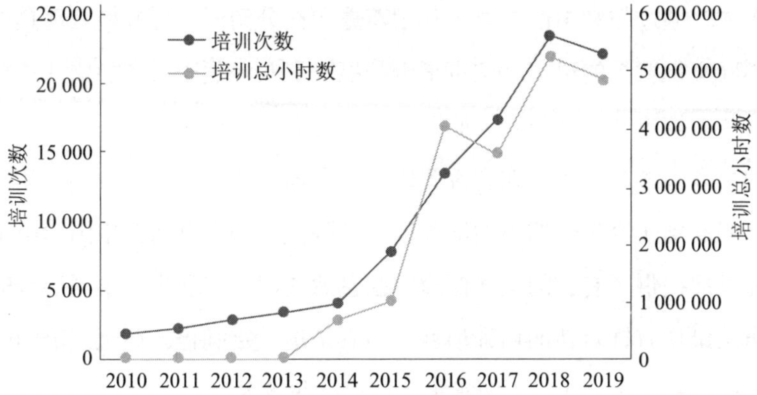


图 7-7 2010—2019 年吉利员工培训情况[①]

图 7-8 SEE 模型

吉利提倡以“尊重、适应、包容、融合”为核心特点的全球型企业文化与“寻找同路人”的核心理念，并基于此吸纳了一大批来自全球各地、充分认同吉利文化、拥有相同价值观和使命感的高端

① 培训总小时数为所有员工接受培训的总时长，即培训总小时数 =A 类员工平均培训小时数 ×A 类员工人数 +B 类员工平均培训小时数 ×B 类员工人数 +C 类员工平均培训小时数 ×C 类员工人数 +……。

人才。通过鼓励中西方员工互相尊重和充分沟通，更好地管理具有不同文化背景的员工，这也是吉利能吸引众多优秀人才加盟，并将这些人拧成一股绳的重要原因。在引进人才的同时，吉利更加注重内生型人才的培养。在教育领域，吉利通过战略预判和规划，建立从职高到研究生院的不同培养层次的院校，为自身乃至中国汽车工业发展提供了有力的人才保障。在企业内部，吉利也为不同层次的员工设计有针对性的培训项目，建立了提供定制化、体验式培训服务的企业大学，让员工能实实在在提高业务水平。

吉利知人善用，并为员工提供有包容性的工作环境。基于对各类人才能力的判断，吉利帮助每个员工找到合适的位置，并通过充分授权，为员工提供大胆试错的空间和施展能力的平台。此外，吉利还特别注重人才的扎根生长。为了给人才的健康成长提供“阳光雨露”，吉利根据企业战略需要，阶段性地进行人力资源架构升级，通过体系化的管理，全方位地关爱员工，让他们能够集中精力钻研业务。除了为员工提供共享服务产品及管理平台，增强员工在吉利的获得感、幸福感，持续为员工创造超出预期的成长体验之外，吉利也根据员工的成长情况，建立了严格且有竞争力的评价和激励体系，通过“奋斗者追赶计划”“蓝海计划”等激励措施，激发员工的活力与创造力。

第八章

# 韧性组织的“元气”密码

---

**2020 年年初，新冠肺炎疫情的暴发与持续蔓延打破了吉利控股集团的工作节奏。对此，吉利迅速做出调整，2 月 24 日，在线上发布了国内首款搭载 N95 口罩级别空滤防护技术的全新紧凑型 SUV 吉利 ICON。**

**此次“黑天鹅”事件如同一场大考，不仅是对企业战略战术管理上的一次检验，更是对组织和员工的一场磨炼。吉利之所以能够在全行业的危机中灵活应对冲击并快速决断，并不是一时的应急反应，而是对人才的长期培养和对员工价值的充分挖掘发挥了作用。**

---

从与外资车搏杀的缝隙中成长起来的吉利，如今已经是拥有吉利、沃尔沃、领克、宝腾、路特斯等十大品牌的全球汽车集团，是入围 2021 年《财富》杂志世界 500 强企业的中国唯一民营车企。2018 年，吉利的年营收超过了千亿元。一直以来，吉利保持着又好又快增长的势头，即使在 2008 年全球经济危机的背景下，吉

利仍保持了高速增长，且相较2007年利润增长率高达80%以上。虽然受俄罗斯经济下滑以及自身战略变化的影响，2014年营业收入及利润有所下降，但这之后，吉利迅速进行调整，表现出了更加强劲的增长态势（见图8-1）。从三大费用角度看，吉利的销售费用增加主要是因为整车销量增加；管理费用虽然逐年上升，但保持了较低且稳定的增长速度（几乎为一条斜率较低的直线），且增长幅度明显低于收入的上升幅度；而吉利的财务费用从2013年开始几乎逐年降低，这都说明企业内部的管理机制发挥了重要作用（见图8-2）。

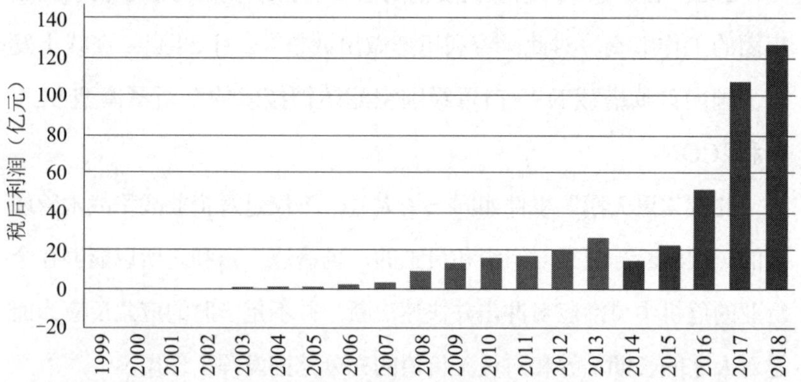

图8-1　吉利汽车1999—2018年税后利润

总体上，吉利的企业管理经历了从经验管理、科学管理到文化管理的演变。在初创期，吉利的企业规模较小，主要依靠“人治”，大都通过“胡萝卜加大棒”的方式来激励和调控员工的行为。随着企业规模的扩大，吉利意识到家族式管理的弊端，通过流程再造，建立了现代化企业管理制度，并对决策机制进行优化，激发高管团队

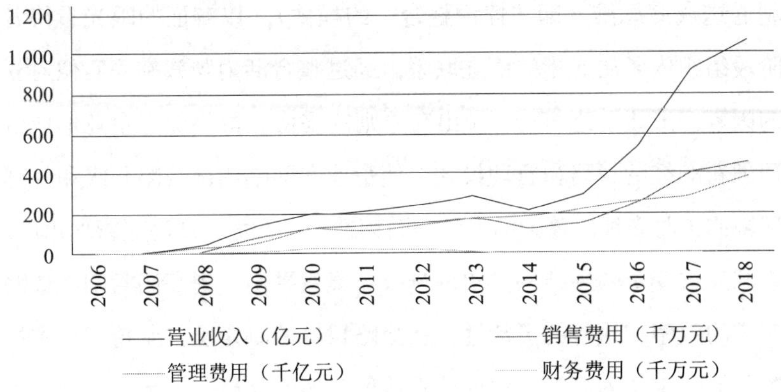


图 8-2　吉利汽车 2006—2018 年营业收入及三项费用

的斗志。尽管不断完善的企业制度使吉利解决了正规化、标准化的问题，但随着职能部门和组织单元之间的界限越来越模糊，部门和员工个人的责任难以明确区分，以往僵硬的责任界定方式往往使员工的积极性、创造性受到打击。

企业的生命力是否旺盛，主要是由员工决定的。这是一个整体的概念，既包括高管和骨干员工，也包括一线的普通员工。为了使企业发展有不竭的动力源泉，充分挖掘员工的智慧和潜能，激发员工的创造激情，使全体员工主动参与企业管理，吉利推行了“元动力工程”，在用有效的制度约束员工行为的同时，不断梳理、实践、调整文化体系，形成完备成熟、凝聚共识、全员认同的文化理念，并使之植根于员工心中。李书福认为，“元动力”是吉利生存与发展的核心力量。“元”是指企业的元气，是企业生命体的力量源泉与核心要素，这也是吉利的活力密码。

吉利如何将元动力建设成一种特有的管理模式和文化现象，支持企业在克服官僚主义的同时实现有韧性的增长？本章旨在揭示吉利通过灰度思维（即“悖论整合”的模式），以辩证的眼光看待各阶段组织内矛盾元素的潜在联系，通过整合活力与效率等看似对立的因素，形成动态统一，做出有原则的妥协，最终促进企业形成合理创新的经营战略和管理模式，使企业在面临内部战略升级和外部环境冲击时表现出蓬勃活力和强劲韧性。一方面，从高层管理角度，吉利通过变革领导结构，实现分权与集权平衡，提高高管团队战略制定的效率和执行的灵活性；在战略目标的制定上，坚持“成本控制”战略定位的同时，辩证地看待创新风险与机会。另一方面，从基层管理角度，吉利通过灰度文化建设、结构设计、利益分配，实现激发员工积极性、创造性与行为约束的平衡。

## 高管团队的韧性

李书福最负盛名的头衔是“汽车疯子”。收购沃尔沃、英国锰铜……细数吉利这些年的动作，可以发现这样的企业家精神：既有不管不顾的执着，也有精打细算的智慧。在企业内部管理方面，当很多企业还在推崇家族制时，吉利已经开始用现代的眼光重新审视自己，从家族制走向股份制；为了颠覆“老板一言堂”的传统观念，组建经营管理委员会，用集体决策代替老板决策。一方面，约束老板的行为能够使决策得到充分讨论，更加客观有效，激发了高管的创造性；另一方面，也使高管之间保持战略一致。

### 韧性领导结构

最初，吉利是由李氏兄弟和几个同乡作为核心成员共同创立的。自

1986年创业以来，所有权与经营权高度统一。在从事汽车制造以前，吉利是个仅有二十几个人的“游击队”，生产的产品也主要面向省内。同绝大部分家族企业一样，吉利充分发挥了家族企业的优势。首先，企业的主要管理者都是家族成员，员工之间相互信任，不需要委托代理，降低了企业的监督成本；其次，企业的决策效率高，执行力强。可以说，从一个无技术、无资金、无人才的“土作坊”起步，发展成中国第一家制造汽车的民营企业，吉利离不开兄弟朋友间的共同努力、艰苦奋斗。

**引入现代化管理**

“清官难断家务事”，由于家族制的局限性，吉利内部一直存在分配上的不合理，多劳不多得的情况，严重打击了员工的积极性，造成人心涣散；失信严重、多头领导等情况，一度导致内部管理失控。过去，靠着一股“拼命三郎”的精神与李书福一起办企业的基本上都是农民，初中毕业几乎是企业决策层成员的最高学历。随着企业规模的不断扩大，面对动辄成千上万的“正规军”，再联想今后将面向全国乃至全世界的汽车产品，李书福在管理上犯了难。

李书福意识到，吉利要想走出低谷，必须用现代的眼光重新审视自己，练好内功，搞好管理，突破困扰台州企业的典型瓶颈——家庭作坊式的管理模式，必须淡化家庭模式，引入现代化管理。2002年，李书福提出进行股份制改造，将企业所有权和经营权分离，实行现代企业管理制度，使吉利由一家家族化经营的企业，转变为聘请职业经理人的现代股份制企业。

**适度分权**

2004年，受国家宏观经济政策的影响，国内汽车行业出现紧缩，李书福决定利用这个契机，眼睛向内，对企业管理进行改革。在先后三次向海尔等先进企业学习之后，一场以组织变革、管理变革、文化变革为核心的业务流程再造在吉利轰轰烈烈展开，首要任务便是解决治理结构的问题。

在很多民营企业里，老板往往正是公司制度的破坏者，领导动辄亲自过问、亲自批示的“在场性”大大削弱了制度本身的权威性。正是领导的习惯性支配与下属的习惯性服从，使得制度形同虚设，这样，企业的运作就很难规范化[①]。“过去吉利拍脑袋的事情太多，缺乏科学的决策流程。如果决策总在变，人员、组织架构自然不会稳定。”吉利集团资深副总裁张爱群说[②]。针对集团存在的“一言堂”“朝令夕改”等治理问题，李书福坚决支持流程再造小组提出的治理方案，把过去董事会领导下的总裁负责制正式改为董事会领导下的经营管理委员会负责制（见图 8-3），避免让集体决策流于形式。

经营管理委员会的主任是总裁[③]，成员包括副总裁、总监等，董事长只是列席会议，了解情况，也可以发表意见，但原则上都是由充分授权的经营团队来做决策。经营管理委员会规定了三条明确的议事规则：一是实行月例会制。每个月开一次经营管理委员会会议，研究集团的重大决策事项，解决重大经营管理问题。二是集体决策，个人负责。对公司某项经营工作的重要决策由经管会集

① 韩巍，席酉民．下属改变世界：领导—下属互动机制的本土建构 [J]. 西安交通大学学报（社会科学版），2015(35):15.

② 刘涛，吉利临界点．中国企业家，2006，000(12), 66-69.

③ 最初，经营管理委员会主任由李书福担任。2005 年 3 月，他辞去主任职务，只列席会议，委员会主任由吉利常务副总裁担任。

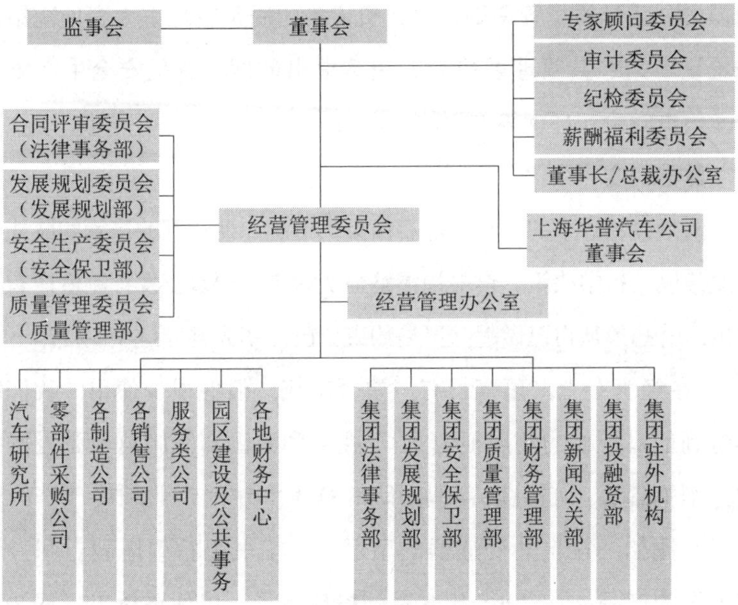


图 8-3　吉利控股 2004 年流程再造后的治理结构图

体决定，分管这项工作的领导即使有不同意见，也要贯彻执行决议。比如经管会集体讨论决定今年轿车销量是多少，由销售副总裁去执行这个决策，他个人要对此负责，不管他个人是否同意这个决策，只要确定下来，就要坚决执行。三是少数服从多数。在充分讨论的基础上一定要有民主集中制，在确实难以决策时，董事长有一票决定权。直至今天，经营管理委员会仍然坚持一月一会，没有缺漏一次。

为了使经管会的决策更加科学有效，吉利还成立了四个专门委员会：一是发展规划委员会，这个委员会专门对集团的发展战略进行研究，在广泛征求专家意见的基础上提出可行性方案，由经营管理委员会讨论通过后再交董事会批准。二是合同评审委员会，对上报的项目进行严格、科学的事先评审，以避免合同履行中产生纠纷和损失。三是质量管理委员会，负责集团质量管理重大事项决策前的论证，为经营管理委员会的决策提出依据。四是安全生产委员会，负责安全、环保等方面的工作和决策前论证。

**尊重制度**

董事会领导下的经营管理委员会负责制，使吉利的高管团队能够适度分权，科学决策。李书福清楚地认识到，要真正发挥制度应有的作用，就必须从自己做起，严格约束自己，率先遵守这个制度。

“在经管会上，董事长有一票否决权，但他很少使用，我们能感觉到他对特权的使用很慎重。”在吉利集团资深副总裁张爱群眼中，李书福会悉心听取管理团队的意见，并用企业制度严格约束自己。比如，在自动变速器的项目上，李书福希望搭载吉利自动变速器的产品能在 2005 年 5 月就投放市场，以使路桥工厂尽快产生效益。但经营管理委员会讨论认为，投放前必须进行充分试验与论证，做到有 100% 的把握。李书福最终做出妥协，直到当年 11 月自动变速器才上市。当李书福提议做他十分热衷的亚洲吉利方程式赛车项目时，合同评审委员会经过讨论不予同意，理由是这个项目的经营模式不明确，没有考虑到几千万的投入如何收回，他就立即研究能实现投入回报的经营模式，在第二次提交评审时才得以通过。

为了进一步推进管理制度建设，让现代企业制度能够在吉利控股集团及各业务控股集团更好地落地生根并发挥作用，2020 年年底，李书福宣布不再兼任吉利控股集团的 CEO，仅留任吉利控股集团董事长。同时，按照国际惯例以及吉利控股自身的制度安排，由现任吉利控股 CEO 李东辉出任法人代表。这一举措打破了人们对中国企业传统管理制度的认知，推动吉利更加合规地构建企业现代管理体系，在赢得尊重的同时，不断创新，持续发展。

## 战略韧性

吉利从“低价战略”到“精品车战略”，经历了三次重大战略升级。虽然在这个过程中将自身的核心竞争力从成本优势重新定位为技术和品质优势，但一直以来，吉利都希望能够更好地实现成本控制，为消费者提供更高性价比的优质产品。

**战略一致性**

正如本书第一篇所提到的，李书福最初决定造车，是源于少年时代在心中埋下的“汽车梦”的种子。当时的中国汽车行业由合资品牌垄断，国内合资轿车的价格约为国外同档次轿车的 2 倍，几乎没有 7 万元以下的汽车。尽管转型造汽车的想法遭到几乎所有人的反对——不仅在大环境下得不到政府支持，家人和摩托车企业的董事会也都不同意，但李书福仍然坚持要改变国内的汽车生产格局，“造老百姓买得起的车”，从价格上为老百姓带去福祉。“这是一条不归路，但这既是天时地利的召唤，更是我追求理想的自我决定。”李书福的话语中流露出一种不屈服的韧劲。

缺少资金的吉利，难以效仿其他本土企业依靠“外援”直接购买产品平台。在李书福的带领下，吉利最初采取“先描红再写字”这条成本最低的造车策略，将奔驰、红旗的现有车型进行拆解并模仿学习，相比直接“嫁接”，吉利依靠自己“描红”的手段，迅速培养起有效控制成本的能力。在配套体系上，吉利也有意识地引入本土配套商，逐渐用自己成本更低的配套体系，减轻对夏利配套体系的依赖。最终，豪情、美日、优利欧的相继推出，使得吉利通过“低成本”和“低层次模仿”建立了绝对的价格优势，逐渐找到了造车的立足点。而之后吉利开启对自动变速器等核心零部件技术的自主研发，很大程度上也是为了掌握“卡脖子”技术，保持成本优势。

在这样的战略指引下，吉利不断积累与其“成本控制”战略定位相匹配的资源与能力，形成了持久的竞争优势，这也降低了战略摇摆的机会成本，使吉利可以专注于优势集中领域，为用户持续创造价值。

**战略的动态平衡根植于对光明前景的准确判断**

战略一致性能够帮助企业建立与之相匹配的资源和能力，但企业永远无法制定出“最好”的战略，因为在动态的竞争环境中，战略需要因势而变。以李书福为代表的吉利高管团队，已经多次证明了他们感知市场趋势的能力，即使在全行业的危机中，他们也能够识别并充分利用摆在他们面前的商业机会，转危为机。

2008年，全球金融危机爆发，股市暴跌，经济萧条，企业倒闭，哀鸿遍野。李书福当时在人民大会堂参加一个有关如何应对金融危机的论坛，会上，他发表了如下演讲：

> 世界汽车工业正在发生一场深刻的变化，中国面临百年难逢的发展机遇，人才、技术、资本、市场对中国经济发展已形成空前利好。全球金融危机的本质就是推动全球产业重组的商机，中国汽车工业崛起的历史机遇就在眼前……

当时人们对李书福的演讲不以为然，认为他过于乐观。事实上，李书福看似“鲁莽”的发言，却是基于对机会和风险的双重考量。按照李书福的布局，吉利坚定地抓住机遇，完成三大海外并购，实现了全球化战略指导下的跨越式发展。其中，2010 年成功收购沃尔沃汽车的“蛇吞象”案例，成为中国企业并购海外企业的典范。

2014 年，合资车降低价格，杀入自主品牌车型的优势空间，导致自主品牌汽车整体销量同比下降 16.24%。面对合资品牌的挑战，吉利实施品牌战略，提出“造每一个人的精品车”的品牌使命，以极大的勇气和决心对同质化产品进行裁汰，砍掉几十亿元的投资研发项目，停掉即将下线的车型，最极端时市场上只有帝豪车在售。多品牌回归一个品牌，付出了昂贵的代价。2014 年，吉利汽车销量从上年的 55 万辆急剧下滑到 41 万辆，跌幅近 28%，企业经营面临巨大挑战。集团经营管理团队在李书福的全力支持下，顶住来自市场和企业内部的巨大压力，完成了回归一个品牌的转型。此后，吉利陆续推出博瑞、博越、帝豪 GS、GL 等 3.0 产品，在市场上收获了不俗的销量和口碑，才有了 2015 年销售 51 万辆、2016 年 76.6 万辆、2017 年 124.7 万辆的销量三级跳。如果没有那一次壮士断腕的战略定力，就没有今天的吉利。

2020 年年初，新冠肺炎疫情在全球范围内暴发，复工难、销售难、供应链紧张等问题接踵而至。此次疫情对 2018 年年底以来持续面临巨大下行压力的汽车行业来说，无疑是雪上加霜。但吉利控股总裁安聪慧表示:“2018 年，吉利就意识到了怎么活下去的问题……吉利有信心借这一次的变化，更好地进行调整和转型。”为了应对变化，吉利做了全面的准备。安聪慧认为，在增量市场阶段，企业之间的竞争主要是增速的竞争；而在存量市场阶段，则转变为市场占有率的竞争。因此，吉利很早就转变了评价指标，无论是吉利内部还是合作伙伴、经销商，都将市场占有率作为非常重要的衡量标准。在组织架构上，也很早就开始进行布局调整，增加员工职能之间的交错程度。在人才培养方面，也更注重复合型人才的培养。

尽管突发的疫情打破了吉利的工作节奏，原定于武汉举行的全球经销商大会被迫取消，新车上市计划受阻，制造环节也受到影响，但凭借前期的准备，吉利很快进行了调整。2月24日，吉利在线上发布了国内首款搭载N95口罩级别空滤防护技术的全新紧凑型SUV吉利ICON。在第一季度的全国乘用车销量厂商排名中，吉利汽车更是以20.6万辆的成绩位列全国第二，历史上第一次季度销量超越上汽大众和上汽通用。

正是“我自岿然不动”的战略定力，支撑着吉利在强者如林、千变万化的世界汽车行业里逐渐占据了一席之地。一旦吉利明确了企业发展的战略方向，就会坚定地执行，直至实现目标。这并不是对战略的盲目遵从，而是基于吉利的高管团队凭借辩证的、具有前瞻性的战略眼光，对光明未来做出的准确判断。

## 组织“元动力”

治理结构上的重大变革为外部引进的职业经理人提供了一个健康、规范且充分授权的工作环境，使吉利在重大事项的决策上更加客观、透明，也激发了高管团队的工作热情和斗志。在高管团队的带领下，吉利凭借对行业的前瞻性认识，把握时机，坚定融入全球化，不断加强与全球知名汽车公司的战略合作，积极推进自主品牌建设，相继推出了自由舰、帝豪、博瑞等产品。除了在浙江省内陆续兴建制造基地，吉利还将触角伸向江浙以外的区域，基地版图进一步扩张至华东、中部和西部。同时，吉利于2006年购买英国锰铜公司19.97%的股份，成为锰铜控股的最大股东，并于2013年全资收购其核心资产与业务；2012年全资收购沃尔沃汽车，一度在国内市场引起很大轰动。除汽车产业外，吉利还兼并了一些非汽车产业的公司。更让人想不到的是，就是这样一家在创建之初几乎无人看好的车企，竟然在2012年以233.557亿美元的营业收入一举杀入《财富》杂志世界500强企业排行榜。

然而，吉利大规模建设新基地、拓展新业务，必然导致很多管理问题。随着企业规模不断扩大，管理体系越发臃肿，总部与各子公司、各子公司之间，都缺乏良好的协调关系。面对一些需要及时做出决策的机会，企业就显得“身子重”，行动迟缓，“大企业病”的症状逐渐显现出来。另外，吉利的规模已经扩大到了一定程度，员工个人的贡献难以体现出来，容易出现“大锅饭”现象。一些员工虽然有很好的想法，却懒得费工夫去推动它，因为自己多花几倍时间和精力，最终也未必能获得相应的奖励，有时甚至会发现在这样一个大公司推行新想法的阻力很大。对吉利来说，继续采用传统企业的“金字塔”型高度集中的管理模式，必然会降低企业的活力和效率，使得企业僵化；而一旦在管理上放松，又会出现许多漏洞，影响企业整体目标的实现。

此外，2007年吉利宣布从“低价战略”向“技术先进，品质可靠，服务满意，全面领先”进行战略转型，毅然停止生产低端产品，引进了许多国际先进的生产线和生产设备，并且投入数十亿资金进行研发体系开发，随之而来的是来自产品竞争、成本控制的巨大压力。不打价格战之后，如何做好成本控制？如何提高客户服务的水准？这一系列问题困扰着吉利，也引发了吉利对自身文化和组织架构的思考。

## 每时每刻都能呼吸到的企业文化

如果说吉利的第一次战略转型是由高管主导的走向正规化、科学化管理的过程，那么从“低价战略”向“技术战略”的第二次转型，则是员工发挥智慧和激情，主动参与经营管理的结果。在李书福眼中，提升自主品牌含金量的灵丹妙药，就是倾听员工的心声，把员工的所思所想化为企业的发展动力和市场竞争力[①]。

**问题文化**

吉利的“元动力工程”最先解决的就是困扰员工的沟通渠道问题。以往，对一个一线员工来说，在日常工作中遇到的设备、零部件等方面的问题难以找到反映渠道，“情绪化”的工作状态导致员工生产出来的产品的质量也不稳定；对很多技术员来说，因为天天待在办公室里，根本不知道生产一线或市场上会发生什么问题，只有当员工的抱怨度特别高的时候，才可能接收到相关的信息，很多问题还需要跨部门协商解决。长此以往，潜在的问题越来越多，对企业的发展是致命的。

2007年，吉利创造性地提出了员工创新提案和问题解决票的做法，为员工提供了沟通的渠道。无论是“食堂饭菜太贵”这样的后

---

① 吉利：用文化拥抱世界.《光明日报》(2011年10月4日01版)

勤保障问题，还是产品质量问题，对应的负责人都必须亲自向员工解释，一方面是了解情况，向员工承诺问题解决的时间，另一方面也通过干部与员工的交流，拉近了两者之间的距离。对一线员工来说，在得到了回应后，就有更高的积极性去发现问题，同时各级干部也会主动快速地解决问题。

2009 年 6 月，美国三大汽车企业之一的通用宣告破产，震惊了整个国际汽车行业，也给包括吉利在内的车企以当头棒喝。围绕这一问题，吉利的高层管理者进行了反复讨论，对吉利的发展现状进行了深刻的自我审视。虽然之前已经推广了员工创新提案和问题解决票的做法，也取得了很好的成效，但整个集团仍然存在文化缺失。李书福认为，对一个企业来说，最重要的不是它现在做得怎么样，而是它是不是每年有提升、有进步，这是最根本的。如果一家企业连问题都发现不了，它就不会再有进步，所以组织必须在学习先进企业经验的同时进行持续改善。因此，李书福提出了“发现问题是好事，解决问题是大事，回避问题是蠢事，没有问题是坏事”的“问题文化”。为深入落实“问题文化”，全体吉利人以集团大局为重，以集团利益为重，以用户满意为重，积极投入“实事求是找自己的问题，真诚感谢别人帮助找问题，合情合理地找别人的问题，追根究底找问题的真因”的“问题文化”活动中。

“问题文化”的雏形——问题解决票和员工创新提案最先来自制造部门，但经过长期推广，这一思想已经深刻地影响了其他员工，并在各个部门传播开来，成为吉利的文化基因，吉利的员工已经逐渐养成在工作中带着问题思考的习惯。范武，一名来自吉利汽车研究总院试制中心的“90 后”，便是践行“问题文化”的典范。2012 年大学毕业加入吉利的他，参与的第一个项目就是博瑞的调制工作。“当时博瑞在格尔木发现变速器异响，项目组多次去4S店拆解变速器，仍未找到原因，严重影响试验进度。”范武说，“我利用周末和休息时间，拉着工程师多次研讨，经多方排查，终于发现问题是变速器主轴处内层油封有裂痕。于是我联系厂家更换油封，并建议项目组要求厂家制定油封核查工序，保证项目车辆不出现该类问题。”他认为，自己经手制造的车辆仿佛镌刻着自己的名字，任何一丝小失误都可能导致人命关天的大灾难。因此，装调不止于装好，更要有永不止步、精益求精的精神，脚踏实地，打造精品。

“现在为什么问题解决票写得越来越少了呢？随着互联网的发展，反馈问题的渠道已经很多了，就不局限于这种形式。但是问题解决票的核心还是在的，那个魂已经融入血液里了。”吉利总裁办公室重大项目高级总监刘铁江解释道。

**对标文化**

问题的发现和解决，一方面来源于员工的观察和经验，另一方面也来自向领先者“对标”的过程。吉利的“对标”思想起源于总裁安聪慧到丰田的一次学习经历。他在这次学习中注意到日本企业让员工参与企业改善的一些做法，结合吉利对调动员工积极性的迫切需求，回来后就积极倡导实施了“元动力工程”。标杆管理的逻辑，就是发现自己的不足，然后选定一个领先者作为学习的目标。在这个过程中，吉利人逐渐树立起“对标”的意识，这种“对标”不是一味模仿，而是基于对自身的客观认识，是一个学习、消化、吸收、转化的动态过程。“今天这个公司好，我们就学它，要通过对比发现与它之间的差距，分析如何进行相应的改善，这个才是最关键的。”吉利春晓公司常务副总经理金亚平说，“不能说某个企业做得好，我必须全盘把它学过来，要基于自身的实际考虑。”经过多年实践，吉利已经掌握了从不同维度去对标的要领，因此，无论是产品、营销，还是研发、服务，吉利都要“优中选优”，动态瞄准高绩效、高成长的卓越组织，找出业内一流的竞争对手或其他行业的领跑者，作为自己的标杆。

**奋斗者文化**

改善是永恒的，创造是无限的，仅从日常工作中发现问题，对企业实现自主创新来说是不够的。吉利集团副总裁李相才说：“我们要培养以一当百的人，要不狂不成，他要是不疯狂地去做，就不可能把事情做成，要把不可能变成可能。一切事情都是有可能的，只看你愿不愿意去努力。”为了建立全员能上能下的良性循环机制，形成内部竞争的氛围，调动员工的积极性、主动性和创造性，使集团更有朝气和活力，吉利倡导“奋斗者文化”。除了为优秀的“奋斗者”提供发展、晋升的平台，吉利还通过激励制度的建设，树立标杆，培养奋斗者的精神，强化员工的成就感和使命感，其中，一年一度的以董事长名字命名的“书福奖”就是对吉利年度优秀奋斗者的最高褒奖，以下还设有“星级员工”“星级奋斗者”等奖项。

吉利的“七星工匠”吕义聪是践行“奋斗者精神”的典型代表。2001 年，不满 18 岁的少年吕义聪背井离乡到台州谋生，独自面对未知的挑战。不甘心止步于修理厂，2004 年，吕义聪凭借着在汽车修理铺两年的学徒经验，成为吉利汽车路桥公司的一名装配工。尽管没有学历上的优势，但是他从未放弃过要闯出一片天地的追求。他以“工匠精神”严格要求自己，付出最大的热情，加倍学习，努力将生产中的误差降到最低，练就了单凭耳朵准确辨别 40 多种故障声音的绝活。而今，他不但光荣地成为一名共产党员，集全国技术能手、全国知识型职工标兵、浙江省首届杰出职工金锤奖、党的十九大代表等诸多光环于一身，还成立了“吕义聪技能大师工作室”，不仅解决企业技术难题，还为吉利培养了十余名整车调试技能高手。2015 年，他的工作室被评为国家级技能大师工作室。

“奋斗者”的精神也渗透在吉利特有的快乐经营体模式中。吉利的经营体运行主要围绕三个层次的目标：第一个是保底目标，即领导层结合客观情况设置的基准目标；第二个是确保目标，就是在保底目标的基础上提出更高要求；第三个是挑战目标，即更高的挑战难度。三个不同层次的目标对应不同的奖励金额，达成保底目标的经营体，能够收到全额的承诺金，若达成确保目标，奖励金额将会根据当时签订的承诺书翻倍，达到挑战目标则效益更高。这样就使每个员工都能有当家做主的奋斗意识，主动参与企业经营。

**合规文化**

吉利鼓励内部竞争以激发员工的创造性，但这种竞争并不是为了自身利益而进行的恶性竞争，而是合规的、良性的竞争。早在 2007 年战略转型时，李书福就坦言：“打价格战会突破道德底线，导致人们什么都能做出来。汽车产品是人命关天的，如果简单地追求价格，很危险。”① 多年的海外经营经验让李书福认识到合规的重要性。他认为

① 环球网 . 李书福拒绝价格战 技术反哺显现国际化战略优势 . 2013-04-25. https://auto.huanqiu.com/article/9CaKrnJAf8D.

企业要想走得长远，就必须合规。吉利从2013年年底开始，逐步建立起了一整套合规管理体系、合规制度、行为准则等。吉利建立合规体系，不仅要求企业在外部活动中遵守当地法律法规，还从企业内部出发，通过建立“合规文化”，使员工从“要我合规”转变为“我要合规”（详见本书第十一章）。

## 快乐经营体

学习阿米巴，很多中国企业都学不好，那是因为不明白阿米巴是有指导思想的，上来就想考核。实际上，阿米巴是“术”，它的“道”是敬天爱人，也就是尊重客观规律，爱员工、爱供应商、爱所有的人，有了这个，阿米巴才能发展起来，我们的快乐经营体亦是如此。

——张爱群

元动力工程的建设与发展，是以较为完善的企业管理制度和民主、公平、正气的企业文化氛围为基础的。如果缺乏以上两个前提条件，元动力工程就无从谈起。因此，必须做到民主、公平、正气，这既是对企业一把手的要求，也是对企业各层级领导的要求。元动力管理的核心思想是领导为员工服务，部门为一线服务，员工考核领导，一线考核部门。吉利经营体的管理制度，便是基于元动力工程提出的。

2010年7月30日，在去往哥德堡的飞机上，李书福看到一份报纸，上面刊登了稻盛和夫的文章《经营为什么需要哲学》。也就是在这一年，稻盛和夫这个航空业的门外汉，以78岁高龄临危受命，接手日本航空，在3个月内就让这个航空界“巨无霸”扭亏为盈。从濒临破产到全球行业盈利冠军，日航用两年时间实现了营业利润率从-17%到17%的大逆转，这在很大程度上归因于“以心为本”的阿米巴经营模式。稻盛和夫认为，单纯由管理层来经营企业是远远不够的，为了企业的持续发展，必须让全体员工共同参与经营，形成强大合力[①]，这也是阿米巴经营的要义。对李书福来说，稻盛和夫的观点与自己多年来经营企业的心得不谋而合，这令他感到非常振奋[②]。

**经营体的实质**

2011年，国家工业和信息化部在机械制造装备行业开展“人人成为经营者”管理模式推广工作，吉利作为试点单位参与推广。2014年，吉利开始推行以“激扬企业元气，成就快乐人生”为经营理念的“快乐经营体”机制，并首先在制造系统试点。2016年，集团制造、研发、采购、销售等业务模块全面推行“快乐经营体”机制。“快乐经营体”是指将组织划分成一个个小的团体，各团体独立核算，让全体员工共同参与经营，依靠每个人的智慧和努力，实现员工个人价值与团队经营目标的双赢（见图8-4）。所谓“快乐”有两个层面：既要让员工充分感受到吉利大家庭的温暖和关爱，又要让员工在经营体中展现自己的才能，创造价值，获得成就。

---

① Adler, R.W. & Hiromoto, T.. (2012). Amoeba Management: lessons from Japan's Kyocera. MIT Sloan Management Review. 54. 83-89.

② 稻盛和夫与吉利畅谈“经营体”，http://www.shufuli.com/media_info.php?504.

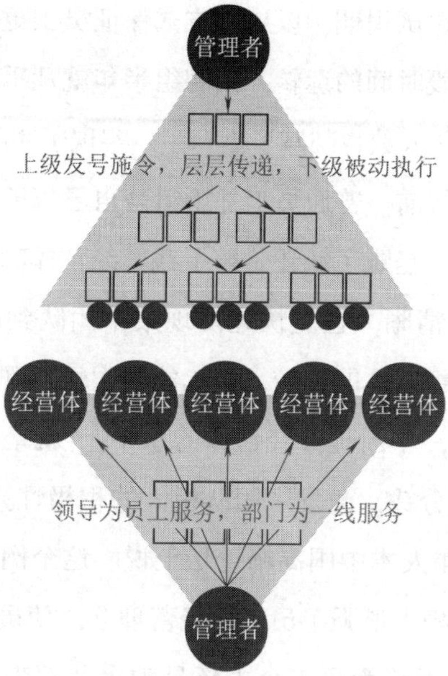


图 8-4　传统科层制“正三角”与自主经营体“倒三角”

通俗地说，“快乐经营体”就是把市场搬进企业，让每个业务单元、每个员工都能够当家理财、承担责任，快乐地参与企业经营。比如，在制造工厂，以班组为自主经营体，原本一个班组有 4 个人，经过员工的改善，3 个人就能完成工作任务，那么优化后的工资有 50% 还给公司，剩下的 50% 就分发给这 3 个人；每个班组的手套定额是 5 双，以前员工有一个手指头破了就要更换新手套，但随着个人经营的理念不断增强，员工发挥智慧，将几双有轻微残破的手套组合成一双完整的手套，这样一来，在保证生产安全的同时，也节约了手套，节省下来的钱 50% 返还公司，50% 成为员工的收益。人力资源部也推行了招聘经营体模式，将散落在各个业务线上负责招聘的员工整合起来，联合招聘，对新入职者，人力同事会押一笔钱，对赌这个人顺利通过试用期，以这种方式保证员工更用心地寻找适合的人才。经过一段时间的运转，招聘组半年就几乎完成了全年的招聘任务，而且团队人数也削减了近一半，实现了团队的精简。

在划分经营体前，普通员工并不清楚自己每天为企业的整体运营做了哪些工作，是赚了钱还是赔了钱。经营体的建设，使每个人的权责变得十分清晰，也能快速发现某个团队到底赚不赚钱。同时，通过和其他经营体的比较，员工能够很快发现差距，通过精细化的研究、经营，不断提升经营体的水平。“就是凭借这样一种机制，没有投入一分钱，激发了团队极大的积极性。”吉利控股副总裁魏梅在 2016 年人本中国高峰论坛上说。这个例子只是经营体中的微小创新，却极大增强了员工的经营理念，使员工将自己的工作视为一份事业，无论为员工个人还是为企业都带来了价值。可以说，“快乐经营体”的理念与阿米巴模式是殊途同归的。

经营体的建设是为了团队在经营长的领导下准确把握小单元的经营情况，实现更加有效的管理。经营长是经营体的核心，是队伍的领头羊，如果一个人兼任多个经营体的经营长，那么组织细分就失去了意义；如果随意任命经营长，反而会导致现场混乱。因此，企业需要了解经营长的能力并不断培养合适的人才，同时，这也帮助企业储备了具备经营者意识的人才。吉利在推行经营体管理模式后，对各经营长在业务、技能、素质、财务核算等方面提出了较高的要求，并对各经营体进行培训和评估，由经营体项目委员会审核通过的经营长方可任职。经营长对经营体都需要承担“责权利”:“责”是对所用资源（人、财、物）负相应经济责任；“权”是对内部人员的分配权、奖惩权，对经批准的资源、设备、场所的使用权，以及对业务工作、资产资源分配的知情权、参与权；“利”是经营长按经营业绩及约定条款获得利益。

要进行组织变革，推动经营体建设，就必须使用极其透明的信息化手段，吉利是如何做到这一点的呢？这主要包括解决“跟谁结算”“结算什么”“怎么结算”以及“结算方式”四方面问题。

**跟谁结算：经营体的划分**

科学合理地划分经营体，是该模式取得成功的首要前提。细分组织，以独立核算的方式实现“全员参与”的经营，是为了使每个人的贡献率更加清晰，使员工个人给组织带来的浪费或节约都一目了然，让员工更加努力地工作，但划分组织并不是越细越好。为了找到正确的方向，少走弯路，在经营体划分过程中应遵循以下 5 个原则：

- 原则 1：有利于服务企业整体的目标和战略
- 原则 2：最大限度细分
- 原则 3：经营体能够成为独立核算的单位
- 原则 4：经营体能够独立完成一项业务
- 原则 5：责权利一致

以制造系统的经营体划分为例。吉利各制造公司的分厂按照生产工艺流程分为冲压厂、焊装厂、涂装厂、总装厂。根据工作内容和性质，将制造公司的岗位划分为五大类：生产类、物资流通类、生产支持类、技术类和管理类。在此基础上，最大限度地细分核算单位，建立多个经营体，这些经营体主要是构成产品经营业务流程的作业主体。例如，在生产类岗位中，冲压厂、焊装厂、涂装厂、总装厂分别有不同的工序，每道工序的岗位都能根据“单价 × 数量”的规则来确定收入，而且因为每道工序所需的原材料和设备存在差异，费用也能进行明确划分，所以可以把各个分厂按工序进一步细分，形成相应的经营体（见图 8-5）。除了依据生产工艺进行划分，使经营体的业务能够独立区分，还要满足质量、人才、资产、能源和区域的要求，即质量问题能够进行明确判定，有合适的经营长人选，资产可量化，能耗可量化，作业区域集中便于管理。

**结算什么：资产量化**

经营体划分完成后，需要进行资产量化工作，即将企业的各种资产进行精细量化，分摊到各经营体。这一方面为后续制定内部交易价格打基础，另一方面也让经营体成员，尤其是经营长，明确认识到，本经营体的经营活动是建立在对企业各种资产消耗的基础上的，通过货币量化，使所有成员清楚地知道自己所用资产的成本。资产的量化涉及设备资产、房屋资产、直接材料、人员量化、费用量化，遵循以下 4 个原则：

- 原则 1：全成本量化
- 原则 2：有偿使用
- 原则 3：资产有效
- 原则 4：民主确认

**怎么结算：内部交易价格的确定**

内部交易价格的确定建立在资产量化的基础上，同时也是公司经营目标再分解的过程。内部交易价格的确定遵循以下 5 个原则：

图 8-5　吉利某制造基地的组织结构（以生产类岗位划分的经营体为例）

- 原则 1：目标一致
- 原则 2：民主参与
- 原则 3：松紧适度
- 原则 4：完全成本
- 原则 5：贴近市场

吉利在经营体之间建立买卖、契约、服务三种关系，核算单位自负盈亏，经营体和经营体之间、经营体内部，全部实行市场化的经营模式。买卖关系是指发生产品实物转移交换的关系类型，主要应用于生产类岗位、物资流通类岗位；契约关系是指接受企业委托开展某种项目的开发设计或以岗位职责形式行使某项权利达到组织目标的关系类型，主要适用于技术类岗位和管理类岗位；服务关系是指不发生实物转移，而是一方提供服务，以收取服务费作为收入度量的关系类型，主要适用于生产支持类岗位。

根据上述三种关系的特点，分别确定三种价格类型：产品结算价格、契约协议价格、服务收费价格。吉利各生产经营体之间的结算是根据产品结算价格进行的，按照完全成本原则，结算时将经营体运营过程中所能影响或控制的各项成本要素，如物料消耗、产量、人员和费用等全部纳入。

**结算方式：活用信息系统**

在经营体的结算管理中，一方面，大量数据靠人工处理难以实现高效准确，另一方面，资产量化及各种成本费用归集已经构建起经营者管理的基础。数字要被应用才能体现出意义，为了实时掌握准确的经营数字，充分了解经营体运行情况，使用信息化结算方式成为必然选择。

经营者把经营体的所有经营数据输入计算机结算系统进行处理，并自动完成经营体收支明细表、利润表、资产负债表、经营收益统计表等结算表格的编制，让经营者和管理层能够对经营体的经营情况一目了然，及时调整经营方案，同时为经营体考评提供依据。

**结算应用：收入与绩效挂钩**

将员工的收入与经营体的经营业绩挂钩，能够最大限度地促进员工自主经营、自主改善。

自主经营体是吉利响应外部环境变化，在企业内部不断尝试和创新的成果。除了以上按岗位划分的经营体，为解决公司经营管理过程中的质量、成本、效率、安全等问题，吉利根据实际需求，成立了专门的项目经营体（见图 8-6），这些按项目划分的经营体由涉及该项目的相关人员组成，这些成员原属不同部门（研发、制造、销售等），这就好比对单个细胞进行合理排布，将它们整合成灵活而有强大功能的生命共同体，使它们发挥出 1+1+……+1>N 的协同作用。

以北仑制造基地的四门质量控制专项经营体为例。2018 年年底，北仑公司针对后门面差及后门与侧围面差质量问题，成立了四门质量经营体。该经营体制订了相应的经营计划，对后门螺母板孔位偏差原因逐一进行调查确认。针对螺母板定位销气缸在夹紧后无固定限位，不能起到有效定位的作用，以及焊接过程中焊枪电极臂易与压紧块碰撞导致定位销气缸偏移两处要因，经营体组织全体成员展开头脑风暴，提出夹具自主改造的方案。在方案实施后，对下线整车的车门面差合格率进行统计，发现不合格率降到了 0。在支持与信任的组织氛围下，四门质量经营体的成员通过高效合作，在保证产品质量的同时，减少了经营体开支，设备改造、人员、辅料等各项开支节约了近60万元。经营体成员不仅帮助企业节省了成本，提高了产品质量，还培养了自身能力，提升了个人价值。

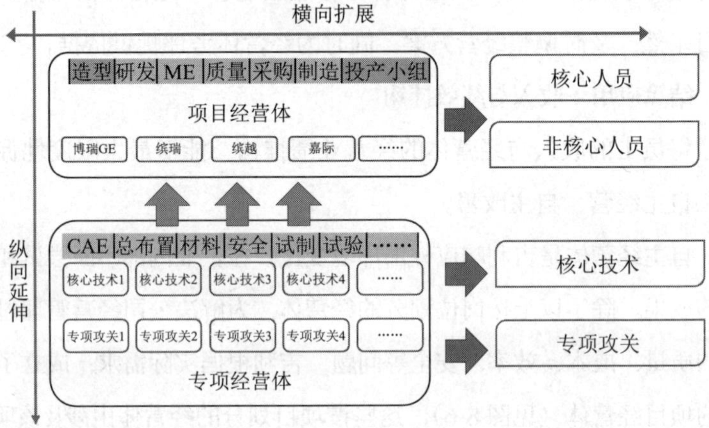


图 8-6 经营体模式

经营体的推行，提高了班组长（经营长）手中的资源权限，有力支持了一线管理工作，一定程度上减少了厂部层在日常事务中投入的精力，让管理层能够拿出更多的时间去做管理层应该做的事情。2016 年，全公司各经营体累计产生经营成果 1 613 万元，公司向经营体累计兑现 194 万元[①]。经营体的推行，一定程度上降低了产品的制造成本，提升了产品的竞争力，同时又为员工提供了前所未有的激励机制，让愿意付出努力的人得到更多的回报。

效益是企业经营的根本，管理理念创新是提升效益的有效途径。2019 年年底，吉利进一步深化经营体体系建设，成立了 23 个

① 这是北仑公司自 2015 年成立经营体以来，截至 2016 年的运营数据。

“4+N”模式的产品线经营体（见图 8-7）和 14 个研发大项目经营体，优化经营体的运行机制，使各经营体内部形成合力，不断提升经营体效益，紧盯细分市场的标杆，最终成为标杆。

## “矩阵式”激励机制

平衡计分卡改变了仅使用财务指标衡量组织绩效的传统绩效评估模式，将顾客因素、内部流程、组织学习与成长等未来驱动因素纳入评估范围，为组织提供了一种更多元、更全面的评估体系，而且，该方法高度重视组织战略目标的一致性[①②]。和多数企业一样，吉利之前也将平衡计分卡广泛用于组织的绩效考核，然而，到了每次计算得分的时候，得到的考核分数往往是 99.9，97.6，95.4……各个部门的成绩全都在 90 分以上。这很大程度上是因为大家掌握了平衡计分卡的指标评价维度和规律，在顾客因素、内部流程、组织学习与成长等项目上的分数都很高，难以看出部门之间的差距。这样一来，各部门会将精力用在如何使成绩更“漂亮”上，很难通过这种评价发现部门存在的问题，也不利于企业的持续改善。如何才能打破这一困境呢？

**与创造价值相匹配的“高目标”激励机制**

目标设置的高低对企业最终绩效的影响很大，通过高目标管理

---

① Kaplan, R.S. and Norton, D.P., “The balanced scorecard – measures that drive performance”, Harvard Business Review, January – February 1992, pp. 71 – 9.

② Andra Gumbus, & Robert N. Lussier. (2006). Entrepreneurs use a balanced scorecard to translate strategy into performance measures. Journal of Small Business Management, 44(3).

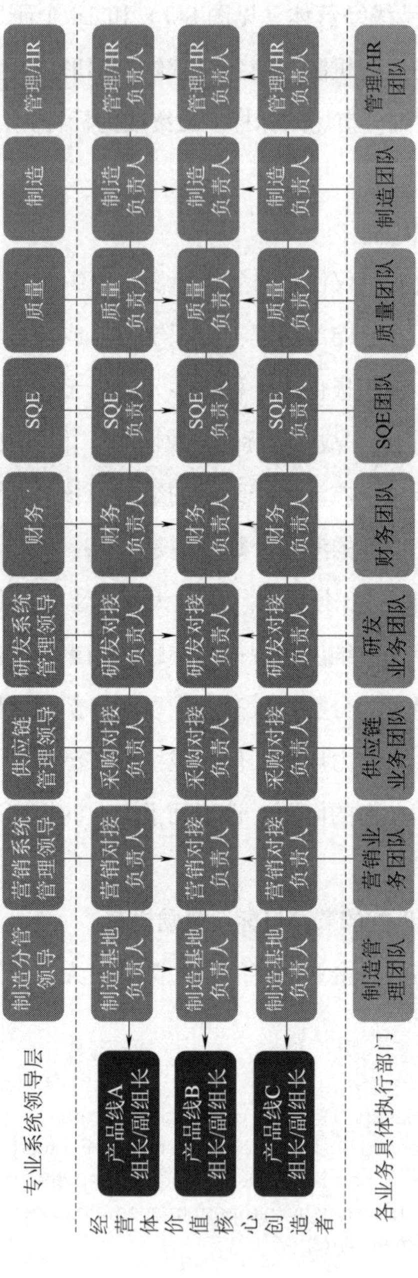


图 8-7 "4+N"的产品线利益共同体

激发组织潜能非常重要。为确保集团经营目标的实现，吉利全面推动各单位以市占率论英雄，增强“市场观”，紧盯市场变化，直面挑战，持续推进以价值创造和业绩贡献为导向的评价机制和激励分配机制，以结果为导向，客观真实地评价各产品线及子公司的经营目标达成情况。平衡计分卡涉及的人才成长等内容，则作为辅助参考。例如，各制造基地的绩效考核方案中，产品线（制造）公司的月度核心绩效评价指标主要包括当月/累计责任利润完成率、市占率、新品项目三项核心指标，质量作为否决项和加减分项，三项费用（单台）控制率、订单交付率作为加减分项，合规及安全事故等作为否决项。

合理的目标是推动绩效考核有序进行的首要条件。传统企业一般由高层管理者制订计划，然后向部门和员工下达具体任务。对各制造公司来说，由于是“上面给的目标”，很容易感到这是管理部门将既定的数字强加于人，产生“我们根本难以达到”的想法，员工的参与热情不会很高，在采取行动之前就会失去干劲，和企业讨价还价，很难产生责任感。反过来，如果自下而上地制订计划，则容易出现目标保守的情况。因此，吉利在目标设定上将自上而下和自下而上统一起来。以市占率目标的设定为例，首先，高层管理者经过讨论，综合考虑各方面因素，按照季度环比不下降原则，结合改款及上市时间，较为科学地设定老产品、新产品、新上市的首款平台车型等各具体车型的市占率季度保底目标。在这个目标的基础上，根据增幅设置挑战系数：保底目标的系数为1，在此基础上每上升一定比例，挑战系数也相应提高。对敢于挑战高目标、敢于同比高增长的单位，设定绩效评价加倍系数。当然，吉利并不强迫各公司必须选择保底目标或调高了挑战系数的更高目标，也允许各公司结合自身情况调低挑战系数，即比保底目标更为保守的目标。选择的目标不同，意味着参与分成的薪酬基数也不同。这样，就使全体员工从经营者的角度来思考自己部门的发展，切身感受到自己为公司的销售额和利润做了何种程度的贡献。

考核分数的计算方式为：市占率目标达成率 × 权重 ×100× 挑战系数。分数最低的可能只有 40 分，最高的能达到 140 分，这样一来，各公司的差距就拉大了。再根据得分排名，按照吉利“2521”的绩效等级分布原则，确定各子公司所属的经营绩效等级，并在每月例行的经营管理会上进行通报，让各公司对自己和其他公司的表现一目了然，能够及时找到差距，缩小差距。或许有的人会抱怨，产品市占率的高低与本公司负责的具体车型有关，这种想法相当于认为，今天的糟糕业绩并不是今天努力的结果，而是过去的因素导致的。因此，要想打破落后的困境，就必须发挥主观能动性，求新求变。

**“一荣俱荣，一损俱损”的价值传递纽带**

吉利构建了战略与绩效考核之间的纽带，形成从上到下强关联的绩效体系，更好地推动以价值创造和业绩贡献为导向的评价机制和激励分配机制。各子公司的最终绩效等级并不仅仅以自身经营目标的达成情况确定，还必须考虑集团的整体经营等级，形成经营等级矩阵，结合对矩阵中两方面因素的综合考量，确定各子公司参与分成的薪酬基数。如表 8-1 所示，当集团整体的经营水平达到 S 级时，将按≤ 15%、≤ 20%、40% 和 25% 的比例，将各子公司划分为 S、A、B+、B 四个激励等级；若集团的整体经营水平处于 D

级，那么将按≤ 10%、30%、35%、≥ 15% 和≥ 10% 的比例将各子公司划分为 A、B+、B、C、D 五个等级，以此确定薪酬基数。也就是说，各子公司薪酬基数的起点会随着集团整体的业绩表现发生变化。同时，子公司下属部门及员工的绩效等级和奖金也与子公司的绩效挂钩，上下联动，形成逐级承接目标、逐级绩效关联的绩效评价与激励体系。这样一来，要想真正实现高绩效、高收益，包括集团、子公司、下属部门、员工在内的各层级都必须以集团战略为目标，增强对战略的理解，提高执行战略的能力。

表 8-1　集团各产品线 / 子公司经营绩效评价等级[①]

<table>
<tr><th>集团<br>各子公司</th><th>S</th><th>A</th><th>B</th><th>C</th><th>D</th></tr>
<tr><td>S</td><td>≤ 15%</td><td>≤ 10%</td><td>≤ 5%</td><td>0</td><td>0</td></tr>
<tr><td>A</td><td>≤ 20%</td><td>≤ 20%</td><td>≤ 15%</td><td>≤ 15%</td><td>≤ 10%</td></tr>
<tr><td>B +</td><td>40%</td><td>40%</td><td>35%</td><td>35%</td><td>30%</td></tr>
<tr><td>B</td><td>25%</td><td>25%</td><td>30%</td><td>30%</td><td>35%</td></tr>
<tr><td>C</td><td rowspan="2">≥ 0</td><td rowspan="2">≥ 5%</td><td>≥ 10%</td><td>≥ 10%</td><td>≥ 15%</td></tr>
<tr><td>D</td><td>≥ 5%</td><td>≥ 10%</td><td>≥ 10%</td></tr>
</table>

与各部门及子公司类似，对经营体的考核也采用了保底目标、确保目标及挑战目标的模式（见图 8-8）。保底目标就是集团下达给经营

① 表中每一纵列和为 100%，百分比表示属于该绩效等级的子公司数量占集团子公司总数的比例。

体的基本目标，确保目标就是在保底目标的基础上增加更严格的条件，挑战目标则意味着更高的难度。对于达成保底目标的经营体，返还全部承诺金；达成确保目标的，则会根据当时签订的承诺书翻倍返还；达成挑战目标的，收益更高。

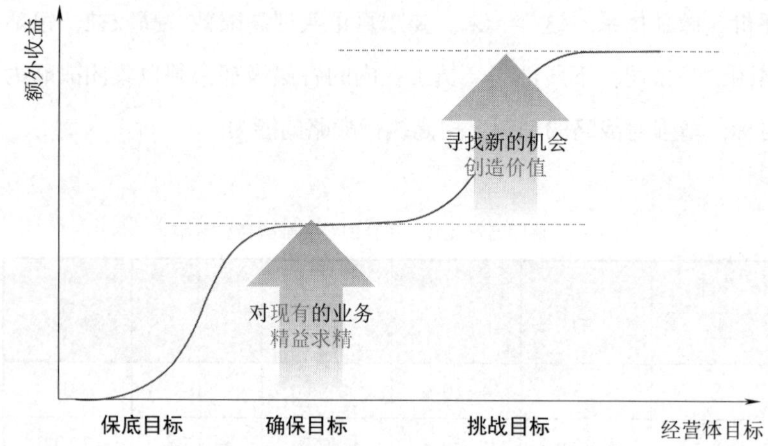


图 8-8　吉利经营体激励模式

高目标管理和低目标管理对最终绩效的影响差异很大。吉利在严格执行高目标绩效考核的同时，也允许弹性范围内的合理调整。通过这种业绩对赌的形式，激励各个部门、各个经营体的员工，心往一处想，劲往一处使。

## 非线性成长之“动态平衡”

吉利的发展印证了高效的组织内部必然存在相互作用的力量，这些看似不可调和的冲突或相互排斥的矛盾元素构成了悖论

(例如员工个体与企业利益的冲突)[①]。在西方语境中，悖论常常被视为由两个或几个截然不同的实体组成。因此，在对悖论的管理中，企业更加强调不同力量之间的对抗。相比之下，在中国语境中，吉利更加重视以辩证的眼光看待矛盾元素，通过辨别两种相反力量之间相互依存的本质特征和潜在联系，并随着时间推移采取有针对性的应对措施，适应并利用冲突元素之间的持续张力，从而保持平衡[②]。这使企业不仅能够生存，而且能够不断改进，使可持续发展成为可能[③]。

事实上，吉利的经营管理追求的是动态平衡。静态平衡意味着当组织处于稳定状态时，系统中的各个部分都处于静止状态；当偶发事件造成不平衡时，系统会做出反应，恢复平衡。相比之下，动态平衡强调系统中相反力量持续不断的运动[④]。组织在坚持原则和方向的前提下，将矛盾双方创造性地加以平衡和融合，形成动态的对立统一[⑤]。吉利主要通过对人员领导、企业目标、文化建设、结构设计和利益分配等矛盾的整合，促进企业形成合理创新的经营战略

---

① Cameron, K. S. . (1986). Effectiveness as paradox: consensus and conflict in conceptions of organizational effectiveness. Management Science, 32(5), 539-553.

② Quinn, R. E. 1988. Mastering the paradoxes and competing demands of high performance. San Francisco: Jossey-Bass.

③ Nonaka, I., & Toyama, R. (2002). A firm as a dialectical being: Towards a dynamic theory of a firm. Industrial and Corporate Change, 11: 995 – 1009.

④ Smith, W. K. , & Lewis, M. W. . (2011). Toward a theory of paradox: a dynamic equilibrium model of organizing. Academy of Management Review, 36(2), 381-403.

⑤ Chen, M. J. . (2002). Transcending paradox: the Chinese "middle way" perspective. Asia Pacific Journal of Management, 20(2-3), 133-134.

和管理模式，从而对企业实现有韧性的持续增长产生积极作用（见表 8-2)。

表 8-2 “动态平衡”在吉利管理中的应用

| 维度 | 动态平衡 |
| --- | --- |
| 人员领导 | 集权促进高管间战略一致并提高决策效率，分权提高战略执行的灵活性 |
| 企业目标 | “成本控制”强调高效；积极创新产品，开拓市场机会 |
| 文化建设 | “奋斗者文化”“问题文化”激励创新，“对标文化”“合规文化”制定规范 |
| 结构设计 | 经营体实现高层“无为而治”（以制度约束），基层发挥创造性 |
| 利益分配 | 经营体核算模式，以及以价值创造和业绩贡献为导向的价值评价与激励分配机制，使员工与企业结成利益共同体，达到利益平衡 |

在高管团队的管理上，吉利注重寻求集权与分权的平衡。在保持高管战略一致的前提下，吉利通过充分授权，提高组织决策的科学性和战略执行的灵活性，从而形成强大的动力，支撑企业转型升级。灰度思维同样用于企业战略目标的制定。吉利在坚持以效率为导向的“成本控制”战略的同时，积极感知外部环境的动态变化，辩证地看待风险与机会，推动产品创新，开辟新市场。

与传统企业不同，吉利注重对员工激励与约束的平衡，鼓励员工发挥智慧、激情，主动参与经营管理。为了解决由企业规模扩大和外部不确定性增加引起的效率与创新活力之间的矛盾，吉利一改以往一线部门和员工被动接受命令的情况，自上而下梳理了文化体系：一方面，以“问题文化”为着力点，激励员工发挥创造性，积极分享创新想法；另一方面，以“合规文化”约束员工行为。在结构设计上，吉利以“快乐”作为凝聚员工的纽带，开发“快乐经营体”这样的创新型组织架构。这为员工创造了空间，使他们能够合规地在自身业务领域内寻求突破创新的机会，从而逐步培养起灵活应对环境变化的韧性和活力。在转变员工观念的同时，吉利也在积极转变领导者的角色，使管理者变为服务者和企业发展方向的掌舵者，积极主动为员工或业务部门提供系统化管理的平台和共享的支撑性资源。为了更好地协调企业与员工个人利益的冲突，吉利还建立了从上到下强关联的绩效体系，以更好地推动以价值创造和业绩贡献为导向的价值评价与激励分配机制，寻求合二为一的利益平衡点。

第三篇

# 惊险一跃：全球化

本篇主要提炼了三个吉利在全球化发展过程中体现出的“非线性成长”特征：非对称互补、网络协同和底线思维。第九章深入剖析吉利收购沃尔沃之后双方的合作。跨国并购是中国企业快速发展的“跳板”，如何在跨国并购中实现非对称互补是个重要的研究课题。第十章主要关注吉利如何实现从本土价值链到全球价值链上的位置攀升，再到构建全球价值网络的过程。随着汽车电动化、智能化、网联化和共享化时代的到来，行业竞争也进一步加剧，全球价值网络协同成为企业竞争优势的重要来源。第十一章揭示了吉利在新的全球竞争方式和竞争规则的影响下，如何成为合规建设的先驱。其中既有企业家的远见，也有高层管理者将合规作为制度坚定执行的努力，更有吉利员工对合规文化的认同。

第九章

# 跨国并购中的大智慧

---

**到 2020 年，吉利和沃尔沃已经携手走过了 10 年，双方的“联姻”也成为一段佳话。10 年前，外界并不看好吉利，甚至将对沃尔沃的收购评价为“蛇吞象”。过去的 10 年是共赢的 10 年，吉利和沃尔沃都实现了快速发展。吉利凭借与沃尔沃的合作，融入国际市场，不断缩小中国汽车产业与世界汽车产业的差距。“联姻”十周年之际，人们不禁好奇，吉利收购沃尔沃背后的底层逻辑是什么？又如何成功地实现与沃尔沃的高效协同并共创共赢？**

---

企业的线性成长主要表现为在内因的驱动下不断完善功能和结构，进而实现从量变到质变的转变，早期发达国家企业的发展往往遵循这一成长规律。随着经济全球化的发展，来自新兴经济体的跨国企业异军突起，逐渐成为国际经济舞台上的重要成员。它们如果遵循西方发达国家企业的发展轨迹，在短期内是无法实现追赶和超越的，更无法在全球竞争中立足。

过去几十年，部分新兴企业通过“非线性成长”的方式实现了跨越式发展，跨国并购就是企业实现非线性成长的一种模式，吉利收购沃尔沃则是中国企业通过这种方式实现非线性成长的典范。2012年，吉利以233.557亿美元的营业收入首次入围世界500强企业榜单，成为国内首个也是唯一一个进入世界500强的民营汽车企业，这对吉利的发展具有里程碑式的意义。此后，吉利连续9年上榜，在榜单上的排名从第475位到第243位，攀升了232位（见表9-1）。毫无疑问，吉利能够迅速成为世界500强企业，在很大程度上得益于成功收购沃尔沃。

表9-1　吉利在《财富》世界500强榜单上的排名[①]（单位：百万美元）

| 年份 | 营业收入 | 利润 | 资产 | 排名 |
|---|---|---|---|---|
| 2012 | 23355.7 | 90 | 16718.6 | 475 |
| 2013 | 24550.2 | 52.4 | 18179.2 | 477 |
| 2014 | 25767.5 | 118.1 | 20839.7 | 466 |
| 2015 | 24986.4 | 275.5 | 20975.7 | 477 |
| 2016 | 26303.8 | 286.6 | 24838.9 | 410 |
| 2017 | 31429.8 | 1265.7 | 29749.0 | 343 |
| 2018 | 41171.9 | 1820.3 | 42445.6 | 267 |
| 2019 | 49665.4 | 1969.3 | 48564.8 | 220 |
| 2020 | 47885.9 | 1231.9 | 56805.2 | 243 |

通过收购沃尔沃，吉利实现了“站在巨人肩膀上”的发展。在销量上，吉利汽车2008年的销量仅为20.42万辆，自收购沃尔沃

① 数据来源：《财富》500强中文网. http://www.fortunechina.com/fortune500/index.htm.

以来，除2014年因为品牌转型出现负增长，其他年份均有不同程度的增长。尤其是2017年，销量突破百万，达到124.71万辆（见表9-2）。从规模上看，吉利从1997年成立到2011年实现千亿规模，用了14年的时间；从2011年到2016年实现2 000亿规模，用了5年时间；从2016年到2018年实现3 000亿规模，只用了2年。从声誉上看，借助沃尔沃的影响力，吉利的博瑞、博越、帝豪等品牌在市场上都获得了不俗的口碑，品牌价值不断提升。

表9-2 吉利汽车2008—2017年销量及增长率

| 年份 | 销量（万辆） | 增长率（%） |
|---|---|---|
| 2008 | 20.42 | — |
| 2009 | 32.67 | 59.99 |
| 2010 | 41.58 | 27.28 |
| 2011 | 42.16 | 1.39 |
| 2012 | 48.35 | 14.68 |
| 2013 | 54.95 | 13.65 |
| 2014 | 41.79 | -23.95 |
| 2015 | 51.01 | 22.08 |
| 2016 | 76.60 | 49.97 |
| 2017 | 124.71 | 63.02 |

吉利和沃尔沃的成功“联姻”使吉利实现了跨越式发展，但是这个过程并不是一帆风顺的。总体上，吉利与沃尔沃的合作经历了从抗拒到怀疑，从怀疑到信任，再从信任到主动寻求合作的不同阶段。2010年3月28日，吉利正式签订收购沃尔沃的协议，8月2日完成交割。由于吉利是大众品牌，沃尔沃是豪华品牌，两者在技

术、品牌和管理能力等方面存在较大差距。收购虽然实现了平稳过渡，但是一谈到合作，沃尔沃还是流露出明显的抗拒。2013 年，吉利的欧洲研发中心正式成立，吉利和沃尔沃开始尝试合作。在合作过程中，沃尔沃实现了超出自身预期的快速发展，也意识到吉利作为股东起了至关重要的作用，对吉利产生了更多的信任。2017 年，沃尔沃入股领克，与吉利成立领克汽车合资公司，同时成立技术合资公司。2019 年，沃尔沃又提出将发动机业务与吉利进行整合，这是吉利和沃尔沃进行战略整合的又一标志性事件。

作为后发者，在缺少先进技术和管理经验的情况下，吉利如何将沃尔沃收入囊中？收购沃尔沃以后，面对沃尔沃内部和外部利益相关者的质疑，吉利如何进行管理以取得协同效应？这些问题的答案将揭示吉利通过收购沃尔沃实现非线性成长的奥秘。本章将首先回顾吉利进行跨国并购的初心，并从内部和外部两个方面阐释吉利成功收购沃尔沃的原因。接下来，分析吉利和沃尔沃作为两个纯正而又有差异的品牌，在收购以后是如何实现彼此独立又协同发展的。最后，揭示吉利和沃尔沃在协同过程中所体现出的智慧。

## 跨国逆向并购

李书福最初提出想要收购沃尔沃的时候，没有人会觉得这个想法能成真。然而，事实证明，吉利不仅成功地收购了沃尔沃，还使之成为汽车行业的美谈，这既是李书福对沃尔沃之爱的实现，也是吉利和沃尔沃品牌联合的实现。如果一个强大企业收购一个弱小企业，人们会觉得理所当然，毫不稀奇；而对新兴经济体的汽车企业收购发达国家的汽车企业，人们最初往往不看好，但一旦实现，就会给人们带来强大的冲击力。彼时，沃尔沃的资产规模大约是吉利的 4 倍，吉利的利润甚至抵挡不住沃尔沃的几次亏损。

## 两个百年之思

中国的自主品牌要成为世界的著名品牌，没有几十年上百年的历史是做不到的；中国汽车企业要有自己的技术积累，没有几十年上百年也是做不到的。

——李书福

企业的成长可以分为内部成长和外部成长两种基本方式，并购是企业外部成长的重要形式，不仅有助于企业充分利用规模优势和范围优势，还可以帮助企业快速进入新的产品市场或地理市场[①]。发展中国家的企业由于历史、经济等原因，与发达国家的企业存在一定的差距，尤其是汽车行业。李书福去海外考察了许多汽车企业后，发现年产和销售低于 200 万辆的汽车企业很容易被别的企业兼并。如果只依靠内部成长，中国民营汽车企业或许也难逃被兼并的命运，外部成长的方式则为中国汽车企业提供了一条发展的捷径。

吉利创建初期，整个中国的汽车市场容量是二三百万辆，吉利开发的主要是经济型轿车，不可能独占整个中国市场。想扩大市场

① Meyer-Doyle, P., Lee, S., & Helfat, C. E. (2019). Disentangling the microfoundations of acquisition behavior and performance. Strategic Management Journal, 40(11), 1733-1756.

容量，就要增加车型，不仅需要生产 A0 级、A 级、B 级和 C 级车，还要生产 SUV 和 MPV。在那时，吉利根本不敢想象自己可以开发 B 级车，更不用说 SUV 和 MPV 了。

1997 年，吉利以低价战略进入汽车行业，一时成为全行业的“搅局者”，但是到了 2003 年，吉利的低价战略走到了尽头，品牌价值受到了怀疑，国内市场遭到了冲击。与此同时，由于知名度低，国际市场的开拓也异常艰辛。

2007 年，吉利提出要进行战略转型，从“低价战略”向“技术先进，品质可靠，服务满意，全面领先”的战略转型。为了发展自主品牌，吉利必须实现 200 万辆的战略目标。自主创新和跨国并购是实现这个目标的两个途径。单纯依靠自主创新，中国的自主品牌要花几十年甚至上百年才能达到这个目标，于是并购就成了当时吉利发展的重要选择。李书福正是认识到“站在巨人肩膀上”的产业发展规律，才决定通过收购世界著名品牌来缩短差距。这一做法，即发展中国家的后发企业将跨国并购作为跳板，通过获取战略性资产来提升在全球市场上的竞争力，克服后来者劣势。收购沃尔沃，成为吉利塑造品牌和提升技术能力的“跳板”。

## 成功的“机会窗口”

2006 年，吉利成功购买了英国锰铜公司 19.97% 的股份，这是吉利进行国际收购的第一次尝试。锰铜是伦敦经典黑色出租车的制造商和拥有者，有上百年的历史。此次收购，吉利仅是部分股权参与，而且受到的关注不多，即使不成功，对吉利影响也不会太大。但事实证明，收购英国锰铜为后来成功收购沃尔沃奠定了良好的基础。

从内部来说，吉利对国际收购的流程有了一定的了解，同时积累了与外国人打交道的经验。通过收购锰铜可以深入地了解欧洲，了解当地的法律法规、文化习俗和市场需求，也更加深刻地认识到工会在企业发展中的作用，这可能是跨国并购的重要突破口。在西方企业中，工会是非常重要的组织，与工会的关系对中国企业的跨国并购及并购后的运营至关重要。工会制度在西方相对成熟，与中国企业中工会的运行模式不同。一旦走出国门，这种差异会体现得非常明显，如果不加以重视，可能会给企业带来惨重的损失。典型的案例就是上汽并购韩国双龙，韩国双龙工会曾一度到上汽总部抗议，最终上汽失去了对双龙的管理权。吉利收购沃尔沃的时候，对工会非常重视。一方面，收购之前吉利对瑞典工会、比利时工会和美国工会进行了深入的研究，因为沃尔沃的总部在瑞典哥德堡，在比利时有根特工厂，在美国有重要的股东；另一方面，借鉴上汽集团并购韩国双龙的经验，深入研究了韩国工会。

从外部来说，吉利在欧洲收购锰铜为收购沃尔沃起到了窗口的作用。李书福在工会问题上表现出极大的诚意。在意识到沃尔沃工会的重要性以后，李书福和高管团队亲自到欧洲，拜访工会和政府的相关部门。李书福和沃尔沃的工会代表谈判时，对方问他能否用三个词回答吉利为什么具有收购沃尔沃的优势。突如其来的提问，让李书福措手不及，但出于内心深处对沃尔沃的喜爱，他迅速说出了“I Love You”，一下子拉近了吉利和沃尔沃的关系，也成为解决工会问题的关键转折点。瑞典的五金工会到锰铜去询问李书福是什么样的人，对工会的态度如何。锰铜的员工给了他们肯定的答复，因为李书福对工会一直都很尊重。瑞典工会从第三方证实了吉利对工人利益的保护，打消了他们对吉利收购沃尔沃的顾虑。

## 非常规博弈

福特汽车的“一个福特”战略，将沃尔沃推到被剥离的境地，这成了吉利收购沃尔沃的最佳时机。经过两轮标书的提交，关于收购的谈判正式开始。谈判的挑战在于吉利和沃尔沃的经营理念完全不一样，对技术、质量和流程的理解也完全不一样。吉利没有经营豪华车的经验，如何与福特对话，又如何得到福特的认可呢？

国际化的谈判团队对成功收购沃尔沃至关重要。事实上，李书福早在 2007 年就已经开始“悄悄地”组建收购团队，当时被称为“V 项目”团队。团队最早的成员是吉利 CFO（首席财务官）尹大庆和董事张芃。尹大庆在 2004 年加入吉利以前，曾在联合利华和杜邦等外资企业工作，后来踏入汽车行业，担任华晨金杯的 CFO，在收购沃尔沃的过程中主要负责筹集资金。张芃曾在西班牙新世纪公司、壳牌和英国 BP 石油公司工作，参与过吉利收购英国锰铜的项目。后来，袁小林加入收购团队，他是外交官出身，与张芃在英国 BP 石油公司是同事，参与过多起并购交易的业务。童志远主要负责沃尔沃的落地工作，他曾在北京奔驰工作多年，具有豪华车合资企业及自主品牌工作的经验。后来加入的还有菲亚特中国区前 CEO 沈晖，他长期在美国从事管理工作，在跨文化管理和国际运营方面有独特的经验，是资深职业经理人。赵福全于 2006 年加入吉利控股集团，后来成为吉利控股集团的研发副总裁，参与了吉利收购澳大利亚 DSI 的项目，他在日本、英国和美国工作多年，回国后成为华晨金杯副总裁，在收购沃尔沃的过程中，主要负责技术方面的谈判。“V 项目”团队成员各有所长，分工协作，使得吉利在谈判中能够与福特对话，这是谈判得以成功的重要基础。

谈判过程中，知识产权的归属是核心的一环。福特提出，沃尔沃可以卖，但是知识产权不可以卖。因为在福特收购沃尔沃的十年中，双方有很多技术上的融合，福特认为，如果知识产权卖给吉利，相当于吉利间接拥有了福特的技术，所以坚决不能卖。但是，在李书福看来，如果没有知识产权，这次收购对于吉利就是一场灾难。欧洲的知识产权保护，有一个“相似”条款，李书福说：“汽车轮胎不都是圆的？方向盘不都是圆的？门把手能有多大区别？都告你相似，我们就必须销毁模具，停止生产，还没开始造车，吉利可能就没了。”所以，知识产权必须谈下来！谈判团队每天只睡差不多2个小时，白天处理中国业务，晚上开电话会议到半夜。在国外，则白天处理谈判业务，晚上处理国内业务。经过他们的艰辛努力，最终成功签订了协议：福特的技术，有4年休整期；福特和沃尔沃共有的技术，有3年休整期；沃尔沃的技术，有2年休整期。

当时参与竞标的不只有吉利，还有其他企业，如法国的标致雪铁龙集团。为什么吉利最终能成功？因为在谈判中，李书福表明了收购沃尔沃的初心，描绘了沃尔沃未来的发展前景，得到了福特的认可。作为国际企业，福特不仅希望通过出售沃尔沃有所收益，还希望沃尔沃以后也可以发展得比较好。如果将沃尔沃视为福特的“公主”，那福特更希望可以给沃尔沃找个好“婆家”。李书福追求沃尔沃多年，心底早已有对沃尔沃的长远规划。首先，在管理上，不同于福特的管理模式，吉利计划恢复沃尔沃的自主权。因为李书福深刻认识到，吉利造车13年，沃尔沃造车83年，自己远不能管理沃尔沃，收购以后，吉利和沃尔沃只能是兄弟关系。同时，李书福将沃尔沃比作“被关在笼子里的老虎”，福特有钱，把沃尔沃关在“笼子”里，给它肉吃，但是沃尔沃失去了野性。李书福设想过，收购以后，只能打开笼子，放虎归山。当时，吉利提出的主要战略是，稳定欧美市场，重点开发新兴市场，尤其是中国市场。除此之外，李书福还谈到了自动驾驶等前沿技术。这让福特相信，只有把沃尔沃卖给李书福，才能让沃尔沃恢复往日的辉煌。

## 各美其美和美美与共

成功收购沃尔沃对于吉利甚至是中国汽车工业的发展都具有里程碑式的意义。然而，收购的完成只是吉利取得的阶段性胜利，真正的挑战开始于 2010 年 3 月 28 日，签订收购协议之后。收购的价值更多是在收购之后的整合阶段产生的，双方协同效应能否实现，在一定程度上取决于收购企业有效管理整合过程的能力。相比于发达国家的跨国企业，新兴跨国企业由于缺少前沿的技术和先进的管理经验，在整合阶段可能会遇到更多的困难[①]。李书福也清醒地认识到，是一场金融风暴使得吉利有机会收购沃尔沃，收购以后怎么管理？这关乎吉利和沃尔沃的未来发展。

### 打破常规的治理机制

吉利对沃尔沃的收购被外界视为“蛇吞象”，不得不承认，两

---

① Luo, Y., & Tung, R. L. (2018). A general theory of springboard MNEs. Journal of International Business Studies, 49(2), 129 – 152.

者在技术、品牌和管理能力等方面有巨大的差距。吉利是大众化汽车品牌，沃尔沃是豪华汽车品牌，如果沿用传统的思维方式，由吉利对沃尔沃进行整合，更换高管团队，改变被收购企业的经营习惯，后果可能是灾难性的。尽管吉利收购沃尔沃以后管理层和员工都很稳定，工会和政府也都支持，但是仍然需要一个相互适应的过程。为了保持沃尔沃的稳定性，充分释放沃尔沃的潜能，吉利在治理机制上进行了创新。

一方面，李书福提出“吉利是吉利，沃尔沃是沃尔沃”。首先，吉利没有派高管团队去沃尔沃进行管理。沃尔沃成立于 1927 年，有 80 多年的历史，而吉利 1997 年才进入汽车行业，没有人能去管理沃尔沃，一定要管的话，可能只能管得了表面，管不了人心。相反，不派人到沃尔沃去，为吉利赢得沃尔沃员工的心奠定了基础。然后，吉利创造性地设立了由股东会、董事会和管理层组成的治理架构。尽管这样的治理架构在西方已经广泛存在，但吉利在沃尔沃的三层架构有其独特性：第一，吉利本来不需要设立沃尔沃的股东会，因为吉利是沃尔沃的唯一股东，而且沃尔沃在福特的时候也没有股东会；第二，沃尔沃不是上市公司，并没有设立股东会的强制要求。吉利设立股东会，并通过股东会聘请全球化的董事，然后由董事指导管理层的工作，这些董事多数是世界 500 强（如宜家、马士基等）的 CEO，他们不会直接干预沃尔沃的日常经营和管理，但可以在需要的时候给管理层提供更多的指导，也增加了董事会的权威性。三层架构切断了吉利控股集团总部和职能部门对沃尔沃职能部门的直接领导，减弱了沃尔沃管理层的抗拒和阻力，给了沃尔沃极大的自主权。

另一方面，李书福提出“放虎归山”。福特收购沃尔沃以后，并没有赋予沃尔沃自主权，更多的是控制，沃尔沃高层全是美国人，决策权在底特律而不在哥德堡，同时，由于旗下品牌过多，福特分配给沃尔沃的资源和注意力十分有限，每年只给沃尔沃 10 亿美元用于开发。在这种情况下，李书福将沃尔沃形容为“困在笼子里的老虎”，尽管活着，却早已失去了野性，也失去了它原有的特色。吉利收购沃尔沃以后，提出“放虎归山”，给它自由，让它恢复活力。“放虎归山”的治理机制有两方面的意义：一是授权和尊重，二是激励沃尔沃发展，使新收购的企业焕发活力。吉利不仅希望通过“放虎归山”提升沃尔沃的销量，更主要的目的是保留其品牌的基因和特色。

## 各现优势的互补资源

吉利作为全球市场上的后来者，和其他新兴市场的企业一样，缺乏先进的技术和管理经验[①]。但是，吉利也有独特的资源，这些资源对被收购的发达国家企业来说也有着不可替代的重要作用。

收购沃尔沃给吉利带来了品牌效应、先进的技术和管理经验，主要包括八大宝贵资产：第一个是沃尔沃轿车商标的全球所有权和使用权，这意味着只有经过吉利的许可，其他企业才可以使用沃尔沃轿车的商标。第二个是可持续发展的产品平台和升级策略。第三个是进入量产的 SPA 平台。汽车主要分为两部分，一部分是造型，包

① Peng, M. W. (2012). The global strategy of emerging multinationals from China. Global Strategy Journal, 2(2), 97－107.

括座椅、仪表台、内饰的风格和外部造型的风格，这部分更多的是艺术；另一部分是技术，汽车的技术大多集中在底盘上，而沃尔沃的新技术主要集中在SPA平台上，吉利可以和沃尔沃共用此平台。第四个是哥德堡工厂的生产能力。第五个是开发变速器和发动机的能力。第六个是具有多年历史的沃尔沃研发中心。这个研发中心可以跟奥迪、大众等著名品牌的研发中心相提并论，它拥有全球最高水平的道路试车场和冰雪试车场，开发全球几乎所有的汽车安全技术，比如汽车三点式安全带。第七个是当时分布在100多个国家的2 000多个销售网点。如果靠吉利在收购以后去建立销售网点，基本是不可能的。沃尔沃在国外的销售渠道之所以重要，是因为它符合国外分期付款的消费习惯，有与之相匹配的成熟的金融体系和信誉体系。第八个是知识产权，李书福深知，国外的知识产权保护非常严格，如果不买下来就会给吉利带来灾难。

吉利也为沃尔沃提供了资源。首先，吉利为沃尔沃提供优质的供应商以助其降低成本。沃尔沃一直亏损的一个重要原因是成本结构不合理，采购成本过高，吉利正好擅长采购，不仅有齐全的供应商数据，而且有很强的谈判能力。吉利为沃尔沃找了许多韩国和日本的供应商，在保证质量的基础上，提供成本相对低的零部件，这是沃尔沃收获最大的部分。其次，吉利为沃尔沃大力开发以中国市场为代表的新兴市场。在收购以前，沃尔沃主要面向成熟的欧美市场，忽视了新兴市场，尤其是中国市场。李书福说，沃尔沃的造型在中国市场上要改变，原来的斯堪的纳维亚标准的豪华在中国市场上是行不通的，因为这种风格非常简约，中国消费者认为豪华感和时尚感不够。吉利通过自身对中国市场的了解，帮助沃尔沃充分利用中国市场的优势。

2016 年中国汽车协会到瑞典访问，瑞典首相称赞吉利是负责任的企业。李书福引用了费孝通先生的四句话："各美其美，美人之美，美美与共，天下大同。"吉利和沃尔沃各具优势，彼此欣赏，共同努力成为极具影响力的国际企业。

## 独树一帜的学习机制

新兴市场的企业能够通过向发达国家被并购企业学习先进技术，在全球市场上获取竞争优势[①]。2008 年金融危机中，汽车行业发生变革，重组和破产的汽车公司很多，包括阿斯顿马丁和萨博等，法国洛希尔金融集团大中华区总裁俞丽萍也向李书福推荐了沃尔沃以外的其他几家公司。但是，李书福坚持收购沃尔沃，因为他觉得吉利需要一个好老师，全球没有比沃尔沃更合适的了，沃尔沃有自己的技术来源和根基，尤其是安全技术和车内空气质量技术。

在收购沃尔沃以前，吉利并没有外资企业的技术输入。最初，吉利通过模仿进行创新，后来从自由舰系列开始正向开发，但是在先进性方面仍然不够。吉利在和沃尔沃合作的过程中，收获最大的就是管理、质量的标准和开发流程的共享。汽车的开发流程就是如何开发一辆车，包括每一步如何操作，每个阶段需要解决什么问题，按照什么标准，决策流程如何，报告体系如何等。尽管吉利拥有自己的开发流程，但尚未与国际接轨，不具备国际先进性，也

---

① Thite, M., Wilkinson, A., Budhwar, P., & Mathews, J. A. (2016). Internationalization of emerging indian multinationals: Linkage, leverage and learning (LLL) perspective. International Business Review, 25(1), 435-443.

不够全面。收购沃尔沃以后，吉利首先向沃尔沃学习了它的全球整车开发流程。

吉利向沃尔沃的学习主要是通过平台与交流两种方式实现的。2013 年 2 月，吉利汽车欧洲研发中心在哥德堡成立，它整合了吉利和沃尔沃的优势资源，用于开发下一代中型车模块化架构和关键部件，开发的标志性成果就是 CMA 架构。利用 CMA 架构，沃尔沃推出了 XC40，吉利推出了全新 SUV 星越，双方合作推出了领克。沃尔沃原来拥有刚刚投入量产的 SPA 平台，但是全球豪华车的趋势是小型化，尤其是欧洲，吉利希望用紧凑的车型进入欧洲市场，如果通过改造 SPA 平台来适应当地市场，成本又很高。沃尔沃由于前期的亏损，没有足够的资金开发新的平台。于是，吉利决定和沃尔沃联合开发，吉利投入资金，沃尔沃投入人才和技术，双方共建平台，也共享平台。

双方的交流和互动也为吉利的学习提供了一种渠道，因为研发能力的提升有赖于技术人才和管理人才之间的交流，尤其是专有技术和隐性知识。一方面，吉利派人到沃尔沃去学习，另一方面，吉利也会邀请沃尔沃的人到吉利来任职，比如沃尔沃的首席设计师彼得·霍布里。他在豪华汽车领域工作多年，开发了多款高端车型，涉及阿斯顿马丁、捷豹、路虎和沃尔沃等品牌。他带领团队，组织来自十多个国家的 500 多位专家，进行了三年的开发，推出了博瑞车型。B 级车对自主品牌来说是一个天花板，而博瑞可以说是中国自主品牌 B 级车中的佼佼者。就这样，通过正式和非正式的交流，吉利获得了向沃尔沃学习的机会。

吉利以 100% 的股权收购沃尔沃，也是学习的重要条件，如果不是 100% 收购（比如合资企业），吉利根本不可能与沃尔沃合作建立平台，进行双向交流。当然，更重要的是，吉利在向沃尔沃学习的过程中，也具备了一个好学生的基础和条件，始终保持开放的态度。首先，吉利有极强的学习意愿，能坦诚面对现实，承认自己有做得不好的地方，希望可以和沃尔沃一起努力，一起进步。其次，以点带面的合作方式打破了沃尔沃对吉利的刻板印象，使吉利逐步得到对方的认可。

## 协同的智慧

### 跬步渐进

吉利和沃尔沃的合作并不是一蹴而就的，而是一个循序渐进的过程。双方合作分三步走，始于财务协同，过渡于技术协同，走向战略协同。首先是财务协同。吉利和沃尔沃的财务合作，其实是负面消息导致的。2011 年 7 月和 10 月，吉利收购沃尔沃不到一年，国内有些媒体造谣称吉利通过员工在浙江台州发了数亿元的高利贷，大肆报道吉利资产负债率高、发展陷入困境等消息。针对这两次的报道，吉利的李东辉和公关部进行了回应。第一次应对被称为观点之争，吉利收购沃尔沃之后，很有希望进入世界 500 强。世界 500 强中，汽车企业的资产负债率普遍偏高。后来事实证明，吉利 2012 年首次进入世界 500 强时，既有负债，又有优良资产。第二次应对被称为是非之争，吉利采取了法律手段，记者进行了无条件的道歉。

经过这两次事件，沃尔沃对吉利的影响愈加明显。即使“吉利是吉利，沃尔沃是沃尔沃”，财务报表也是分不开的，所以，吉利和沃尔沃首先要从财务上协作起来。沃尔沃当时也确实面临着后续发展和投资建厂的资金来源问题，在被吉利收购以前，沃尔沃一直在亏损，也很难承担起全球开发的费用。吉利在财务上落实了30亿欧元的授信，使得沃尔沃可以继续投资开发SPA平台，为沃尔沃解决了发展资金来源的问题，也令沃尔沃感受到吉利作为股东所起到的支持和帮助作用。

然后，吉利和沃尔沃开始进行技术协同。在实现了财务协同之后，李书福提出要推动技术协同。因为沃尔沃在小车上一直亏钱，他们也承认没有能力承担下一代技术平台的全球开发，只有通过协同达到规模效应，企业的成本才能降下来。但是由于吉利和沃尔沃差距实在太大，沃尔沃的人认为根本无法合作，他们宁愿跟马自达合作，也不愿意跟吉利合作。另一个原因是，沃尔沃的管理层抱有一种职业经理人的心态，认为吉利是个投资者，只需投入资金，其他的不需要吉利干涉，他们自然会给股东一个结果。但这并不符合吉利的战略意图，吉利想成为战略投资者，而不是财务投资者，最终的战略目标是实现协同。

在董事会上进行讨论的时候，尽管李书福和李东辉试图说服他们，但是大部分独立董事仍然反对，他们认为吉利和沃尔沃无法合作。吉利虽然给了沃尔沃充分的信任和授权，但沃尔沃对吉利并不了解。于是，李书福分别邀请了沃尔沃的三位独立董事到吉利来参观，这为实现技术协同奠定了基础。现任沃尔沃汽车CEO汉肯·塞缪尔森是三位独立董事中的一位，他到的第二天，安聪慧和李东辉陪同他进行参观。当时吉利最好的车型是帝豪EC7，在这台车旁，安聪慧向他介绍安全气囊的供应和座椅的供应，告诉他帝豪 EC7 的供应商中也包括很多世界知名的供应商，吉利和沃尔沃有一样的供应商，双方具有良好的共享基础。李东辉开玩笑说：“给吉利供货的不仅是董事长的街坊邻居，还有世界知名的供应商。”这样的交流进一步增加了沃尔沃对吉利的了解，他们开始尝试跟吉利进行技术上的合作。双方技术协同的成果就是 CMA 架构，在这个架构下，吉利生产了领克，沃尔沃生产了 XC40。

第三个阶段，吉利和沃尔沃实现了战略协同。吉利和沃尔沃宣布成立领克合资公司是双方实现战略协同的里程碑事件。2017 年 7 月，吉利向媒体宣布成立领克合资公司，汉肯·塞缪尔森、安聪慧和李东辉分别代表沃尔沃汽车、吉利汽车和吉利集团进行签约，其中沃尔沃控股 30%，吉利汽车控股 50%，吉利集团控股 20%。双方的合作显示出沃尔沃对吉利的逐渐认可，也释放出一个信号，即双方的战略协同进入一个新的阶段。2021 年 2 月，吉利和沃尔沃达成合并方案，双方将会在保持现有公司架构的基础上，实现合并。此次合并及接下来的协作主要聚焦于汽车的电气化、智能化、网联化和共享化的前瞻性技术，以及动力总成、三电技术和高度自动驾驶等前沿技术，以不断推动技术创新，增强竞争优势，实现整合价值的最大化。

## 相信的力量

沃尔沃在福特旗下连年亏损，被吉利收购以后则扭亏为盈，发展态势良好，信任是其中不可忽视的力量。吉利的高管曾经想在收购沃尔沃以后最大限度地进行融合，但是，吉利和沃尔沃的差距太大，直接融合只会引起对抗，不仅包括管理层和工会，还包括国际销售网络和供应商体系。吉利一直在思索：该如何让沃尔沃信服？吉利通过尊重沃尔沃、信守承诺等方式，逐渐赢得了对方的信任，从而实现双方的协同。

尊重沃尔沃的发展看似简单，却是吉利获得沃尔沃信任的关键。吉利收购沃尔沃并不是以一种解放和拯救的心态，而是以尊重的方式对待沃尔沃。2010 年 3 月 28 签约结束后，李书福立刻召开全体员工大会，要求建立新闻发言人制度，并拜托员工不要在外面随便议论沃尔沃的事情。李书福这么做，就是为了给予沃尔沃更多的尊重。

同时，吉利战略性地提出“吉利和沃尔沃是兄弟关系，而不是父子关系”，也是对沃尔沃极大的尊重。吉利还在管理机制上进行创新，打破传统思维的束缚，坚持“沃人治沃”，即使有少量的外派高管，他们在沃尔沃也小心翼翼，如履薄冰，避免伤害沃尔沃的感情。李书福说，吉利和沃尔沃的协同没有更大的奥秘，主要是尊重他们的主权。

信守承诺是获取沃尔沃信任的良方。李书福并没有管理欧洲企业的经验，他向宜家的董事长请教：欧洲企业该如何管理？宜家的老董事长告诉他，欧洲的企业很好管，就是信守承诺，对他们承诺之后，要兑现。吉利收购沃尔沃之初有四个承诺：总部不变，劳动关系不变，供应商合约不变，销售网络不变。这些承诺稳定了沃尔沃的“军心”。后来，为激励沃尔沃员工，吉利承诺拿出 10% 的盈利作为奖励。当时没有人相信吉利会真的进行奖励，更多的是怀疑：“他们怎么会跟我们共享成果呢？”但是，吉利说到做到，盈利之后就兑现了承诺。正如吉利的一位高管所言，信守承诺是赢得信任最重要的一招。

吉利和沃尔沃成长于两个不同的国家，发展历史、文化背景都不同，双方建立信任的过程并不容易。但是，吉利愿意相信沃尔沃，也笃定相信的力量。最终，吉利和沃尔沃在共同目标的指引下，相互信任，不断融合，也不断在产品和市场上取得新的突破和成就。

## 赋权引航

在“大鱼吃小鱼”类型的并购中，即发达国家企业并购新兴市场企业时，并购方往往拥有较高的权威，因为它拥有充足的发展资金、前沿的技术和先进的管理经验。但是，在“蛇吞象”类型的并购中，尽管并购方全资拥有被并购方，但是被并购方并不会轻易接受并购企业的管理。尤其是对中国企业而言，组织内部等级文化相对浓厚，往往倾向于全面管理被并购企业。但是吉利却反其道而行之，赋权沃尔沃，使其更自如地发展。因为吉利认识到，收购沃尔沃获取控制权并不是最终的目的，最终的目的是实现吉利控股集团的价值最大化。

吉利虽然“放虎归山”，给沃尔沃充分授权，但并不意味着吉利对沃尔沃不管不问。吉利通过董事会对沃尔沃保持战略上的关注，作为股东对沃尔沃的战略进行指导，使沃尔沃有了更明确的前进方向。实际上，在收购沃尔沃的时候，李书福已经制定了相应的战略。在产品定位上，吉利需要重塑沃尔沃豪华品牌的地位，与其他豪华品牌对标；在市场方面，主要是稳定欧美市场，发展新兴国家市场，重点开发中国市场。

瑞典的文化氛围追求低调简约，诞生于瑞典的沃尔沃也有这样的精神。沃尔沃本身并不把自己视为豪车，而是更注重安全环保，但实际上，沃尔沃曾经可以在市场上与奥迪、奔驰和宝马竞争。后来被福特收购后，由于豪华品牌众多，福特并没有认真维护沃尔沃豪华品牌的地位，致使沃尔沃品牌在全球市场上不再突出。而吉利认为沃尔沃是非常具有竞争力的企业和品牌，完全有能力与其他豪华品牌竞争。正是因为看到这种定位的偏离，吉利致力于维护沃尔沃品牌，进一步提升品牌价值。

沃尔沃在中国市场的发展是其重要战略之一。在被吉利收购以前，沃尔沃在中国的销量不到两万辆，在中国市场的发展并不成功。与瑞典低调简约的文化不同，中国的汽车消费者更喜欢豪华的风格，这种文化差异也是沃尔沃在中国市场表现不佳的原因。吉利一直强调沃尔沃要融入中国豪华车的发展模式，按照吉利的方式在中国推广，尤其是在具体的方法和细节上。吉利作为中国的本土企业，深刻了解中国汽车市场的需求，有了吉利的本土化建议，沃尔沃在中国市场的发展才如鱼得水。

吉利是大众化汽车品牌，沃尔沃是豪华汽车品牌，吉利收购沃尔沃，使两个不同层次的汽车品牌携手参与全球汽车市场的竞争。收购沃尔沃的最终目的是实现企业的战略目标，使得集团价值最大化，这次收购不仅提升了吉利汽车的质量和品牌知名度，也使沃尔沃焕发新的光彩。

## 非线性成长之“非对称互补”

中国汽车企业如何实现快速发展？如果继续汽车企业发展的传

统路径，需要时间，需要积累，需要沉淀。跨国并购的确是中国企业快速发展的跳板，也是企业全球化发展的捷径，但仅仅获取海外市场的战略资源，远远不足以使企业拥有可持续的竞争优势。对寻求全球化发展的中国企业而言，如何在跨国并购中实现互补共赢，是个重要的研究课题。吉利与沃尔沃之间呈现出“非对称互补”的特征。双方的非对称主要体现在技术、品牌和行业地位等方面的差距，而互补主要体现在收购后在采购资源、市场资源方面的合作。

面对双方的非对称性，吉利首先维持了沃尔沃发展的稳定。对“蛇吞象”类型的并购而言，由于双方在技术、品牌和行业地位等方面的差距，并购后的管理并不容易。在这个阶段，并购企业的主要目标是保持被并购企业的稳定。要建立有效的治理机制，保护被并购企业的品牌价值，避免成为品牌“杀手”，因为品牌的建立需要时间的沉淀，一旦遭到破坏就难以恢复。同时，有效的治理机制可以减少被并购企业内部的对抗，并且激励其发展。进一步说，虽然并购双方企业文化不同、历史不同、管理方式不同，但是企业要善于发现并欣赏彼此的优势，发达国家企业有先进的技术、品牌和管理经验，而新兴市场企业也有其独特的优势，比如采购优势和组合创新，只有发现双方的互补之处，才有可能开展进一步的合作。从并购企业自身而言，谦虚的学习态度是实现非线性成长的关键，吉利并不是“拿来主义”，简单地将沃尔沃的技术直接拿来用，而是将沃尔沃视为老师，以学生的心态进行学习，这也使沃尔沃在心理上更容易接受吉利。

互补是企业协同的前提，而实现协同是企业并购的最终追求。吉利的智慧在于将协同的过程放缓，给沃尔沃充分信任的同时，又为其引领航向。吉利和沃尔沃的协同是一个循序渐进的过程，也是一个通过尊重、守信等方式获得被并购企业信任的过程。在协同过程中，吉利既给沃尔沃充分授权，又对其战略发展有很明确的把握，为沃尔沃保持了正确的航向。

## 第十章

# 全球协同网络

---

**随着经济全球化的发展，全球企业面临着重新洗牌的局面，中国企业竞争力的提升也十分引人瞩目。过去，中国的制造业在全球价值链上占有一席之地，未来，中国企业该如何寻找优质资源，成为最具竞争力的全球型企业？这是大多数中国企业在新一轮全球竞争中面临的重要课题。**

---

*董事长一开始选择这个行业的时候，就有明确的思想：要造汽车，必须成为一个国际化的汽车企业，一定要真正参与全球汽车行业的竞争。*

——安聪慧

民营汽车企业吉利，正在向全球型企业转型。2009 年到 2013 年，吉利汽车销售总量持续增长，从 2009 年的 326 710 辆增长至 2013 年的 549 469 辆；出口数量也在不断增长，从 2009 年的 19 350 辆增长至 2013 年的 118 871 辆。但是，当时的吉利产品同质化严重，内部竞争激烈，于是吉利痛下决心，在 2014 年主动进行品牌转型，打造“精品车”。受到外部经济环境的影响，吉利 2014 年的销售总量呈现负增长，出口也呈负增长。2015 年到 2018 年，吉利在国内市场呈爆发式增长的态势，2018 年，出口数量在连续 4 年负增长的情况下，首次实现正增长，这说明吉利在海外市场仍有巨大的发展潜力（见图 10-1）。2019 年以来，受特殊的外部环境影响，吉利汽车销量有所下降。

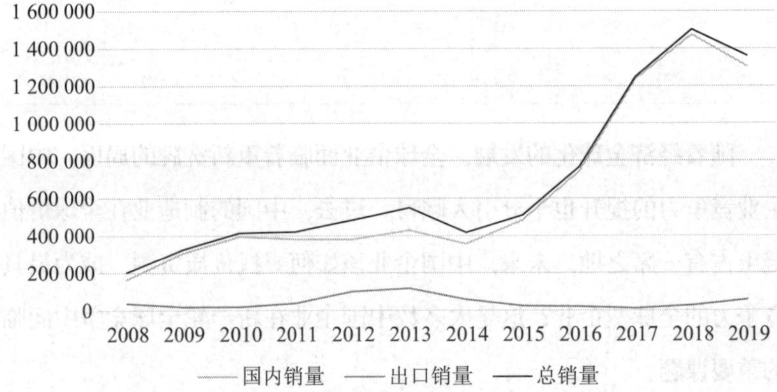


图 10-1　吉利汽车 1999—2019 年销量（单位：辆）①

整体上，吉利的国际化发展经历了三个阶段，初期通过出口进入国际市场，之后通过收购稳步提升，最后通过股权投资实现协同发展。在国际化初期，吉利主要通过出口的方式，将汽车销售到海外。但是，由于品牌知名度和销售渠道等原因，此时吉利的海外市场以欠发达地区为主。为了打破这种局面，吉利开始尝试以收购的方式进入发达国家市场，最初收购了英国锰铜，接着收购了澳大利

① 该数据为吉利汽车公司销量，非吉利集团销量。

亚 DSI，之后收购了沃尔沃。这使吉利在国际市场上慢慢积累了经验，国际化水平稳步提升。近年来，吉利又相继收购了宝腾 49.9% 的股份、路特斯 51% 的股份、沃尔沃集团 8.2% 的股权和戴姆勒 9.69% 具有表决权的股份。通过股权投资的方式，吉利可以与其他汽车企业进行横向合作，实现了协同发展。

无论是出口还是跨国并购，不仅代表着吉利国际化水平的提升，从更深层次的意义看，实现的是价值链的全球布局。吉利通过收购沃尔沃，以及加深与戴姆勒的合作，成功获得与全球一流供应商合作的机会。吉利的全球化布局使得整个供应链体系配合的紧密程度和升级的速度不断增强。吉利控股集团的子公司可以发挥各自的优势，比如就 CMA 架构而言，吉利在采购上具有优势，有很强的成本控制意识，就负责采购，所以供应链的协同可以提高效率和控制成本。而价值链的全球布局使吉利在采购、生产、研发和销售等各个环节都能实现有效的协同。

经过 20 年左右的发展，吉利的国际化水平显著提高，正在向全球型科技企业转型。吉利是如何实现全球网络协同的呢？本章首先分析吉利突破本土价值链，进入全球价值链的过程。其次，介绍吉利构建以吉利为核心的全球价值链，实现采购、销售和研发的国际化的过程。最后，总结吉利全球化协同发展的经验，以期为其他企业提供借鉴。

## 从本土到全球的价值链

在进入汽车行业之初，吉利就有志于真正参与全球汽车行业的竞争，成为全球化的汽车企业，尽管那时的吉利尚未获得生产许可，在中国的市场也没有做起来，与全球化汽车企业还有很大差距。吉利不仅要进入新兴经济体市场，更要进入发达国家市场，这样才能证明企业真正的竞争力。国际化发展像一颗种子，深埋在李书福的心底。

## 汽车价值链

根植于浙江这片创业的热土，吉利实现了快速的增长。在全国汽车制造版图中，浙江企业异军突起，成为中国汽车制造业重要的支柱。除了拥有像吉利这样的整车企业，杭州和宁波还聚集了大量的汽车零部件企业，为全国乃至全球汽车企业提供优质的零部件，广泛参与全球汽车生产。例如，中国汽车零部件制造代表企业万向，不仅是国内一汽、二汽、上汽、广汽等企业的供应商，还是通用、大众、福特、克莱斯勒等国际主流汽车企业的合作伙伴。其他知名的浙江汽车零部件企业如均胜电子、宁波华翔等，致力于汽车安全系统和汽车内外饰件的制造。通过产业链和价值链的上下延伸，浙江形成了颇具规模的汽车产业集群。“近水楼台先得月”，吉利在本土供应商体系的构建中可以抢占先机，与本土的零部件供应商通过经验传授和互相扶持的方式，共同成长。

但是汽车行业的属性决定了汽车企业的发展必须是全球化的发展。得益于全球化，中国的汽车产业在过去二十年实现了快速发展。全球化可以使企业进入多元化的市场，不仅能够获得优质的战略资源，而且可以实现规模效应，降低成本。同时，全球化为企业提供了更多的学习机会，尤其是进入发达国家市场，企业可以学习先进的管理经验和前沿的技术。2001 年中国加入世界贸易组织以来，跨国汽车企业涌入中国市场。根据我国产业政策规定，外国汽车企业不能在国内建立全资公司，必须与中方合资，而且中方资本占比不能低于 50%。尽管合资企业的发展为自主品牌提供了借鉴的模式，但也使中国汽车市场长期被外资占领。自主品牌在国内市场，不仅面临本国企业的竞争，还要面临来自发达国家汽车企业的竞争[①]。

吉利 1997 年以低价战略跻身汽车行业，将轿车从奢侈品变成老百姓买得起的消费品，推动国内汽车产业进入新的局面。但是，到了 2003 年，吉利轿车已经很便宜了，一辆车的售价在 3 万元左右，与成本非常接近。吉利的品牌价值受到怀疑，市场也遭到了冲击，低价战略在国内走到了尽头。加之当时国内自主品牌竞争激烈，国际化或许能为吉利提供更多的机会。为了更长久的生存，企业不得不进行国际化的发展。吉利 2001 年获得汽车生产许可，成为国内首家获得轿车生产资格的民营企业，在那时，吉利就已经决定进行国际化发展。

2003 年，吉利进入国际市场，几千辆吉利汽车从上海港发运至叙利亚和埃及，拉开了吉利国际化的序幕，这也是中国民营汽车企业初次走出国门，实现了民营轿车出口零的突破。但是因为吉利的品牌知名度和产品竞争力有限，初期的出口主要面向欠发达国家市场，如叙利亚、埃及、乌克兰等。由于政局不稳定，汇率波动大，对吉利而言，在这些市场上发展具有较大的风险。吉利的最终

① Luo, Y., & Tung, R. L. (2007). International expansion of emerging market enterprises: A springboard perspective. Journal of International Business Studies, 38(4), 481-498.

目标还是要进入发达国家市场，因为发达国家市场不仅需求量大，而且市场相对稳定。

## 全球价值链中的位置攀升

进入国际市场并不容易，尤其是发达国家市场，吉利发现，并购是融入全球价值链的重要途径。2006 年，吉利控股集团购买了英国锰铜公司 19.97% 的股份，它是伦敦经典黑色出租车的制造商和拥有者，是具有百年历史的企业，随着 20 世纪 90 年代英国汽车的没落，产品没能持续改进。锰铜生产的黑色出租车有 3 吨多重，安全性非常高，但是由于车体太重，油耗很大，难以推广。2013 年 2 月，浙江吉利控股集团以 1 104 万英镑收购英国锰铜的核心资产与业务，并将其改名为伦敦出租车公司，从而完全拥有了伦敦经典出租车及其附属资产。吉利开发了伦敦出租车的全新车型 TX5，利用沃尔沃的轻量化技术为其减重 900 千克。2015 年，吉利宣布投资 3 亿英镑，在英国的考文垂建立了全新的研发中心和工厂，以开发下一代的纯电动和低排放的英国出租车。

在金融危机期间，吉利收购了世界第二大的自动变速器公司澳大利亚 DSI。当时独立于整车企业自主发展的自动变速器公司主要有两家，一家是德国的采埃孚（ZF），另一家就是澳大利亚的 DSI。DSI 有 80 多年的历史，曾经是美国福特和韩国双龙等汽车公司的供应商，它在 8AT 和 DCT 双离合变速器方面有相关研发储备。由于金融危机，福特和双龙销量骤减，导致 DSI 的订单减少，资金链断裂，最终申请破产。吉利抓住时机，用短短一个月的时间完成了全部的收购工作。消息传来，国内业界哗然：“为什么是吉利，而不是其他汽车企业？”通过收购核心零部件企业，吉利实现了在全球价值链上的位置攀升。

第三次收购就是沃尔沃。2010 年 3 月 28 日正式签订 100% 收购协议，8 月 2 日完成交割，吉利成了中国汽车行业第一家跨国公司。为了进一步加强战略合作，深化协同效应，吉利和沃尔沃在 2017 年 8 月建立宁波时空方程汽车技术有限公司（GVAT），借此推动双方共用技术和平台的建设，以便进行联合研发和联合采购。联合采购是联合研发背景下的必然选择，吉利控股以 GVAT 为载体，用每年 200 多万辆车的体量占据谈判优势，把零部件采购单价做到最优。GVAT 可以充分挖掘沃尔沃和吉利基于现有技术和平台的合作机会，促成各品牌车型在同一平台上的联合研发，不仅提升了各品牌的整体技术实力，也避免了大集团内的重复投资。今后吉利控股面向下一代的核心技术及平台，也会通过 GVAT 孵化，并授权各品牌使用。

出于布局东南亚的战略考虑，2017 年 6 月 23 日，吉利成功击败了包括本田、大众和雷诺在内的竞争对手，收购了宝腾 49.9% 的股份和豪华车路特斯 51% 的股份。宝腾是马来西亚的民族企业，具有深厚的民族感情基础。在建立合资企业的过程中，吉利本来可以获取 51% 的股权，但是为了保持马来西亚人民的品牌自豪和民族自尊，吉利并没有占据主权。与收购沃尔沃不同，吉利通过收购宝腾实现了中国技术的输出。以前，国内汽车企业的主要经营模式是在国内与外资企业建立合资企业，在国内建厂，开发国内市场，而吉利改变了这种局面，走出国门，在国外与外资企业建立合资企业，开发海外市场。马来西亚的汽车工业基础非常薄弱，不仅技术落后，缺乏基础工艺，还缺少关键零部件和健全的供应链。因为宝腾已经连续十几年亏损，收购宝腾后的第一个任务就是扭亏为盈。在宝腾，所有的经营管理职务都由吉利的人担任，包括 CEO 李春荣、CFO 庞立军和 CTO 羊军，所有的产品也都是吉利开发。如果吉利和沃尔沃之间是兄弟的关系，吉利对宝腾则是全面接管。首先，吉利要将宝腾的成本降下来，要求供应商平均降价 30%，这使供应商直接找马来西亚的部长去告状。但是，政府的部长也意识到供应商的惰性和不思进取，在报纸上公开批评了供应商。其次，吉利也提高了对经销商的要求。宝腾以前的 4S 店环境很差，难以吸引顾客。吉利将右驾的博瑞引进马来西亚时，要求经销商进行升级。尽管也有经销商到部长那里去告状，但是后来 95% 的经销商都改变了观点，跟着宝腾走。事实证明，吉利在运营方面的独特能力发挥了重要作用，收购之后一年多，宝腾就扭亏为盈。宝腾是吉利在东南亚市场的桥头堡，东南亚市场是全球第四大市场，市场容量接近 600 万辆，尽管宝腾在马来西亚的市场有限，但它可以辐射到东南亚的不同国家。

在过去两年的时间里，吉利与戴姆勒的合作已经实现了实质性的协同。2019 年 9 月 9 日，吉利和戴姆勒共同收购了欧洲飞行汽车公司 Volocopter 20%的股份。2019 年 12 月，吉利的曹操专车和戴姆勒共同在华组建合资公司——蔚星科技的高端出行品牌“耀出行”，致力于高端出行。2020 年 1 月 8 日，吉利控股与梅赛德斯-奔驰正式成立 Smart 品牌全球合资公司，在全球运营和推动品牌的转型升级。吉利和戴姆勒关于 Smart 的合资与以往中国汽车企业和外资汽车企业的合资大有不同。Smart 是全球合资，而不是中外合资。过去的合资企业通常建在中国，能够使用品牌，但没有对品牌的所有权，产品销售也只限于中国。而全球合资意味着，吉利会把研发、制造、供应链和市场等领域的能力和优势注入合资公司，从而推动 Smart 汽车在全球市场的发展。Smart 原来在德国和法国都有工厂，但是到期后，这两地的工厂将不再进行生产，未来全部在中国进行生产。此外，Smart 的产品将使用吉利的技术，依托吉利主导的 SEA 纯电动平台，未来研究开发的主动权也将由吉利来统筹。与戴姆勒的深度合作，不仅使吉利受益于戴姆勒的品牌影响力，更为吉利在高端出行、飞行汽车和纯电动汽车等领域的全球战略部署增添了有力的保障。

吉利的全球化发展，是一个通过巧妙布局业务和空间，以点带面，实现协同发展和价值链位置攀升的过程。吉利抓住机遇，深化海外布局，不仅推动了沃尔沃汽车品牌的复兴和升级，还实现了吉利汽车与沃尔沃汽车、伦敦电动汽车、宝腾汽车和路特斯汽车的文化融合、人才融合和技术融合。

## 全球价值网络演进

在传统跨国企业向全球型企业转型的过程中，企业不再单纯地作为价值链的一环，而是主动地打造和引领全球价值链。不同的国家有不同的汽车文化。美国的汽车文化主要是创新，即将汽车作为一个创新的载体，应用各种新技术。它的汽车行业能够及时拥抱新技术，主要是因为美国被视为创新的沃土，有着得天独厚的社会文化优势。同时，社会问题也会推动汽车行业的技术革新，比如洛杉矶的光化学烟雾事件，使美国开始推行清洁工具，要求汽车加装三元催化器，从此，三元催化器得到了广泛的应用。美国人的创新精神确实值得借鉴，他们从制度上保护创新，在文化上包容创新，这是美国汽车工业得以长期发展的重要原因。而日本的汽车文化主要是工匠精神。汽车产业的发展水平，不仅取决于汽车企业的发展，更取决于一个国家的制造业水平。日本的市场并不大，但是他们把汽车产业做得很大，他们的汽车产业发展强劲的一个主要原因是日本的工匠文化。日本人会认认真真地做事情，将汽车的每个零部件都做到最好。同时，日本人不是简单的资本导向，追求眼前的利益，这对于资金密集型的汽车产业至关重要。

全球型企业的发展包括全球采购、全球生产和全球研发的过程，这使得企业能够充分利用全球优质资源。吉利的全球化经历了从单一产品贸易的“走出去”到深度参与当地工业化的“走进来”的思维转换。在全球化战略方面，吉利提倡本地化生产、本地化销售和本地化研发，十分注重技术融合、产品融合、人才融合、文化融合。

## 供应链的升级

总体上，吉利的供应链管理经历了“冷兵器”“重炮协同”“精准导弹”“卫星定位”四个阶段（见图 10-2）。这个变革的过程使吉利适应了不同时期的发展需求，不断强化吉利内部的协同效应，提升吉利整合资源的能力，使吉利的全球化战略得以落地。

在“冷兵器”时代，吉利以工厂制造基地为利润中心，纵向设置工厂采购总监，相互竞争，对标成本管理，试图在产品制造阶段加强成本控制。在“重炮协同”阶段，以平台为中心（如 CMA 架

图 10-2　吉利供应链管理的四个阶段

构和 BMA 架构)，设置平台总监，根据新产品开发流程，提前介入成本管理，提高与研发系统的协同能力，通过平台化进行成本管控。在“精准导弹”阶段，吉利在跨品牌经营的背景下，开展组织变革，设置品牌线总监，明确各品牌的产品定位，统筹协调资源，明确采购策略，开展跨品牌联合开发和联合采购，用品牌管理实现产品成本最优。在“卫星定位”时代，为适应全球化采购的趋势，吉利设置全球区域总监，开展全球化采购布局，同时提高全球采购和本地采购的管理水平，以整合全球供应商资源。

在供应链的变革过程中，吉利组建供应链规划部，合理规划供应链布局，充分保障生产供应，实现了产销复合增长率超过 30% 的好成绩。同时，打通外饰、内饰、电子电器、底盘、动力附件、动力总成六大横向专业线，深入研究平台化、通用化，开展跨品牌联合采购，供应链成本不断下沉，保证每一款产品的性价比，使得吉利在零部件采购方面的管理经验和管理能力得到不断提升。吉利企业大学也对此进行了“学院式”培训，引导供应商不断提高质量，降低成本。

在供应链跨品牌经营的方向指引下，吉利与沃尔沃、宝腾和 Smart 进行协同采购，实现了供应链的融合。在与沃尔沃的协同方面，双方通过 GVAT 平台，融合沃尔沃的技术质量标准和吉利的成本管理优势，开展联合采购策略讨论，相互引进供应商，在 CMA 架构下进行充分竞争，鼓励并引导优秀供应商进行跨平台、差异化、规模化的供货。在与宝腾的协同方面，吉利把SUV博越引入宝腾的产品体系，推出宝腾X70，不仅整合了宝腾汽车原有的供应商体系，协助宝腾实现供应链成本、质量的不断优化，而且把马来西亚供应商引入吉利的其他东南亚项目，扩大了合作范围。在与Smart的协同方面，引入全球竞争机制，在技术、体系、市场、运营方面发挥协同效应。

供应链的协同和成本控制能力一直都是吉利的优势。在收购沃尔沃以前，吉利的供应商大多来自中国内地、日本和韩国，但收购沃尔沃、宝腾，与戴姆勒合作之后，吉利对零部件的需求量增加，加上中国市场的快速增长，形成了规模效应，越来越多的全球一流供应商寻求与吉利的合作。如果没有此前一系列的国际并购，世界一流的供应商不可能与吉利有如此密切的合作，吉利也不可能有这么大的话语权。尤其是对沃尔沃的收购，在价值链的协同上实现了共赢，对吉利的全球布局有重要的作用。全球化的布局使得供应链体系的升级速度加快，配合密切程度也不断增强。吉利已经与200多家国际化的供应商进行合作，其中70家是全球百强的汽车零部件企业。今后，通过吉利、领克、宝腾、路特斯和Smart等品牌的协同发展，吉利与全球百强汽车零部件企业的合作率将提升至90%。吉利通过合作或合资的方式与供应链头部企业强强联合，不断引进新产品、新技术，通过纯电、混合动力、替代燃料、氢燃料电池四大技术路径，为新能源汽车提供解决方案，实现了供应链的创新，引领了市场潮流。

## 强化生产制造

吉利在亚洲、欧洲和北美洲都建有世界一流的现代化整车工厂和发动机工厂，除了国内工厂，还包括美国、英国、瑞典、比利时、马来西亚、白俄罗斯和印度等。到目前为止，发展最好的是白俄罗斯工厂，这是中国与白俄罗斯的首个汽车合资项目，也是吉利推行国际化战略之后设立的第一个海外工厂。白俄罗斯工厂为当地创造就业岗位 1 700 多个，带动了当地配套产业的发展，为白俄罗斯汽车产业的长期发展奠定了基础。白俄罗斯总统卢卡申科在工厂投产仪式上表示："中白友谊源远流长，中国朋友帮助我们实现国产轿车梦。白俄罗斯希望通过与中国以及吉利汽车的合作，带动乘用车配套产业链的全面发展。"[①] 博越是白俄罗斯工厂生产的主要车型，2019 年，白俄罗斯工厂第 20 000 辆吉利汽车下线，标志着白俄罗斯工厂的产量真正达到了工厂的设计产能，也意味着吉利的国际化进程又迈出了坚定的一步。

除了白俄罗斯，宝腾 X70 在马来西亚丹绒马林工厂的生产也很成功。吉利收购宝腾后，首要任务是打造产品。根据对马来西亚市场的了解，吉利把博越的左驾改成右驾，而且增加了马来西亚的元素，开发了针对当地客户的语音系统。2018 年 12 月，吉利和宝腾联合开发的首款新车宝腾 X70 在吉隆坡正式上市，搭载专为马来西亚用户开发的宝腾版吉客智能生态系统（GKUI）。2019 年 12 月，宝腾 X70 在马来西亚丹绒马林工厂正式下线，这是宝腾 X70 本地化生产的开端，对马来西亚汽车工业的发展具有重大意义。截至 2019 年年底，宝腾 X70 交付数量达 26 331 台，成为马来西亚市场中高端 SUV 细分市场的冠军。

---

① 来源：http://auto.people.com.cn/n1/2018/0901/c1005-30265361.html.

除了在海外建立工厂，供应链和价值链的全球布局和整体水平的提升也是制造水平发展的核心要素。发达国家（如日本、德国和美国）的汽车企业，大多数有自己的核心供应商。但是，中国汽车企业在产业集群内尚未建立高质量的供应链体系。根据我国的汽车产业政策，中方汽车企业在合资企业中持股比例不得低于 50%。这一政策的实施，一方面是为了降低中国汽车工业受外资市场的冲击，另一方面，是期望中国汽车企业通过与外方合资，实现“以市场换技术”，提升我国汽车企业在全球的竞争力。然而，在中外合资的过程中，大部分国内的汽车企业并不具备核心技术开发能力和零部件同步开发能力。

但是，随着中国制造产业开放程度的进一步提高，汽车行业将分类型逐步开放，5 年过渡期后，将取消以往的限制。这就意味着，中国汽车企业将在国内市场上直接与外资汽车企业竞争，这对中国的自主品牌汽车企业将是重大的挑战。供应链的打造和价值链的提升是汽车产业发展的基础，为应对未来汽车市场的竞争，中国汽车企业需要在供应链上进行全球布局，充分利用全球资源，提升自身的竞争力，实现在价值链上的攀升。

## 布局研发网络

研发国际化是企业提升技术能力和获得竞争优势的重要战略。除了可以跨越国界转移和利用知识，研发国际化还可以创造新的知识，提升企业的自主创新能力。企业将研发活动分散在不同的地理区位，不仅可以挖掘当地的知识和技术，而且可以建立一个探索和利用全球知识的学习网络。吉利在研发上是愿意并舍得投入的，持续高水平的研发投入是吉利创新发展的基础，先进的技术是产品甚至企业在全球市场上保有竞争力的关键（见表 10-1）。

表 10-1　吉利历年研发费用（2010—2018）

| 年份 | 研发成本（千元） |
| --- | --- |
| 2010 | 97 637 |
| 2011 | 105 847 |
| 2012 | 206 343 |
| 2013 | 276 857 |
| 2014 | 211 553 |
| 2015 | 258 769 |
| 2016 | 211 531 |
| 2017 | 331 241 |
| 2018 | 548 653 |
| 2019 | 850 468 |
| 2020 | 588 100 |

数据来源：企业年报

目前，吉利在全球拥有五大工程研发中心和五大造型设计中心，研发设计人员 2 万多人。吉利的五大研发中心分别是吉利汽车（杭州湾）研究院、吉利杭州研发中心、吉利汽车欧洲研发中心（CEVT）、吉利英国考文垂研发中心和吉利德国研发中心。吉利汽车（杭州湾）研究院位于宁波，成立于 2003 年，是吉利汽车研发的大本营，拥有约 8 000 名研发人员。研究院建立了国内目前最先进的研发技术中心、整车试验中心、动力总成试验中心和整车试制中心，主要负责吉利汽车的产品开发和技术突破，同时为吉利控股集团的其他汽车品牌提供全方位的技术支持。杭州研发中心主要从事新能源和清洁能源商用车的研发，主要的技术路线包括纯电、增程、甲醇和燃料电池，有近 1 600 名研发人员。吉利英国考文垂研发中心聚集了数百名来自工程、制造等不同领域的研发人员，专注于最新的轻量化和节能技术。吉利德国研发中心位于法兰克福，于 2019 年投入运营，主要负责吉利新型电动汽车架构的开发。

吉利汽车欧洲研发中心（CEVT）位于瑞典哥德堡的林德港科技园，成立于 2013 年 3 月。CEVT 整合了吉利和沃尔沃的优势资源，主要用于联合开发全新的中级车基础模块架构和相关部件，以满足沃尔沃和吉利未来的市场需求。目前，CEVT 已经开发出了中级车模块化架构——CMA 架构，它的轮距和轴距都可以调整，可以生产轿车、SUV 和 MPV，兼容传统、纯电动和新能源动力。在这个平台上，沃尔沃生产的 XC40 自上市以来，在欧美市场上一直供不应求。吉利用 CMA 生产的第一款车是领克，于 2017 年正式上市。领克是专门为年轻人设计的品牌，体现出更强的科技感，也体现出吉利追求安全、环保和节能的使命。

自 2011 年李书福邀请彼得 · 霍布里担任高级设计副总裁开始，吉利不断加大在车型设计方面的投入，在全球范围内逐步构建起自己的造型设计体系。吉利的五大造型中心分别位于中国上海、瑞典哥德堡、英国考文垂、美国加利福尼亚和西班牙巴塞罗那。上海造型中心是五个造型设计中心的枢纽，承载着搭建吉利未来设计体系、构建最新吉利设计语言、拓展吉利全球化设计理念的重任。瑞典哥德堡造型中心坐落于哥德堡林德霍尔姆科技中心，聚集了众多国际优秀设计人才。英国考文垂造型中心是吉利最新的造型设计中心，它充分尊重路特斯品牌的美学传统，通过拓展产品矩阵，逐步复兴路特斯品牌，其全新的设计理念也将辐射到吉利的其他品牌。美国加州造型中心位于有“北美汽车创意中心”之称的加州大洛杉矶地区，毗邻世界著名的艺术中心设计学院，与加州独特的多文化环境完美融合，为吉利汽车的其他造型体系提供最新、最前沿的设计理念。西班牙巴塞罗那造型中心位于国际公认的艺术和设计之都巴塞罗那的市中心，来自 7 个国家的优秀设计师从南欧大陆的多元文化、艺术、建筑和都市潮流中汲取灵感，为吉利全球设计团队提供前瞻性创新思维。

随着吉利全球化布局的深入和影响力的提升，越来越多不同领域的顶尖研发人才愿意到吉利工作，一些外籍员工甚至会考虑到中国工作。收购沃尔沃以后，研发人才在全球的调动变得更加容易。目前，吉利拥有数百位具有国际影响力的外国专家，有来自 40 多个国家的近 5 万名外籍员工。五大研发中心和五大设计中心构成了吉利控股集团以点带面、全球化布局的研发体系。

## 非线性成长之“网络协同”

“独木不成林，单丝不成线”，随着汽车电动化、智能化、网联化和共享化时代的到来，汽车行业的竞争也进入新的时代，从单纯的产品竞争上升到体系竞争。企业需要通过网络协同实现非线性成长，而互补共生的力量和从价值链到价值网络的升级是网络协同的两个重要维度。

### 互补和共生

总的来看，吉利的互补和共生力量主要分为两类：市场的互补共生和业务的互补共生。从市场上看，吉利与沃尔沃的合作是两个不同层次的汽车品牌携手参与全球汽车市场的竞争，吉利与宝腾的合作是吉利通过技术上和产品上的输出，进入日系车占主导地位的东南亚市场。从业务上看，吉利最初只有A0级经济型轿车，后来通过收购伦敦出租车，进入出租车业务领域；通过收购澳大利亚DSI公司，将业务领域拓展至核心零部件变速器的开发；通过收购路特斯，进入豪华跑车领域；通过收购美国太力飞行汽车公司，并与Smart共同投资德国Volocopter公司，布局飞行汽车业务。来自新兴市场的企业要想成为国际化和全球化的企业，不仅要深耕所在行业，重视研发，注重自身积累，还要主动寻找互补和共生的伙伴，共同发展。吉利在国际化的探索中，深谙其道。

## 从价值链到价值网络

成功的企业不仅要增加自身价值，还要创造新的价值。企业与供应商、顾客、商业伙伴和同盟者等构成商业网络，通过关系和角色的重构实现价值创造。20世纪90年代，我国提出“走出去”的政策，鼓励了许多中国企业到海外市场获取战略资源，比如先进的技术和管理经验，提高了品牌的知名度和竞争力。因此，人们将新兴企业的跨国并购视为它们向上跃迁的跳板，这类并购的对象往往是有高技术水平的企业。近几年，中国企业开始逐渐进入欠发达地区的市场。吉利作为中国企业国际化的代表之一，不仅通过收购沃尔沃实现了从海外引进技术的目标，也开始为向海外输出技术和产品布局。

第十一章

# 高速发展中的“中规中矩”

---

**过去的二十多年里，吉利持续高速增长。但是吉利清醒地认识到，越是发展迅速，越要有底线思维，越要建设合规，正如李书福所说：“合规就像高速公路、飞机跑道一样，要想车跑得快、飞机飞得高，一定要设好相关的规则，掌握好驾驶技术。”[①]**

---

从灵魂深处，我们有比较长远的考虑，所以必须遵纪守法，这是实现理想的一个基本前提。

——李书福

过去的几十年里，中国借助全球化的浪潮，实现了经济的高速发展。但是全球化趋势发展到今天，已经开始发生变化。一方

① 护航企业“走出去”的合规官，新华每日电讯，2019-12-27. http://www.xinhuanet.com/2019-12/27/c_1125393930.htm.

面，美国对中兴、华为等中国高科技企业进行封锁，全球贸易制度不断遭到破坏，新冠肺炎疫情加剧了反全球化的趋势，逆全球化的声音时有出现；另一方面，全球化的形式也从商品、资本和人员流动向技术、服务和数字化转变。无论是在全球化的发展浪潮中，还是在逆全球化的持续发酵中，人们越来越意识到可持续发展的重要性。

合规正在成为企业软实力的象征，在企业加强可持续竞争优势的过程中发挥着越来越重要的作用。经过三十多年的快速发展，吉利从一家本土企业成长为跨国企业，实现了向全球化企业的转型。在更深入地进入全球市场之际，吉利面临着新的全球竞争方式和竞争规则。对全球竞争规则的把握，不仅是企业实现跨越式发展的重要基础，更是企业长远发展的前提。

2016 年，吉利启动对美国太力飞行汽车公司的收购计划，与该公司就收购问题展开协商。2017 年 11 月获得美国外资投资委员会（CFIUS）等相关监管机构的批准，正式签署了收购协议。美国太力飞行汽车公司成立于 2006 年，是美国唯一一家具有飞行汽车上路许可证的企业，拥有多项先进的科研成果和尖端技术，正因为如此，吉利收购太力需要经过美国相关部门的严格审查。当吉利将收购协议提交到美国国防部进行审核的时候，美国国防部首先询问的不是吉利为什么要收购，而是吉利有没有合规机构和合规官，然后让首席合规官回答一些问题。早在 2013 年，李书福已经要求吉利控股集团进行合规体系建设，2014 年，吉利控股集团的合规体系初步建成，并设置了相应的组织机构和合规官。吉利的首席合规官在与内部团队进行讨论以后，实事求是地对美国方面的疑问一一做出解答，从而获得了美国相关机构的许可，成功收购了太力公司。由此可见，合规为企业在海外发展铺平了道路，是企业应对政治不确定性的底气，吉利也成为中国企业在合规建设中的榜样。

作为国内企业合规文化建设的先驱，吉利的合规建设主要经历了三个不同的阶段：启蒙阶段、运行阶段和提升阶段。2010 年收购沃尔沃，对吉利的合规管理具有重要意义，李书福在瑞典参加了合规培训，成为吉利合规文化建设的开端。在启蒙阶段，吉利开始意识到合规的重要性，逐步展开合规建设。2014 年，吉利召开了合规体系制度文件宣贯暨试运行启动会议，这是吉利第一代合规文件的正式出台，标志着吉利的合规管理进入运行阶段。2018 年，吉利正式把合规纳入企业文化体系，合规文化成为吉利的文化之一，这是吉利的合规管理进入提升阶段的标志。

那么，吉利是如何将合规管理融入企业文化，使企业获得可持续的竞争优势的呢？本章将首先探索吉利为什么进行合规管理，企业家在其中扮演何种角色。然后阐释合规作为一项正式的制度，在吉利集团内部是如何实施的，高管团队在合规制度的实施中发挥了怎样的作用。最后分析吉利如何将合规建设成具有吉利特色的企业文化，使全体员工学会合规。

## 合规是一种底线

*在经济全球化的今天，任何不合规行为都有可能造成严重的问题，产生严重的后果。做企业必须天天如履薄冰，时刻牢记合规的重要性和法律的严肃性。*

——李书福

改革开放以来，中国企业经历了“粗放式”生长的30年，建立于1986年的吉利，正是在这一浪潮中成长起来的。今天，吉利已经成为中国企业合规建设的先驱和榜样，这离不开企业家对合规的深刻认识和企业对合规的不懈追求。

## 企业家的未雨绸缪

李书福是一个爱冒险的企业家，但他冒的是商业上的风险，不是法律上的风险。在投身汽车行业数十年以后，他对企业的发展有了更深刻的认识，意识到合规是企业可持续发展的前提，是全球各类经济体相互依存、正当竞争的关键，也是人类经济社会不断发展进步的游戏规则。吉利早期的发展确实存在不规范之处，如果沿用原来的做法，吉利就输定了。李书福对合规的战略思考是一种远见，引领着吉利高速发展的方向。

吉利收购沃尔沃被视为“蛇吞象”，当时很多人并不看好这次收购，认为其中有风险。正是这次收购，让吉利更加小心翼翼，也成为吉利合规建设的开端。2010年3月28日，吉利与福特签订了对沃尔沃100%股权的收购协议。当大家沉浸在收购的喜悦中时，李书福诚恳地对大家说，吉利不再是原来的吉利了，必须合规经营，建立新闻发言人制度，以防引起沃尔沃员工的反感、怀疑甚至对抗。

吉利的合规管理体系是在北京新世纪跨国公司研究所王志乐的帮助下构建的。李书福与王志乐在一个公开场合相遇，李书福当下邀请王志乐团队为吉利收购沃尔沃的合规问题制订参考方案。王志乐教授是研究世界近现代历史的经济学家，任职于商务部，专注于研究外国企业（如美国、德国和日本企业）的在华投资。彼时，吉利和沃尔沃的合作虽有进展，但仍止于表面，正在探索如何进行更深入的合作。2011 年 7 月，媒体夸大吉利的负债，对吉利做出了非常片面的报道。吉利发布公告，并与记者进行了公开对话。同年 10 月，媒体再次夸大吉利的资产负债率，甚至达到了造谣的地步。这次吉利没有回避，而是采取了法律手段。这一负面事件让吉利意识到，沃尔沃对吉利的影响太大了，如果沃尔沃“打喷嚏”，吉利就会“重感冒”。但是，当吉利提出要与沃尔沃合作的时候，沃尔沃的大部分独立董事都持反对的态度，认为沃尔沃和吉利不能合作，也不能共享平台。

王志乐的团队对此进行了调研，发现沃尔沃最担心的是吉利的合规问题。对于吉利收购沃尔沃，福特、沃尔沃甚至是外界媒体最担心的是吉利可能会“偷窃”知识产权。因为福特和沃尔沃共用部分零部件，沃尔沃虽然被福特出售，但并不意味着双方彻底没有关系了。同时，美国的商业合规原则又最为严格，欧洲也是合规的“高地”，吉利只有合规才能打消沃尔沃的疑虑，获得他们的信任，这使吉利不得不对合规问题加以重视。对李书福而言，成为沃尔沃的股东之后，他参与沃尔沃的董事会议，也有机会在瑞典第一次参加了合规培训。在这个过程中，李书福对外部环境有了更深入的了解，也逐渐意识到合规的重要性。因此，在很多国内企业还没有合规意识的时候，吉利已经开始了合规管理变革。

在王志乐团队的建议下，吉利在 2014 年设置专门的合规官，正式开始实施合规管理。吉利和沃尔沃的合作之所以顺利，一个重要原因就是双方遵循合规的原则。对沃尔沃的完全自主知识产权，吉利是通过商业购买或者联合开发的方式来实现技术共享的。比如吉利和沃尔沃在CEVT共同开发的CMA平台，双方对这个平台的使用均基于法律和税务的合规性，共同承担开发成本，共享技术。这成为吉利和沃尔沃联合采购、联合开发的基础，也是领克汽车等新产品得以问世的前提。

除了与沃尔沃的合作，吉利集团的不同子公司之间的合作也必须合规。伦敦出租车的负责人想利用沃尔沃的轻量化技术，询问李书福沃尔沃是否可以免费提供给他们。李书福说："亲兄弟，明算账。"这是对技术的敬畏，企业只有付出成本获得技术，才会更好地使用它。伦敦出租车后来通过商业的方式，购买了沃尔沃的轻量化技术，也用到了极致。无论是知识产权还是利润，吉利均遵守合规的原则，按照东道国的法律制度和商业文明办事，因而沃尔沃才认可吉利，信任吉利。在与其他企业合作的过程中，不能存有侥幸心理，更不能占便宜、耍小聪明，甚至偷窃对方的东西。在一次G20会议上，需要各国财长对中国经济市场化运行程度打分。瑞典的财长给中国打了满分，他从吉利收购沃尔沃的案例中，感受到中国的市场化程度，因为吉利遵从了所有的承诺，甚至做得多于承诺。

## 必由之路

吉利的使命从"造老百姓买得起的好车"到"造最安全、最环保、最节能的好车"，可以看出其对品质的追求。为实现这一使命，吉利需要合规，需要沉淀，精益求精，制造出精品。在激烈的市场竞争中，不能以次充好，不能不安全，更不能欺骗消费者，这就意味着企业必须在合规的前提下生产高品质的汽车。企业必须进行合规建设，遵守规则，敬畏规则，在高速发展中依然"中规中矩"。

以收购沃尔沃为标志，吉利开始从本土企业转变为跨国企业，并向全球型企业转型。合规是企业在向全球型企业转变的过程中不可回避的问题，企业不仅需要遵守母国和东道国的制度、法律，还需要了解它们的商业规范、社会文化。在近年来愈演愈烈的逆全球化浪潮的冲击下，不同经济体之间因为政治、贸易等原因不断角力，导致摩擦、冲突更加频繁。在这样的趋势下，合规管理成为全球型企业提升竞争力的软实力。从成功收购美国太力飞行汽车公司、马来西亚宝腾汽车公司，再到收购德国戴姆勒近 10% 的股权，都证明吉利的合规建设初见成效，合规成了吉利走出国门的通行证。

2018 年 2 月 24 日，吉利宣布收购德国企业戴姆勒 9.69% 具有表决权的股份。戴姆勒作为德国企业，拥有最古老和最高端的汽车品牌——奔驰，在德国人心中享有很高的地位。当得知中国人成为其第一大股东时，德国的监管机构提出了异议。德国联邦金融监管局认为吉利通报和提交相关收购信息过晚，违反了当局的相关规定，将对吉利进行审查并决定是否罚款。在德国进行任何大规模的收购，企业都必须向联邦金融监管局通报。按照规定，收购企业应该在三天之内进行公告。实际上，吉利在第二天就进行了公告，并未违规。

后来，德国当局又要求，投资者持股比例超过 3%、5% 和 10% 时均要做出相应的披露。此前，吉利斥资 90 亿美元，通过二级市场购买了戴姆勒 9.69% 的股份，从透露出收购意向到完成收购仅用了短短数月的时间，因而在全球汽车市场引起了一定的轰动。在收购 3% 和 5% 股权的时候，吉利确实没有进行公告。但是，新的规定是在 2018 年 5 月出台的，吉利在 2018 年 2 月向全球公告，遵守的是德国原来的运行规定，新规定对吉利收购戴姆勒的股份并不具有约束力。

德国总理默克尔问了李书福两个问题：第一，吉利为什么要购买戴姆勒的股权；第二，吉利收购戴姆勒股权的过程有没有问题。李书福回答道：首先，吉利和戴姆勒的合作将是强强联合，吉利有吉利的优势，戴姆勒有戴姆勒的优势，双方可以互补，共同发展；其次，吉利的一切做法都是合规的，如果发现问题，吉利愿意承担相应的责任。诚恳的回答打消了德国方面的顾虑，随后默克尔公开表示，初步看来这一投资并不存在违规行为，并且强调德国要想继续保持在汽车行业的竞争力，需要对合作伙伴抱有开放的态度。合规为吉利在国际上树立起良好的形象，也是吉利转型为全球型企业的必由之路。

## 合规是一种制度

合规是指公司及其员工的经营管理行为符合法律法规、国际条约、监管规定、行业准则、商业惯例、道德规范和企业章程等，这是企业健康发展的“生命线”，也是企业在全球新形势下高质量发展的重要基础。吉利在遵循法律法规的同时，逐步建立并不断完善内部的合规管理制度。早在2014年，吉利就发布了第一代合规文件并在内部运行。2018年，吉利根据国家标准化管理委员会出台的《合规管理体系指南》、国资委出台的《中央企业合规管理指引》和《中央企业违规经营投资责任追究实施办法》、发改委等部门出台的《企业海外经营合规管理指引》，对企业内部运行了四年多的合规管理体系进行了重新评审。2019 年 1 月，吉利控股集团发布《浙江吉利控股集团有限公司合规管理制度汇编（2019 版）》，标志着吉利第二代合规文件的正式出台。

## 高管的担当

建设合规体系，首先要从管理层开始，高度重视，率先示范。各级管理人员既是合规建设的重点力量，也是实施有效性的关键教育对象。只有管理人员以身作则，旗帜鲜明地反对腐败，坚定不移地推进合规工作，才能真正推动阳光企业的构建。

——安聪慧

合规制度就像企业的基础设施，是企业发展的高速公路和跑道，承载着企业的梦想，但是合规制度的建设过程并不容易。2020 年，李书福不再担任吉利控股集团的 CEO，该职由李东辉担任，而安聪慧继续担任吉利控股集团总裁。这既符合我国法律，也符合国际惯例，更是为了进一步推进现代企业制度建设，依法、合规地完善企业治理模式。吉利能够在短短几年内建立起合规体系，离不开高管团队的战略定力。一方面，他们要努力克服合规制度实施过程中的阻力；另一方面，他们在重视合规建设的同时，也要提高企业的经营效率，提高企业的竞争力。

**克服变革的阻力**

企业的制度通常是逐渐演化的，现行的制度和以前的制度会有相似之处。因此，当企业进行变革的时候，常常会遇到路径依赖和组织惰性的问题，即人们倾向于保持原有的行为规范和思维模式。虽然环境和制度发生了变化，人们却一时难以接受新的制度，甚至有可能对新制度产生抗拒。吉利在进行合规建设的时候，在内部也遇到了极大的阻力。

法律专业出身的孙宏在2014年加入吉利，被任命为首席合规官。孙宏毕业于吉林大学，在加入吉利之前，曾在司法机关工作。他来到吉利以后，发现当时的招标管理办法并不适合吉利控股集团，李书福就授权他组织修改招标管理办法。制定这一办法的最初目的是要在保证产品质量的前提下控制成本，同时防止腐败的滋生。他们决定从这里入手。新的招标管理办法要求所有零部件供应一律公开招标，极个别的可以邀请招标，凡是不招标的，需报总裁以上领导批示。所有30万以上的交易，必须招标，30万以下的交易可以不招标，鼓励招标。此前，招标的随意性比较大，产品质量得不到保证。因为招标涉及所有单位，孙宏一下成了众矢之的。最大的阻力来自各级别的负责人，原来都是他们在自己的"一亩三分地"上做主，新的招标管理办法使他们失去了自主权，所以他们的意见最大。类似这样的棘手问题，在各方的努力下，最终都得到了圆满解决。

**既要合规也要效率**

吉利的高管是双岗负责的，既对经营负责，也对合规负责。合规管理的使命是在提升企业运营效率的同时，培养企业的可持续发展能力，从而提高企业的竞争力。尽管合规管理不是为了降低企业的运营效率，但在执行过程中却面临着如何平衡合规和效率的问题。集团关于合规的会议讨论最多的就是这个问题，效率和风险是同一个问题的两面。在合规管理中，集团的大事小情都要合规，金额在 30 万以上的合同需要经过合规办的审查，而合规办的人并不多，审查通不过，合同就无法继续推进；业务部门又不敢不合规，不然会觉得有问题。

安聪慧对此感触颇深，刚开始的时候确实不太习惯，两者的关系到底如何把握？在吉利的有些部门，一切过程和行为都合规，而最后的经营效益并不理想；但是，如果不进行合规管理，企业的问题又会很多，“蛀虫”的存在成为潜在的风险。后来吉利意识到这个问题，对两者的关系进行了梳理，认为合规和效率之间应该相互支持，又相互牵制。如何解决这个问题？吉利提出了“快乐经营体”的管理模式。在快乐经营体内，员工对经营结果负责，同时分享经营成果。最重要的是，员工对问题的发现和解决也与经营结果挂钩，这样一来，许多问题都被员工发现并得到了有效的解决。快乐经营体的模式不仅可以充分调动大家的积极性，进而提高经营效率，也可以促使团队成员分担责任，保证合规的推进。

## 合规制度的实施

合规制度的制定和实施是合规管理的关键环节。为保证合规制度的有效实施，吉利不仅设置了相应的组织结构，而且明确了相关的运行机制。

**规章制度**

吉利将内部的合规制度分为四大类：准则类、管理类、操作类和业务类。准则类是宏观的规范，涉及企业员工的权利和义务、企业与社区的关系、企业与商业伙伴（比如供应商和经销商等上下游企业）的关系等。准则类合规制度不仅可以保护公司的资产和利益，也是企业实现可持续生产和运营的基础和前提。

管理类是企业内部的规范，包括礼品与招待管理制度、领导干部一岗双责规定、利益冲突管理制度和婚丧嫁娶事宜操办规范等。在吉利，人们对待礼品的态度是“一拒二退三上交”。领导干部一岗双责的规定意味着高管既对经营负责，也对合规负责，各个部门也是既对业务负责，也对合规负责。

操作类是企业关于合规的制度规定，主要包括合规委员会会议制度，集团合规风险管控部门联席会议制度，合规培训实施细则，合规绩效评价办法，合规风险管理办法，合规管理组织架构及职责规定，合规咨询、举报、查处及奖励管理办法等，可以为合规管理提供有效的制度支持。吉利集团目前共有 600 多名合规相关业务的员工，他们都经过了专门的培训，负责合规方面的具体工作。

业务类是不同业务部门根据国家法律法规制定的具体办法，如合同管理办法、招标管理办法、质量管理办法、费用管理办法、海外投资准则等，它们是企业合规的基石。过去，同类规则可能出自多个部门，容易出现互相矛盾的地方，开始实施合规管理后，吉利对所有的制度进行了系统化和规范化，使之便于实施。

**组织结构**

早在 2014 年，吉利控股集团就设立了合规委员会、首席合规官和合规办公室。2017 年初，各子公司也按照集团的统一要求，建立了合规管理组织。

经过几年的探索，吉利已经建立起了相对完善的合规组织结构，董事局下设的合规委员会是合规工作的主要领导机构，集团总裁担任合规委员会的主任，副主任由首席合规官担任，财务、人力、公关和纪检等分管领导担任委员。合规办公室是合规工作的日常办事机构（见图 11-1）。

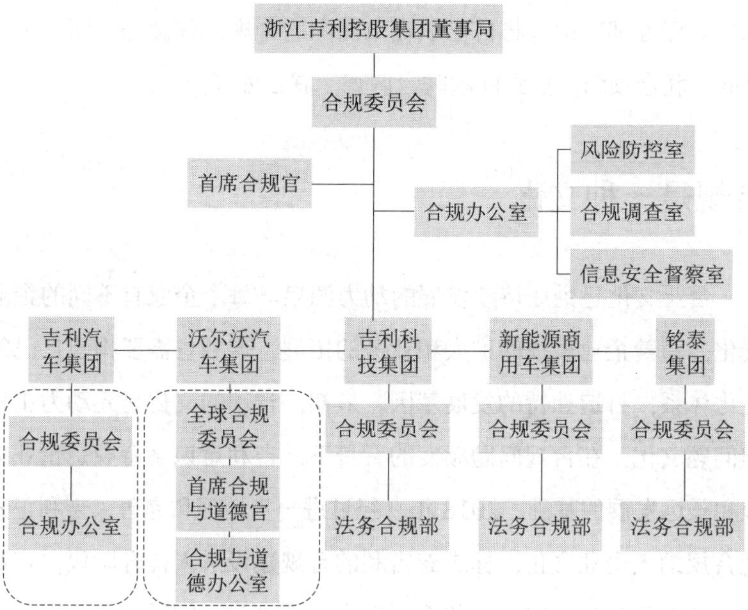


图 11-1　吉利的合规组织架构

**运行机制**

在合规管理实践中，吉利通常会召开各类会议对合规工作进行总结和部署，具体分为五种类型：合规委员会季度例会、职能部门半年联席会、风险防控形势分析会、典型案件通报会和年度合规表彰会。为了推行合规管理，吉利还会对不同岗位的员工进行不同类型的合规培训，比如高管年中合规培训、中层和关键岗位季度培训、新员工入职培训和合规管理人员业务培训等。日常工作中的合规管理遵照举报咨询奖励办法、案件调查办法和考核评价办法进行，遇到重大项目中标或重大风险问题，合规部门会约谈相关业务部门和个人。不同部门形成合力是合规管理运行的基础。在吉利内部，合规、纪检、法务、内审、人力、内控、信息安全、财务、招标、安环等部门都会将自己职责范围内的合规工作做好，同时相互协同，联合预防，遇到问题联合调查，联合处理。

## 合规是一种文化

企业文化是企业持续发展的动力源泉。每个企业有不同的企业文化，随着企业规模的扩大和业务的拓展，吉利也需要构建自己的文化体系，打造独特的发展基因。最初，吉利的文化是元动力工程和问题文化，在合规问题频发的背景下，吉利意识到合规是企业健康和长远发展的基础。2018 年，经过进一步梳理和完善，吉利正式把合规纳入企业文化，标志着吉利的合规建设进入提升阶段，吉利也由此构建起自己的文化体系，即奋斗者文化、问题文化、对标文化和合规文化。

### 员工的自觉行为

经过三十几年的发展，吉利已经成长为拥有多个子公司和不同品牌的企业集团，分别是吉利汽车集团、沃尔沃汽车集团、吉利新能源商用车集团、吉利科技集团和铭泰集团，不同集团旗下又有不同的品牌，吉利汽车集团拥有吉利汽车、几何汽车、宝腾汽车和路特斯汽车，而沃尔沃汽车和极星汽车属于沃尔沃汽车集团。各集团需要构建共同的文化，建立共同的认知，以增强企业的凝聚力。合规文化不是仅适用于吉利汽车集团，而是吉利控股集团旗下的每个企业都需要遵循的。

在吉利，合规工作的主要理念为“全员主动合规”，这一理念旨在加强员工的合规意识，使员工自觉学规、知规和守规。日常工作中，员工要严守规范，签订的合同要合规，办事的流程要合规，审查的过程要严格。自 2014 年以来，吉利坚持开展全员合规培训（见表 11-1），为吉利的高速发展奠定了坚实的合规基础。

表 11-1　吉利控股集团合规培训基本情况

| 年份 | 合规推进范围 | 合规培训人数 | 参训率 | 培训场次 |
| --- | --- | --- | --- | --- |
| 2014 | 18 411 | 18 063 | 98.11% | — |
| 2015 | 23 405 | 22 680 | 96.90% | — |
| 2016 | 30 113 | 29 357 | 97.49% | 513 |
| 2017 | 40 472 | 39 570 | 97.77% | 752 |
| 2018 | 61 074 | 59 584 | 97.56% | 1 862 |

## 让合规氛围充满整个组织

合规是企业健康、可持续发展的基础。经过几年的运行，吉利控股集团对合规的认同感不断增强，践行合规的自觉性不断提高。在集团内部，合规办事已成常态，“合规人人有责，合规创造价值，合规从领导做起，全员主动合规”的理念也被广泛传播。合规文化成为吉利的四大文化之一，并已经转化成吉利发展和走向全球的巨大力量。

合规建设不仅要求企业营造内部合规文化氛围，而且让企业更加注重外部合规文化的建设，以形成健康的商业生态。

**内部合规文化氛围**

在企业内部营造合规文化氛围的主要目的是让全体员工养成自觉遵守规定的习惯，形成“人人讲合规，事事讲合规，时时讲合规”的风气。为了营造内部合规文化氛围，吉利积极开展各种合规培训和宣传活动，通过合规宣传月、合规知识竞赛、合规模拟法庭和“以案说法，议案讲规”的警示教育活动等形式，不断提高员工的合规意识，规范员工行为。

**外部合规文化建设**

合规是吉利经营理念和社会责任的重要内容，企业的官方网站和社会责任报告中都展示了吉利积极正面的合规形象。在不断加强自身合规建设的同时，吉利还努力以自己的合规要求影响和带动产业链上下游合作企业的合规建设，促进整个价值链的合规，推动了行业合规文化的发展，营造了良好的合规氛围和健康的商业生态。在知识产权方面，吉利和合作伙伴的界限比较清晰：有些零部件是“黑匣子”产品，它们完全由合作伙伴研发，只是将边界释放给吉利；有些零部件是“灰匣子”产品，一部分由合作伙伴研发，一部分由吉利研发；还有些“白匣子”产品，完全由吉利研发和制造。在与外部合作的过程中，吉利希望对方诚信自律，在所有合同中都增加了自律条款，要求对方在一些重要的问题上约束自己。尽管有时会遇到一些阻力，比如部分强势供应商的反对，但在吉利的强烈要求下，双方最终都会遵守相关的法律法规、行业规范和合规制度。

## 非线性成长之“底线思维”

合规可以创造价值，是企业形象的“试金石”，稳步发展的“加速器”，走出国门的“通行证”。随着吉利的快速发展和国际化水平的提升，吉利控股集团打造的合规体系成为中国企业学习的典范。吉利的合规建设是企业在非线性成长过程中坚守底线思维的重要体现。合规建设既是一种远见，也是一种制度，更是一种文化，三者相辅相成，这要求企业必须坚守底线思维（如图 11-2）。

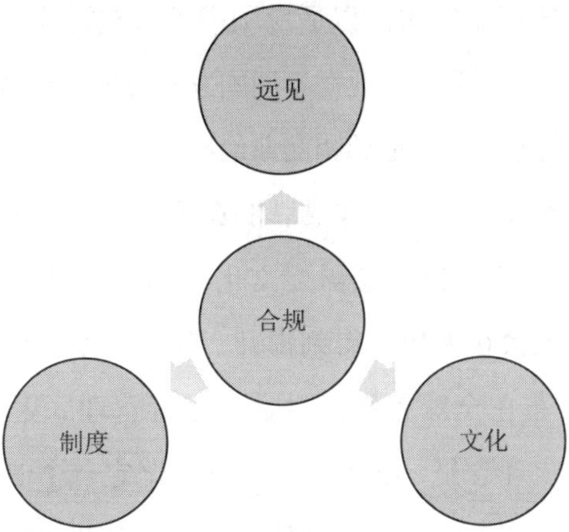


图 11-2 合规的内涵

合规是一种远见。从开照相馆起家，到生产冰箱和冰柜的零部件赚取第一桶金，然后生产装潢材料和制造摩托车，再到成为“汽车疯子”进入汽车行业，李书福一直都是敢为人先，善于创新，善于想象，又脚踏实地。从被人质疑，到成功打造全球化汽车公司，李书福已经从一个草根企业家成长为具有全球视野的企业家，他的目标之一是把吉利做成受人尊敬的全球化企业。在多次并购国外企业的过程中，李书福积累了重要的经验，即要依法、公正、透明地去管理企业。吉利的发展正在进入一个全新的阶段，合规是吉利成长为受人尊敬的全球化企业的不二法门。

合规是一种制度。企业合规的基础是遵守法律和各项规章制度，合法经营是企业所应坚守的红线，遵守规章制度则可以提高企业生存的可能性。作为制度，企业的合规建设是一个不断提高、不断完善的过程。吉利 2014 年首次出台合规文件，到修订形成《浙江吉利控股集团有限公司合规管理制度汇编（2019 版）》，集团的合规管理体系不断健全完善，以适应国内外合规管理的最新要求和集团快速发展的实际需要。企业在不同国家的发展和运营，不仅要遵守法律法规，还要遵守行业道德和商业伦理。

合规是一种文化。企业或品牌的竞争力，除了历史的积淀、质量的保证和技术的支撑，还需要文化的涵养。当合规形成一种文化，企业的形象会在无形中得到提升。作为一家全球化的公司，吉利的子公司分布在全球各地，对它们进行管理，更多的是依靠文化。吉利的文化理念是：认准一个方向，坚定一个信念，凝聚一股力量，提炼一种精神，完成一个使命。关于企业文化的定义，李书福认为:“企业文化就是企业所有员工经过长期磨合所创造出的价值观，是一种环境、一种氛围、一种习惯。它不是花钱能买来的，也不是从天上掉下来的，而是通过企业的制度建设、严格管理和全体员工的共同实践，自然而然形成的，是看不见、摸不着的。”吉利始终坚持诚实守信、合规经营，努力建设高标准的、符合商业道德和合规经营原则的企业文化。

## 第四篇

# 穿越周期：拥抱不确定性

本篇关注吉利在具有巨大不确定性的外部环境中，如何通过“跨越技术全生命周期”的管理模式去拥抱不确定性，捕捉不同类型的机会窗口，实现换道超车的“超越追赶”。第十二章重点关注在制造业与服务业融合发展的大背景下，以吉利为代表的传统制造企业如何将基于生产的产品经济和基于消费的服务经济有机融合，通过技术创新与商业模式创新“双轮驱动”的战略，实现新一轮的增量发展。第十三章关注在范式转变的新情境下，企业如何识别市场、政策、技术等维度的机会窗口，跳出“追赶陷阱”，在变化的环境中保持高度的战略定力，实现新科技时代的“非线性成长”。

第十二章

# 从制造到服务

---

**“丰田不再是汽车厂”是2018年全球汽车行业的大新闻，丰田掌门人丰田章男对外宣布，丰田将从传统汽车制造公司转型为移动出行公司，而其对手也不再是传统汽车厂商，而是谷歌、苹果和脸书等高科技企业。汽车巨头福特、奔驰也陆续宣布将加快向移动出行解决方案提供商转型的步伐。全球主要车企纷纷向科技型出行公司转变的背后，发生了何种行业巨变？**

---

20世纪末，制造业和服务业发生了一场革命性的变化——二者的融合发展[①]。传统制造企业的主要业务从生产产品过渡到卖服务，乃至进一步将服务视为制造差异化优势的工具。制造与服务相融合的新产业模式是一种创新型的经济模式，是基于生产的产品经济和基

① Neely, Andy. Society's Grand Challenges: What Role for Services?[M]// Managing Services. 2012.

于消费的服务经济的融合，更是传统制造业和服务业转型升级的重要途径[①]。

近年来，全球汽车“新四化”（电动化、智能化、网联化、共享化）理念的发展，推动城市交通系统与大众出行方式发生了根本性的变化。随着出行生态的巨变，新兴造车企业以及互联网公司等新生力量不断涌现，整个出行行业处在转型和创新发展的关键机遇期，传统造车企业也开始思变。具有敏锐嗅觉的吉利，自然也在探索共享出行行业的发展路径。

总体来看，吉利的制造业服务化过程已经经历了商业逻辑重塑、商业模式创新、平台赋能的多重动态演进过程。2015 年末，吉利投资的中高端互联网专车品牌——曹操出行，正式登陆浙江宁波，标志着中国第一个自主汽车品牌真正意义上由整车制造业务涉足网约车业务。曹操出行凭借“自有公营车辆 + 认证车队加盟”的 B2C 运营模式和“健康、低碳、共享”的出行理念，重新定义出行需求，充分发挥数据与网络的平台力量，进一步赋能业务，建立起全新的行业竞争优势。曹操出行的用户量现已超过 6 000 万，如此大的用户群体，帮助吉利实现了新一轮的良性增长。

那么，吉利是基于何种契机做出服务化转型的战略调整的？其背后有何种创新逻辑支撑，又面临何种发展困境？本章将从战略思维的转换与平台赋能两个视角，探讨吉利从“制造”到“服务”背后的故事。

---

① 刘斌，魏倩，吕越，等. 制造业服务化与价值链升级 [J]. 经济研究，2016(51):162.

## 重新定义汽车制造

近年来，我国许多城市的限行措施、高涨的油价和较高的车辆养护成本，都给消费者的购车和出行带来了阻碍，无形中催生出更加多元的出行方式，轨道交通、共享出行、分时租赁等出行方式获得了快速发展的机会，逐渐得到更多消费者的青睐。中国互联网络信息中心（CNNIC）发布的数据显示，2021 年 6 月，我国网约车用户规模达 3.97 亿人，上半年订单量超过 43.1 亿单，2020 年中国网约车市场规模达到 2980 亿元。[①] 图 12-1 为我国网约车用户规模及使用率，可以看出目前已趋于稳定。

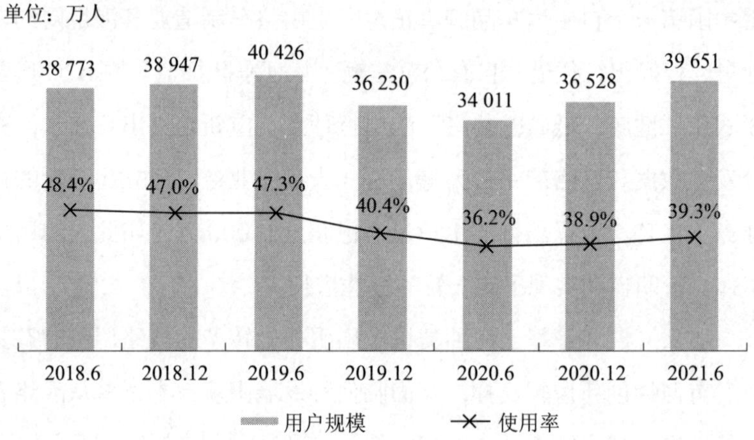


来源：CNNIC 中国互联网络发展状况统计调查

图 12-1 2018.6—2021.6 网约车用户规模及使用率

① 米乎财经 https://baijiahao.baidu.com/s?id=1697642407951605640&wfr=spider&for=pc.

吉利通过深入的市场调研发现，消费者对于汽车的购买愿望在下降，即拥有一辆车的愿望在下降，但是出行的需求却与日俱增。因此，准确、快速地洞察市场变化，并适时做出有针对性的反应尤为重要。2014 年，吉利的高层管理者开始讨论如何重新定义汽车制造，针对市场端的变化，布局“大出行”业务。

## 源于洞察的商业逻辑重塑

一直以来，吉利对于商业变化的敏捷反应都使其一次次抓住历史机遇，实现了超常规的快速增长。现阶段，在以 ABCDE（人工智能、区块链、云计算、大数据、边缘计算）等技术为核心的第四次产业革命爆发的关键时期，吉利对消费者的出行做出了深度的思考。

**集团战略重塑**

如表 12-1 所示，根据世界银行发布的全球主要国家千人汽车保有量数据，中国的千人保有量仅为 173 辆，大约是美国的 1/5、日本的 1/3。据此，我们不禁要问：中国的汽车产业今后是否会像发达国家一样实现 4~5 倍的再增长？吉利的高层管理者认为，受国内的道路基础设施、停车场、人口数量等多种因素的影响，汽车的需求量很难再次出现井喷式的增长。但是随着社交需求的不断增加，人们的出行需求却是与日俱增的。

表 12-1　全球主要国家千人汽车保有量（2019 年）

| 排行 | 国家 | 千人保有量（辆） | 人均 GDP（美元） |
| --- | --- | --- | --- |
| 1 | 美国 | 837 | 62 600 |
| 2 | 澳大利亚 | 747 | 57 300 |

（续表）

| 排行 | 国家 | 千人保有量（辆） | 人均 GDP（美元） |
|---|---|---|---|
| 3 | 意大利 | 695 | 34 300 |
| 4 | 加拿大 | 670 | 46 100 |
| 5 | 日本 | 591 | 39 300 |
| 6 | 德国 | 589 | 48 670 |
| 7 | 英国 | 579 | 42 500 |
| 8 | 法国 | 569 | 41 500 |
| 9 | 马来西亚 | 433 | 11 200 |
| 10 | 俄罗斯 | 373 | 11 300 |
| 11 | 巴西 | 350 | 8 921 |
| 12 | 墨西哥 | 297 | 9 698 |
| 13 | 沙特阿拉伯 | 209 | 23 200 |
| 14 | 土耳其 | 199 | 9 311 |
| 15 | 伊朗 | 178 | 5 258 |
| 16 | 南非 | 174 | 6 340 |
| 17 | 中国 | 173 | 9 201 |
| 18 | 印度尼西亚 | 87 | 3 894 |
| 19 | 尼日利亚 | 64 | 2 028 |
| 20 | 印度 | 22 | 2 016 |

一家汽车制造企业为什么会选择提供出行服务？李书福道出了背后的玄机："我们希望以曹操出行为起点，结合车载人工智能，优化智能网络空间，加快推进变革，让吉利控股集团从传统汽车制造商向移动出行服务提供商和信息内容提供商转型。"因此，2015

年，李书福宣布吉利进入新一轮的战略转型。2015 年 6 月，时任浙江吉利汽车集团副总裁刘金良从传统汽车销售“跨界”到移动出行领域，成为曹操出行项目的负责人。曹操出行作为吉利转型后的第一个阵地，其取名也颇为讲究，刘金良表示：“曹操，字孟德，小名吉利。曹吉利，这跟我们可是跨越古今几千年的缘分！再者，古有曹操千里奔驰赶赴洛阳救驾的故事，并留下‘说曹操，曹操到’的典故，现在，曹操出行要让街头巷尾也有‘叫曹操，曹操到’的用户体验，这是我们想要做到的。”

吉利此次转型与全球汽车巨头的转型之路不谋而合。近年来，丰田、福特、奔驰相继宣布将加速向移动出行解决方案提供商转型的步伐。行业巨变的背后，是对出行行业的全新认知。刘金良认为：“移动出行业务是基于共享经济理念的一种实践，着重解决行业内存在的六大浪费：司机资源的浪费、车辆资源的浪费、道路资源的浪费、时间资源的浪费、燃油资源的浪费、停车资源的浪费。”吉利转型的实质是以一种更加接近用户的方式服务用户，优化消费者的出行状态，最大化地利用资源。

**造车思维重塑**

出行方式的改变自然也会使车企的造车思维发生变化。传统的造车思维是为驾驶者而造，通过不断的技术升级，提供更舒适的驾驶体验。自曹操出行的专车业务上线以来，吉利的造车思维有了更深刻的转变。在汽车 4S 店时常可以看到，一些消费者为了以更便宜的价格购买高配置产品，往往会选择副驾驶座椅功能的减配。但是，这种做法可能是不利于出行的。驾驶员的座椅调整到位后通常是固定的，而乘客由于体型和习惯不同，会对副驾驶座椅有更多的调节需求。吉利及时发现了这个问题，便在后续的车型上在副驾驶座椅侧边加装了一个调节按钮，满足司机和乘客的调整需求。不难发现，吉利的造车思维已经发生了巨大转变，从“为驾驶者造车”转变成“为出行而造车”。

通过从造车思维入手，优化出行体验，吉利比原来更“懂”车了。刘金良认为：“不做出行市场，我们造车，眼睛是瞎的。你不参与出行市场，就不知道造什么样的车，你会逐渐失去这个市场，并可能最终沦为代工者。”如今，美国的通用、福特，欧洲的奔驰、宝马，日本的丰田、本田都在涉足出行业务，汽车主机厂进入出行市场已是大势所趋。大众汽车集团推出机器人出租车 Sedric，并建立了介于出租车和公交车之间的高端共享短途摆渡汽车服务平台 Moia。顶级零部件供应商采埃孚打造了类似 Sedric 的城市微型巴士 e.Go Mover。更加了解出行，才能更好地满足用户需求，更好地践行“以用户为中心”的理念，从而保持竞争优势。

与吉利建立曹操出行同步，丰田投资了 Uber，通用投资了美国打车平台 Lyft，大众投资了以色列的 Gett（如表 12-2）。与吉利不同的是，这些跨国汽车制造商更倾向于向打车软件投资，获取部分股权，而不是自建平台运营。

表 12-2　汽车制造商投资专车品牌情况

| 汽车制造商 | 专车品牌 | 投资方式 |
|---|---|---|
| 丰田 | Uber | 入股 |
| 大众 | Gett | 入股 |
| 通用 | Lyft | 入股 |

（续表）

| 汽车制造商 | 专车品牌 | 投资方式 |
| --- | --- | --- |
| 通用 | Sidecar | 收购 |
| 吉利 | 曹操 | 全资 |

通常，人们认为汽车制造商和移动叫车平台不是合作关系，因为两者之间存在潜在的竞争和替代关系。现阶段，一辆车在生命周期内的使用率平均不到10%，随着共享经济理念的不断深入，如果汽车可以不分昼夜地高速流转，大幅提高使用率，那么汽车的购买量将大幅降低，对汽车制造商来说，这无疑是一记重拳。一向具有前瞻性思维的吉利深知未来要面临诸多变数，因此利用自身汽车品牌，建立了移动出行服务平台。曹操出行依托吉利自身汽车制造商的专业优势，准确把握用户出行需求的变化，借助吉利和沃尔沃、戴姆勒的多层次国际合作网络，逐步推出高端型、商务型、经济型等多元化的出行业务模式，在垂直领域抢占更多的市场份额。与此同时，吉利的汽车金融板块、融资租赁业务，都将为曹操出行的发展插上腾飞的翅膀。

## 另辟蹊径的商业模式创新

商业模式创新是制造企业服务化转型的重要路径，也是影响企业创新绩效的重要因素[①]。广义上，商业模式可以拆解成“商业”

---

① S.M. Riad Shams, Demetris Vrontis, Yaakov Weber, et al. Business Model Innovation:New Frontiers and Perspectives. 2021

和“模式”两部分来理解。从更微观的角度，“模式”指的是多个相互关联、反复出现的要素，比如商业模式画布中的9个模块，它们不是彼此独立的，而是相互关联的。“商业”的本质则是价值交换。站在企业的视角来看，商业就是满足客户需求，以此进行交换，获得持续的收益。

因此，我们可以通过三个最核心的要素来理解商业模式创新的过程：其一，商业活动的动因；其二，如何获得收益；其三，交换的过程。换言之，就是为谁提供何种价值，如何获得持续回报，如何设计高效率、低成本过程。回答了这三个问题，就可较为清晰地理解一种商业模式。

**“+互联网”与“互联网+”的差异化路线**

刘金良坦言，进入出行领域后，吉利内部对曹操出行进行了初步定义：其一，考虑到环保因素，必须做一个新能源车辆平台，全部采用纯电动汽车；其二，必须走依法合规的路线，车辆与司机均应符合要求；其三，打造一个B2C模式的互联网平台，从供给侧切入网约车市场。由图12-2所示的时间轴可以看出，对网约车市场而言，吉利算是一个“后来者”，如何打破“迟到者”面临的生态困局，成为曹操出行要解决的核心问题。

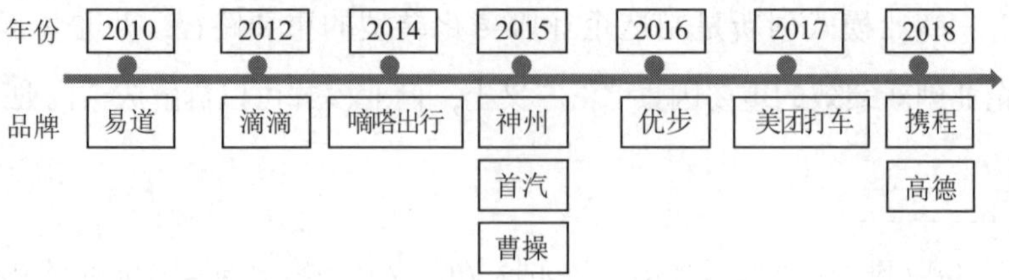


图12-2　国内网约车平台上线时间

网约车市场的竞争格局经历了从“群雄争霸”到“两强对决”的过程，最终，滴滴成为网行业的领头羊。根据艾瑞咨询发布的《2016年中国移动端出行服务市场研究报告》，滴滴占据了专车市场84.1%的份额。滴滴作为早期网约车平台的代表，让用户经历了从“伸手拦车”到“手机叫车”的巨大改变，培养出移动互联网时代的现代化出行方式，并以补贴大战吸引了较多用户，快速地实现了网约车出行的普及，将线上与线下相融合，画出一个乘客与司机紧密相连的O2O闭环。但是滴滴的模式依旧可以被视为C2C式“互联网+”的运营模式，司机与乘客均为平台的用户。从这个角度看，滴滴出行与易道用车都是轻资产C2C模式的代表企业。

对比可知，曹操出行与滴滴出行在运营模式与市场选择等方面存在明显的差异。吉利拥有强大的线下汽车运营能力，曹操出行背靠这棵“大树”，可以被视为吉利为了更好地服务用户而借助互联网搭建起的出行服务平台，所以应将其定义为B2C式“+互联网”的重资产运营模式。曹操出行以专车公司的自备车辆和专业驾驶员为用户服务，坚持公车运营，聘请司机，统一培训，注重乘客满意度，避免了服务水平参差不齐、乘客安全无保障等问题。

尽管“曹操”雄心勃勃，但想要后来居上，绝非易事。刘金良也坦言，这种B2C重资产模式对平台来说压力不小，公司要为司机上交五险一金，并对他们进行专业化的培训，考核通过才能上岗。吉利始终坚守“新能源汽车+公车公营+认证司机”的模式，从这个角度看，曹操出行与神州专车是现行市场B2C模式的代表企业（见表12-3）。

表 12-3　滴滴出行、神州专车与曹操出行的经营模式比较

| 专车品牌 | 滴滴出行 | 神州专车 | 曹操出行 |
| --- | --- | --- | --- |
| 特色 | 满足高中低各层次需求，让出行变得更美好 | 满足中高端商务用车需求 | 新能源车型，提供低碳、高品质的出行解决方案 |
| 运营模式 | C2C | B2C | B2C |
| 车辆来源 | 司机自有车辆 | 平台租用车辆 | 吉利自有车辆 |
| 司机性质 | 兼职 | 专职 | 专职 |
| 市场定位 | 高中低 | 中高端 | 中高端 |
| 车辆分配 | 传统定价 + 溢价 | 传统定价 + 溢价 | 传统定价 |

**合规、安全带来新机遇**

出行安全一直是全社会关注的焦点问题。在传统出行方式日益式微，网约车成为主流选择的当下，危害乘客人身安全的恶性事件时常见诸报端。“网约车敢不敢坐”成为用户必须思考的问题。吉利认为，平台合规运营，加强安全监管，才是解决问题的根本策略。

近年来，北京、上海、广州、深圳等一线城市陆续出台网约车管理政策，国家对网约车的轴距、排量、保险等方面均提出了更加具体、规范的管理要求，这导致符合标准的运营车辆数量减少，部分 C2C 模式的平台受到较大冲击。事实证明，吉利从一开始便选择标准化、规范化的 B2C 模式进入出行领域，具有前瞻性。吉利积极响应网约车新政的各项要求，以一种更加主动的姿态接受政策的监管和引导。值得一提的是，曹操出行首创“驾驶员岗位素质测评模型”，司机在接受培训前必须经过全面的心理测评，具备良好的情

绪管理能力、心理健康的司机才能进入后续培训环节。在培训内容方面，曹操出行引进伦敦出租车的司机培训认证体系，对司机进行礼仪、沟通技巧、医疗急救等方面的特训。具备了这些优势，曹操出行受到好评就不足为奇了。

根据中商产业研究院发布的数据，2020 年，全国网约车营运车辆总数约为 30 万台，按每辆车每天 20 单估算，共能提供 600 万单的出行服务，远远不能满足每天 2 210 万次的出行需求（见图 12-3）。随着相关政策日趋严格、规范，C2C 网约车平台有一大批不符合条件的车辆将陆续退出市场，巨大的市场需求空洞为曹操出行的发展提供了历史性的发展机遇。

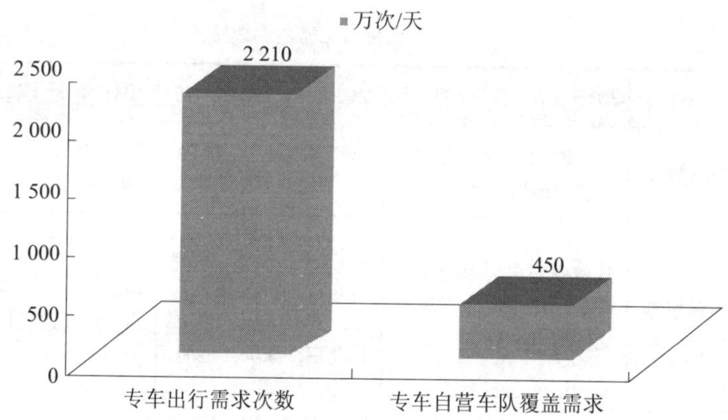


图 12-3　2020 年网约车 / 专车市场需求与供给端比较[①]

2020 年，新冠肺炎疫情肆虐，曹操出行第一时间在全国 20 多座城市成立应急保障车队，满足各方的紧急用车需求。在武汉公共交

① 数据来源：中商产业研究院。

通系统暂停运营期间，曹操出行成立了武汉应急防控保障车队，24小时配合相关方面的车辆调度，累计提供免费出行服务近万次。曹操出行高度一致、快速响应的机制背后，是B2C模式的重要支撑作用。制度化、规范化的管理，为曹操出行赢得了新的机遇。

**厚积薄发的市场扩张路径**

为了避免与更早进入市场的其他网约车平台在一线城市直接对抗，曹操出行依托大本营宁波，从二线城市起步，积累了一定的运营经验后，再利用一线城市的宣传效应，提升市场知名度。运营经验和品牌效应兼备之后，再通过“城市加盟”的方式，向三线城市进行模式复制，从而实现规模的扩张（见表12-4）。

表12-4　曹操专车城市布局策略

| 时间 | 2015年11月—2016年 | 2017年—2018年初 | 2018年末—2019年 |
| --- | --- | --- | --- |
| 发展阶段 | 第一阶段：避免竞争，二线沿海城市布局 | 第二阶段：二线为主，开始一线布局 | 第三阶段：二三线“城市加盟” |
| 具体措施 | 从曹操专车大本营宁波开始，逐步在江浙沿海二线城市布局 | 2017年开始在一线城市布局，最先进入广州，2018年逐步扩展到北京、深圳、上海 | 采取“平台+城市加盟”模式，从无锡试点，目前逐步推广到营口、哈尔滨 |
| 目标 | 2018年末40座城市，2019年末60座城市以上 | | |

曹操出行凭借规范的运营管理，成为众多B端用户的首选。曹操出行总经理董凯楠表示，阿里、万科、京东、百度、中国银行等上万家政企客户选择签约曹操出行，是对曹操出行的信任与认可。与此同时，曹操出行也会逐渐转变为一个开放的平台，采取“自营+

加盟”的运营模式。由于出行领域有早高峰、晚高峰、平峰等不同的时间段，自营车辆保证满足平峰时段的运力要求，同时以加盟车辆作为弹性运力，共同满足高峰时段的出行需求。随着业务的扩张，自营车辆的比例会逐渐降低，加盟车辆的比例会逐渐提高。同时，曹操出行对加盟车辆也提出了较高的要求，允许非吉利品牌的汽车加盟，但是需以车队或公司为单位，并接受规范化的培训、考核和认证。

此外，曹操出行还积极探索与经销商、用户的共赢模式，充分发挥汽车制造商的优势，寻找新一轮的增长点。刘金良在做出行业务的过程中意识到，吉利的经销商覆盖了1 000多个城市，吉利品牌的汽车用户更是达到了百万数量级，积极调动汽车用户加入共享出行的业务版图，进一步挖掘本地经销商的业务潜力，将成为曹操出行未来的增长源头。

## 发展中的力量赋能

互联网生态给商业世界带来了巨大的冲击，全面重建了供应链和需求端，传统的交易模式发生了翻天覆地的变化。按照传统经济理论，交易成本是决定企业边界的一个重要因素。如果通过市场配置资源的费用超过了企业内部配置资源的费用，企业的资源配置就是必要的和合理的，这就是企业存在的本质与界限。互联网平台有效降低了交易成本，主要是降低了信息收集成本和约束成本。交易成本的下降使得跨越企业边界的大规模协同成为可能，从而构建起全新的平台型商业生态系统，并反作用于业务端，形成全新的竞争优势。

随着互联网技术与平台经济的进一步兴起，“赋能”成为企业家和学者共同关心的话题。通过观察构成平台的三要素（数据、网络、业务）之间的赋能路径，我们得以窥见企业转型后建立全新业务竞争优势的全过程。

## 智慧加持的数据赋能

数字时代，人们的生活方式发生了根本性的变化。首先，“在线”逐渐成为人们生活的常态。“在线”的一个必然结果就是数据化，用户的在线交易关系和社交关系会留下大量的“信息痕迹”——数据，数据资产逐渐成为最重要的“生产原料”。

曹操出行也逐渐成为吉利研究用户的重要渠道。吉利通过对用户使用习惯进行分析，整理出有用的信息和数据，送到吉利汽车的研究部门，这种联动效应为吉利的产品开发带来巨大的助力。“作为造车企业，必须要参与整个出行解决方案，研究数据，才能全方位了解用户的真实需求，造出更加符合用户需求的汽车。所以，吉利进入出行领域是正确的选择。”刘金良这样说。

其次，传统经济系统中的大量离散资源有了释放潜力的可能性。在传统经济系统中，由于信息管理手段的落后，存在大量未被充分使用的资源，数字技术可以有效整合这些资源，在企业内部形成数据资产。

在传统出行方式中，用户的消费习惯、方位流动等数据都属于离散资源，很难被有效统计和管理。曹操出行联合四川大学文化产业研究中心、西华大学交通与汽车学院、四川省社科院等多家单位，共同推出“乘客出行消费热力榜”，通过用户的方位流动、消费习惯等数据，精准刻画出用户的数字画像，提供更具柔性的个性化服务。

最后，高品质服务为智慧出行的布局打下坚实的基础。曹操出行致力于提供高品质的出行解决方案，并奉行“高峰不涨价，路偏不拒载，安全有保障，司机服务好，环保无污染”的标准。在用车高峰或天气较差时，一些网约车平台会通过溢价的方式来提高服务提供者的积极性，但此种溢价往往是对用户体验的伤害。曹操出行不采取溢价策略和补贴策略。刘金良认为：“溢价或许符合市场规律，却不符合吉利做出行的初衷，曹操出行没有大规模的补贴行为，我们更希望烧钱烧在研发上。”

基于对高品质出行服务的追求，曹操出行成立了大数据研究院，通过对前沿技术的探索，在智慧出行领域建立“出行大脑”。通常认为，技术创新与商业模式创新存在不可割裂的共生关系，曹操出行通过技术上的不断改进，使服务系统更智能、更人性化。同时，研究院通过对数据的高效识别和分析，也为未来的自动驾驶等智慧交通体系埋下了伏笔。未来的智慧出行必将是人、车、路、云的高度协同，汽车将不再仅仅是一个交通工具，而是一个移动生活服务终端。正如李书福所说：“未来汽车工业的发展将从单车称王的时代走向系统称王的时代。”因此，吉利通过建立大数据研究院，消除传统意义上的数据孤岛和资源孤岛，建立数字中台，逐渐形成即插即用的“资源云”。

## “价值共生体”网络赋能

数字经济时代，传统组织的边界被打破，组织呈现出“共生”

的态势，商业生态系统（网络）成为大企业间竞争的基础单元。在这样的新形势下，企业在内部建立“互补性多元生态”，在外部构建利益共同体，就显得尤为重要①。吉利在这一趋势下，揭开了建立“价值共生体”网络的神秘面纱。

吉利通过建立互补的内部生态，进一步推动曹操出行向内容提供商的转型。现阶段，曹操出行平台提供曹操专车、曹操帮忙、曹操碳银行、低碳U品、曹操自由行、曹操传媒等多项业务，其中曹操专车和曹操帮忙是主业，即网约车业务。值得一提的是曹操碳银行，顾名思义，它具有类似传统银行的功能，但其记录的“资产”是客户因使用曹操专车而降低的二氧化碳排放量，这是曹操专车为了倡导“低碳出行”的理念，鼓励更多人加入低碳出行的队伍而推出的。它所记录的累计碳减排量，在平台中可以换取礼品或抵扣现金，鼓励用户实践“低碳出行”的理念。

在企业外部，吉利致力于建立“价值共生体”。首先，曹操出行和耀出行共享出行业务，并与国铁吉讯（吉利控股与腾讯、中铁投资共建的科技公司）打通，实现城市出行、通信网络与高铁出行的无缝对接；其次，吉利收购美国太力飞行汽车公司，与戴姆勒共同投资德国飞行汽车公司Volocopter，两者互为补充，聚焦城际低空出行；最后，为更好地构建“天、地、空”立体出行生态，2020年3月，吉利卫星项目正式开工，从地面出行到低空出行，从研发车联网、车载芯片到布局低轨卫星，吉利在加速科技转型的同时，不断通过科技赋能构建立体化出行生态。通过以上“三步走”的策

---

① 彭正银．网络治理理论探析 [J]. 中国软科学，2002, 000(003):50-54.

略，吉利的外部联盟轮廓逐渐清晰，逐步构建起“价值共生体”，实现了高层次的价值共创，推动吉利向全球创新型科技企业转型。

不容忽视的是，吉利也积极与高德、美团、高铁等聚合平台展开数据合作。数字时代的一个有趣现象是产业边界的融合加速，如图 12-4 所示，跨界竞争与合作成为新常态。曹操出行统计显示，20% 的订单来源于聚合平台，这充分说明，在网络化时代，企业创造价值的方式从传统的线形产业价值链转变为跨产业的价值网络。

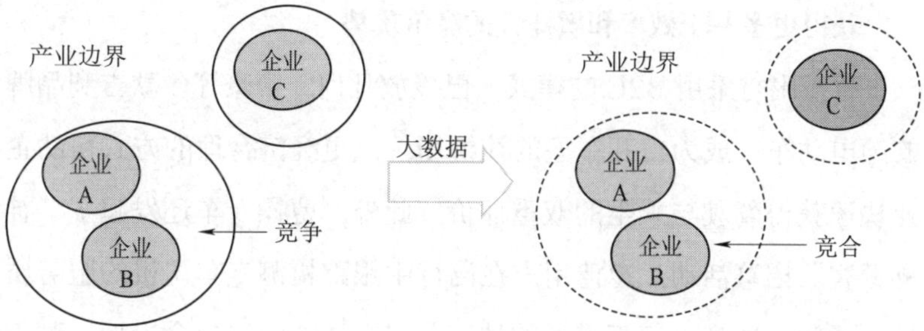


图 12-4　产业边界变化图示

## 全新的业务竞争优势

在数字经济时代，制造业服务化已成为全球趋势，如何在这一战略选择中培养全新的竞争优势，是吉利高层管理者不断思考的问题。2015 年以来，吉利通过曹操出行平台在需求端和供给端持续发力，围绕客户需求的变化，不断提供更好的出行服务，逐渐成为李书福津津乐道的传统制造商多元化浪潮中驶出的“诺亚方舟”。

### 捕捉长尾需求

长尾需求是 2004 年美国《连线》杂志主编克里斯·安德森提出的概念，用以描述需求的幂律分布或无标度现象——少数个体对应较高的需求属性数值（通常是需求数量），而那些对应较低需求属性数值的个体在数量上占总体的绝大多数。用户需求的离散化趋势，使工业时代的标准化大批量生产方式越来越难以适应市场。吉利通过出行服务获得的出行数据资产，将有助于吉利的生产方式由传统的标准化大批量制造转向规模化定制。如今，吉利也在积极利用数字技术，赋能产品的制造过程，以期构建以 C2M（用户直连制造）、OTD（订单—交付）、全球化（基于云服务的全球协同生产）为核心元素的数字时代汽车制造业的新形态。

**获得更多基于效率和敏捷性的竞争优势**

曹操出行采用 B2C 的模式，已投放几何、帝豪等多款吉利品牌的纯电动车，成为吉利车型的演练场，以更经济合理的方式帮助企业快速获得驾驶与乘坐的双重评价。此外，曹操专车还发起了“神秘顾客”招募活动，邀请用户在出行中跟踪检测专车司机的服务质量。通常，遇到出行不满意的情况，只有 4% 的用户会投诉，剩下的 96% 则会选择不发声。通过招募“神秘顾客”，企业能够快速、深入地了解业务中亟待改进的问题，逐步建立起更为完善的用户满意度管理体系，从而获得更多基于效率和敏捷性的竞争优势。

**盘活存量，提升增量**

传统车企发展至今，普遍存在增长空间有限的问题，优化存量业务和寻找增量业务至关重要。吉利是中国自主汽车品牌中第一家投身出行服务的企业，曹操出行的平台既优化了存量业务，也使更多出行用户对吉利汽车有了更多了解，俨然一个“活广告”。此外，出行服务也是吉利新一轮业务的增长点。2019 年，飞行汽车项目在新加坡试飞成功。用飞行汽车代替轮船，提供更多元化的出行方式成为现实，吉利“天、地、空全域出行”的服务体系将给人们带来更大的想象空间。2021年9月，曹操出行完成38亿元的B轮融资。与此同时，全球市场也将成为吉利出行服务的探索重点，吉利开启了海外市场计划，“制造+服务”的全新模式将提高吉利应对风险的能力。

## 非线性成长之“价值网络”

20世纪末，服务化成为制造企业转型的大趋势，其一大特点是在有形产品的基础上提供更多服务，以“制造加服务”或“制造变服务”的模式满足消费者的需求。从吉利的服务化过程中可以窥见，这一过程是从被动到主动、从自发到自觉、从局部到全局的过程。通过推动产业链中制造环节与服务应用的深度融合，形成企业全新的业务竞争优势。

制造业服务化的过程中，技术创新与商业模式创新存在着双向互动的关系，两者相互引发、相互驱动，有力推动价值创造系统发生从价值链向价值网络的转变①。在传统的价值链中，价值创造的主体是单一产业内的企业个体，产品、制造、参与者是相对分离的。如今，面对数字经济背景下数据驱动的新情境，价值链思想仅仅局限在单向、静态和缺乏创新的价值创造过程中，不利于新形势下企业竞争优势的保持。通过对价值链进行分拆、延展、模块化和

① 简兆权，伍卓深．制造业服务化的路径选择研究——基于微笑曲线理论的观点[J]．科学学与科学技术管理，2011, 032(012):137-143.

重组，跨产业的企业网络成为价值创造的主体，逐步形成以全球制造网络为新产业组织形式的全新价值网络，有效为企业的持续增长赋能。

除了技术，还应看到体制改革和治理结构创新的重要作用。如今，以谷歌、苹果、亚马逊为代表的科技公司几乎全部进入或正在进入汽车行业，奔驰、宝马、奥迪等传统车企也在加快自身变革创新的步伐。在确定的将来，数字技术必将搅动出行行业，迎来一场前所未有的大变局，内部和外部的机制创新将成为企业高质量发展的重要动力。面对高动荡的非均衡发展环境，吉利选择与戴姆勒携手，共同面对无法预知的风险，也为未来的新格局留下无限的想象空间。

第十三章

# 拥抱不确定性

---

**“特斯拉会不会成为汽车界的苹果”是近年汽车行业的热议话题，对于所谓的行业颠覆者，李书福表示：“互联网公司将颠覆传统汽车公司，但我认为互联网不是野蛮人，它更像是一个知己。过去，汽车行业相对封闭、保守，面对滚滚而来的科技大潮，要么束手无策，要么纸上谈兵。”在新技术革命的催化下，吉利该以什么样的姿态来迎接下一轮竞争的挑战？大数据、互联网、人工智能等新技术对汽车行业的改变正在逐步显现，“智造”将重新定义汽车。**

---

如今，不确定已成为生活的常态，主动拥抱不确定性成为必然的选择。当前全球经济形势面临诸多不确定性，如世界经济增长动能减弱、逆全球化思潮上升、人口老龄化等，以“确定性”应对“不确定性”逐渐成为热门话题。

虽然吉利已经坐稳国内自主汽车品牌的头把交椅，但是传统汽车主机厂仍然面临外部环境改变带来的巨大冲击。2020 年 6 月 10

日，全球汽车工业迎来奇点时刻——特斯拉市值超越丰田，成为全球市值最高的整车企业，虽然从销量来看，特斯拉的年销量不足50万辆，而丰田的年销量在1 000万辆左右。苹果也曾在日内瓦车展上发布了自己的Carplay智能车载系统，并于2019年收购自动驾驶初创公司Drive.ai。法拉利成为第一家采用苹果车载系统的厂商，奔驰、宝马、捷豹等数十家知名汽车厂商也与其展开合作。如何抓住汽车行业“新四化”带来的新一轮发展“机会窗口”，成为吉利高管们亟需解决的问题。

曾经的李书福认为“汽车就是四个轮子加两个沙发”，这个当时被认为“不懂汽车”的人，凭借对传统汽车的理解，成了中国的“汽车教父”。几十年过去了，李书福现在认为：“未来的汽车是有灵魂的，它将成为你生命中的伴侣，而不仅仅是一个交通工具。”在数字技术的推动下，传统汽车产业的大厦已经开始瓦解，吉利是如何在非线性的发展环境中，准确捕捉“机会窗口”，保持战略定力，从而赢得换道超车的新机遇的呢？

## 超越追赶的“机会窗口”

在解释后发国家技术追赶现象时，卡洛塔·佩雷斯和吕克·苏蒂从跨范式的角度，首次提出“机会窗口”的概念[①]，指后发者利用技术经济范式的转变实现追赶。近年来，有学者将“机会窗口”

---

① Perez, C. and L. Soete, 1988, Catching Up in Technology:Entry Barriers and Windows of Opportunity. pp.458-479.

概念引入行业层面，从行业创新系统的角度，完善了“机会窗口”的概念，并将其划分为技术、需求和制度三种类型[①]。吉利在从“跟跑”到“并跑”再到“领跑”的过程中，灵活地踏准节奏，准确把握“机会窗口”，从而实现了超越追赶的增量发展[②]。

如今，多个经济领域和技术领域都清晰地表现出范式转变期的特征。从技术环境的角度看，ABCDE（人工智能、区块链、云计算、大数据、边缘计算）劲推下的第四次产业革命时代已经到来，这给汽车行业的生产、分配、交换和消费等各环节都带来了巨大的冲击与挑战。从劳动力市场来看，由“人口红利”向“人才红利”的转变，以及快速崛起的中产群体，是市场表现出的新特征。从消费者市场来看，中产群体的快速崛起带来的需求转变是范式转变期的又一重要特征。从制度环境的角度看，国家从强调“技术引进”“市场换技术”转变为强调关键技术的突破与创新系统布局[③]。

除了环境的巨大变化，作为后发企业的吉利步入超越追赶阶段的资源与能力也与追赶初期有了显著的差异[④]。在追赶初期，吉利汽车缺乏必要的资源和能力的积累，技术和市场双重落后，因

---

① Kim, L., Lee, H. and Kwak, J., 2017, Standards as a Driving Force that Influences Emerging Technological Trajectories in the Converging World of the Internet and Things : An Investigation of the M2M/IoT Patent Network, Research policy, 46(7), pp.1234-1254.

② 吴晓波，余璐，雷李楠．超越追赶：范式转变期的创新战略 [J]. 管理工程学报，2020,34(01):1-8.

③ 吴晓波，吴东．中国企业技术创新与发展 [J]. 科学学研究，2018,36(12):2141-2143+2147.

④ 吴晓波，李思涵，徐宁，杜健．从“学标”到“越级对标”：吉利汽车的超越追赶之路（STR-0965）：中国管理案例共享中心案例库，2019.

而在战略的选择上较为被动。在超越追赶的新阶段，吉利已逐渐成熟，能够为解决特定的商业需求而采取不同的乃至跨界的新技术。

现阶段，汽车制造行业的时代机遇已愈发清晰。5G 大浪潮推动了无人驾驶、智能网联的发展，清洁能源为绿色出行奠定了基础，数字化的新生活方式使用户需求发生重大变革，这些都将在未来较长一段时间内创造出丰富的“换道超车”机会窗。面对不断更迭的技术和市场，吉利不断思考，持续创新，实现了后来居上。

## 技术“机会窗口”——数智化变革

李书福认为，过去的汽车是“四个轮子加两个沙发”，而未来的汽车是“四个轮子、一块电池（绿色环保的动力来源）和一部电脑（智能技术）”。在数字化的智能物联时代，随着 5G 与 AI 技术的大规模普及，汽车制造行业将迎来一场颠覆性的变革。新一轮技术浪潮正在涌来，汽车产业将重塑价值创造体系。从零部件到生产流程，从动力系统到外观设计，从技术架构到驾驶体验，以及组织模式、商业模式等方面，都将发生颠覆性的改变。智能技术将应用于汽车产业的全链条，这场战役并不是遥不可及，而是已经发生了。

如图 13-1 所示，从全盘来看，汽车产业的发展目前正处于范式转变期，“机会窗口”的出现就是由技术范式的转变驱动的。在此期间，双重的产业技术机会并行，其中旧范式的成熟技术更容易获取，而新范式的通用技术与组织规则为旧范式的成熟技术注入新的动力，从而为后发企业提供采取不同战略对在位者进行赶超的机会[①]。

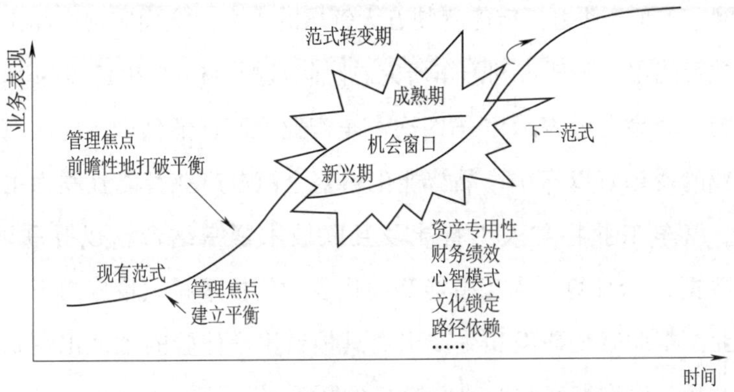


图 13-1 技术范式转变期的“机会窗口”

**探索汽车智能化技术路线**

多位吉利高管都曾在接受采访时谈到，李书福对行业有强大的预判能力，他总能看到 10 年甚至更久之后的汽车产业发展方向。李书福曾在 2016 年自动驾驶国际研讨会上说：“未来 20 年，自动驾驶技术对个人出行的改变，可能会超越此前 100 年其他技术发展的贡献。”此外，安聪慧也曾表示：“汽车将成为新一代移动互联智能终端。”

在数智化时代，汽车不只是交通工具，也不再是信息孤岛，而是线上线下相融合的移动智能终端。因此，在智能化的发展道路上，吉利早在 2011 年便开始布局自动驾驶领域，2017 年 5 月，吉利前瞻性地发布了未来十年吉利汽车发展的核心战略——智能化技术战略

① Mathews, J. A., 2005, Strategy and the Crystal Cycle, California Management Review, 47 (2) , pp.6-32.

（见图 13-2），并发布了“iNTEC 人性化智驾科技”技术品牌，颇具里程碑意义。简而言之，它能够通过智能化技术，提升汽车在安全、联网、环保、动力、智能驾驶五大领域的能力，全面实现产品走向高端智能化。时任吉利汽车研究总院院长胡峥楠在 2017 年浙商人工智能峰会上曾表示：“第四次汽车产业变革已然到来。此次汽车产业的变革将以汽车产品智能化和整个汽车产业智能互联为主潮流，汽车工业将与人工智能及互联技术紧密结合。以互联网、大数据、云计算、人工智能等为代表的新技术将大量应用于汽车行业，帮助我们研发和生产出更具极致用户体验的个性化定制汽车产品，再次彻底改变我们的汽车生活。”

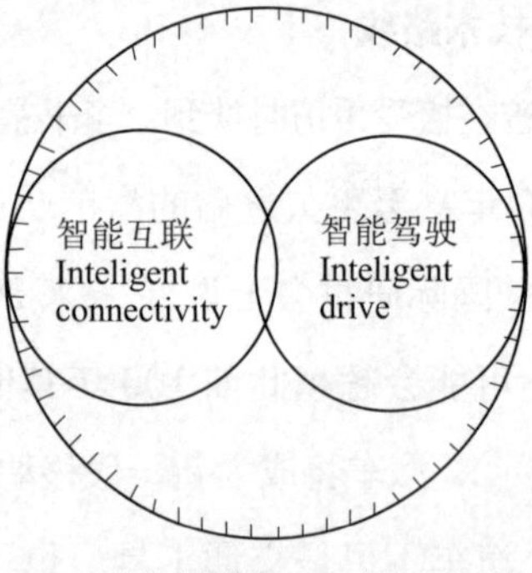


图 13-2　智能化技术战略——智能互联及智能驾驶

汽车与互联网的结合有多种表现形式，吉利在智能网联汽车方面也进行了积极的布局。2018 年，吉利在首届吉利汽车生态伙伴大会上发布了吉客智能生态系统（GKUI），并推出首款搭载该系统的车型——博越。吉客智能生态系统是吉利打造的一个开放、共享的车联网平台，它通过全球化部署，将互联网装进汽车，为用户营造第三生活空间和智能移动空间。自 2018 年 3 月发布以来，GKUI 联合一批最卓越的互联网力量及周边生态，并沿用用户最熟悉的智能手机触控交互的方式，致力于打造业界最开放的应用生态，为用户提供极致舒适的智能出行生活。截至 2020 年 6 月底，GKUI 的用户数已经达到了 200 万。

**探索高平台的模块化架构**

吉利收购沃尔沃之初，面临着无法与沃尔沃的汽车开发进行对话的困境。吉利的高管意识到，只有快速提高自身技术水平，才有能力吸收前沿技术和知识，才能与沃尔沃先进的车型开发平台对接。2016 年，吉利和沃尔沃历时三年联合开发的 CMA 架构成功上线，实现了吉利进行架构研发的初步设想。这个架构覆盖了从 A0 到 B 级的所有车型，申报专利共计 609 项，领克的前期车型与沃尔沃 XC40 均是在此架构的基础上制造的。尽管 CMA 已处于世界先进水平，但这仍然不足以应对未来的竞争与挑战。吉利很快发布了产品平台化战略，逐渐步入模块化造车时代，目前已经形成了 BMA、CMA、SPA、新一代电动汽车专属架构 SEA 等四大基础模块架构，确保吉利在未来 10 年内都具备代际领先优势。

着眼未来，新一轮科技革命意味着技术体系的全面改变，汽车将逐步成为科技革命核心要素的最佳载体，汽车开发逐渐进入“软件定义硬件”的新时期。“当前汽车硬件价值占比超过 90%，未来会逐渐下降到 40%，剩余的 60% 将会由软件来主导。”这是摩根士丹利对未来汽车行业的预测。“软件定义汽车”已经逐渐成为汽车产业链头部企业的战略共识。因此，新型电子架构将成为未来的战略制高点。

吉利通过其全球化的研发体系，历时四年，投资超过180亿元，打造了浩瀚智能进化体验架构（SEA）。它从用户需求出发，突破传统造车局限，通过“硬件层+系统层+生态层”的整合，依靠硬件能力、系统算力和生态合力，致力于构建无限互动延展的未来出行服务体系。吉利的首席用户体验官安聪慧在访谈中表示：“浩瀚架构将产生倒金字塔的作用，智能汽车由软件定义，而架构的意义是承载软件，孕育生态。架构的开放与包容，承载和激发了软件的想象力和创造力。正如安卓与ARM，浩瀚架构将成为吉利创造新一轮奇迹的开始，让软件100%定义汽车成为可能。”

此外，吉利推出全新的“ZERO concept”概念车车型，它将成为浩瀚架构的首款车型。从浩瀚架构到ZERO概念车的开发，吉利始终以用户为中心。能够如此系统地践行用户理念，源于吉利组织结构的扁平化调整与平等共创的企业文化。在全产业链合作方面，浩瀚架构已经吸引了众多全球顶级生态合作伙伴，即将成为一个扁平化的开发者集群。

## 需求“机会窗口”——解决移动问题

当我们着眼需求“机会窗口”时会发现，它通常由本地或国外市场用户的新需求拉动[①]。换言之，用户需求发生根本性变化或者需求方向发生明显转变时会开启需求“机会窗口”。今天的技术挑战，更重要的不是实现技术，而是理解技术，这就对企业洞察用户的根

① Lee, K. and F. Malerba, 2017, Catch-up Cycles and Changes in Industrial Leadership:Windows of Opportunity and Responses of Firms and Countries in the evolution of Sectoral System, Reserach Policy, 46(2), pp. 338~351.

本需求提出了更高的要求。

汽车的本质是解决移动问题，同时汽车这个载体又很难被代替。要更好地捕捉需求“机会窗口”，就要更懂消费者。未来汽车消费的需求将呈现“两极分化”的态势[①]。一部分消费者需要更加个性化的汽车产品。汽车制造者需要通过大数据分析，基于智能制造体系，为用户或消费者提供定制化的产品，未来消费者对定制化的需求会逐步走高。另一部分消费者的需求则是无差异化，这部分潜在增量市场的消费者需要“简单”的产品，追求一键操作，快捷方便。消费者个人并不需要拥有这类汽车，而是通过共享汽车、共享出行等模式，解决移动问题。

为了满足当今消费者的审美需求，设计与制造深度融合成为汽车行业的大趋势，吉利在这方面也做了很多前瞻性的工作。如今，吉利的设计理念已与国际前沿接轨，将设计和制造、管理作为一个有机整体，使结构设计与工艺设计同步进行，最终实现并行工程。在数字化智能制造的浪潮中，数字化产品定义为个性化定制提供了数据准备。汽车行业需要的是一种既能承载产品设计信息，又能忠实反映真实物理产品参数的数字化定义方式——数字孪生技术。数字孪生利用数字采集、虚拟制造等技术，让汽车的虚拟设计与现实制造高度吻合，使概念设计图与实际成品的差异降到最低。2019 年，吉利的杭州湾第二制造基地投产，该基地拥有世界一流水准的数字孪生工厂。该数字孪生工厂可以模拟现实，对生产的全流程进行虚拟验

① 赵福全，刘宗巍，胡津南，马青竹．汽车产业创新 [M]. 北京：机械工业出版社，2020: 358~360.

证，并保证每一条作业数据可追溯。数字孪生技术的应用加快了吉利把握汽车高端定制需求的步伐，使吉利的设计制造水平快速提升。

对共享汽车等未来出行新方式，吉利也做出了全面的探索。2015年11月，曹操出行首先在宁波上线。截至2020年3月，曹操出行已在全国51座城市上线，累计投放48 000辆新能源汽车，拥有超过3 000万名注册用户，日活数量在100万以上。同时，吉利与梅赛德斯-奔驰合作的高端出行项目“耀出行”也在国内上线。

2016年，吉利投资成立亿咖通科技，成为中国最早的车联网核心技术实践者。亿咖通科技的主要业务围绕汽车智能化与网联化，提供多种车载数字化产品，以及车联网云平台和大数据平台的运营服务。正如哈佛大学商学院迈克尔·波特教授所预测的，吉利依托强大的技术能力和全球网络的知识储备，正从传统汽车的生产者变成智能汽车（增加智能部件）的生产者，并朝着智能互联（汽车+智能部件+互联网部件）的提供者发展，逐步连接更多的汽车乃至出行行业管理领域的各产品子系统，形成智慧立体出行生态，大步迈向大协同生态制造者[①]。

## 制度“机会窗口”——绿色新能源

制度“机会窗口”通常是由国家政策变化带来的发展机遇，通过创造巨大的市场容量，为后发企业的追赶提供机会[②]。同时，制度

① Michael E.Porter,James E.Heppelmann. How Smart, Connected Products are Transforming Competition[J]. Harvard Business Review, 2014(11): 64-88.

② 魏江，潘秋玥，王诗翔．制度型市场与技术追赶 [J]. 中国工业经济 ,2016(09): 93-108.

“机会窗口”也对企业提出了快速响应的要求。2012年，国务院颁布《节能与新能源汽车产业发展规划（2012—2020年）》，表明要加快培育和发展节能汽车与新能源汽车。2014年，国家明确提出，发展新能源汽车是我国从汽车大国迈向汽车强国的必由之路。在国家政策的强力推动下，中国新能源汽车进入了爆发式增长期。紧接着，吉利于2015年11月初正式发布“蓝色吉利行动”战略，这一战略的宣布意味着，吉利的产品将从传统汽车向新能源汽车转型。

在公布“蓝色吉利行动”之前，吉利就已将新能源作为战略业务深耕多年。在甲醇替代燃料方面，吉利是国内第一批进行甲醇汽车研发与布局的企业，已完成5款甲醇动力系统、16款甲醇轿车、1款甲醇重卡的研发，获得了数百项技术专利。在甲醇产业链中，吉利斥资近4 550万美元投资碳循环国际公司，通过该公司所拥有的国际领先的甲醇制取技术，吉利在甲醇汽车领域的研发水平有望再度提升。

数据研究表明，新能源汽车是现阶段中国汽车市场的强驱动力。在2019年汽车销量数据整体下降的情况下，新能源汽车较2018年同期仍然有所增长，尤其是纯电动汽车的增幅最大。但是，市场空间扩大并不意味着风险消失。实际上，2020年，由于财政补贴减少，新能源汽车开始迈入后补贴时代，产品的真正实力才是关键。因此，吉利提出多元化的新能源技术路线，包含混动技术、纯电动技术、替代燃料与燃料电池四大技术路径。2021年3月，吉利成立极氪智能科技有限公司，是吉利集团旗下的全新智能纯电品牌。快速变革的时代，极氪从对标全球顶尖汽车企业，到对标用户的期待，开创了开拓电动产业智慧出行的第三条路的“极氪模式”。目前吉利已汇聚了 3 000 多名全球新能源领域的高层次人才，在新能源板块的研发投入超过 300 亿元，拥有新能源领域核心专利技术超过 300 项，建立了真正意义上的中国新能源技术体系。

## 不确定性中的战略定力

当今企业所面临的国际经济社会环境充满了不确定性，在全球化趋势出现变化甚至逆转的新形势下，企业必须思考如何通过更高效的组织模式、良性的竞争体系，激发自身更大的创造潜能。保持不确定性中的战略定力，构建使命共同体和利益共同体，探索高效、敏捷的液态组织新模式，建设有包容性的国际联盟，将成为有效的解决方案。

### 高效、敏捷的液态组织

大变革时代，很多企业难以适应不断变化的客户需求和技术进步，面临着颠覆性的新商业模式的威胁。与较为灵活的特斯拉等厂商不同，传统汽车厂商规模庞大，行动力滞后，面对客户需求反应迟缓，依赖传统的汽车金融服务来驱动销售增长。在这种情况下，建立与外部环境相契合的、符合数字经济运行规则的液态组织就显得尤为必要。液态组织是一种全新的分工协同模式，是一种能够自我组织、自我适应的组织形态，在数字化和智能化的技术条件下，液态组织可以轻易突破企业边界的束缚，同时保持旺盛的活力，它正在取代固有的科层组织架构。

从企业日常运营的角度，我们看到有些公司的运营非常有秩序，但同时也能感到这些公司组织的固化，强调液态，就是为了避免组织的固化。长期以来，一些企业管理者认为，只要把企业内部管理好，企业就能够发展壮大，外部的环境是次要的。但是，企业的利润绝大部分来自外部，现代企业既有边界，又无边界，许多企业都是在内外边界处创造价值。过去，企业与企业之间是竞争关系，现在，企业之间的关系要由竞争走向合作和联盟。企业要善于结盟，精于合作，共享外部知识产权，这样才能创造更多的价值。

要保持与外部环境的契合，企业就必须具备动态运行的能力，快速感知客户和市场的变化，通过不断转型，抓住各种机会。这意味着企业的组织架构、资源配置都要保持高度的灵活性和流动性。十几年前，思科和微软等公司就意识到了这一点，开始积极推动组织变革，提高灵活性，努力适应市场变化。

一向具有敏锐感知力和强大变革基因的吉利早已发现，市场上每天都发生着剧烈的变化。在动荡的环境中，吉利必须不断创新，及时响应快速变化的客户需求，同时保持高效，不断增强竞争力。吉利不仅要应对国内竞争对手，还要与全球对手较量，为了迎接这一挑战，吉利采取了以下4种措施：1. 围绕客户需求构建公司架构；2. 支持部门搭建在灵活的平台上；3. 管理层不断轮岗；4. 企业文化极为注重变革。这些措施相互作用，铸就了今日具有高度灵活性的吉利。

## 共生、开放、包容的国际联盟

新冠肺炎疫情的暴发给全球经济带来了严重影响，在其引发的众多产业危机和“并发症”中，供应链受到的损害最大，依靠全球供应链运行的各大制造行业的生产经营都严重受阻。汽车行业也未能幸免，全球汽车厂商都面临着消费需求急剧下降和供应链难以为继的问题。在这种情况下，建立更具包容性的国际联盟体系，将有效增强企业的发展韧性。

2020 年，吉利与沃尔沃共同宣布，将进行更深层次的全面重组，给全球汽车行业带来了无限的想象空间。在全球化形势不断变化的新格局下，吉利的全球化模式对中国乃至全球的跨国企业都有很大的借鉴意义。从人类历史发展的趋势看，全球化是世界走向相互依存、相互促进的网络化新时代的历史潮流。经济全球化与逆全球化长期以来相伴而生，因短期利益的争夺，两者的博弈从未停止。

在吉利与沃尔沃的合作中，双方最初面临着难以克服的文化差异，经历了从怀疑到理解、认可的过程，之后逐渐转向协同、共创，进而站在更高的全球视角，合作管理企业，最终共同成为产业领导者。在这个看似顺畅的进化过程中，充满了不确定性和创造性。过往十年，吉利与沃尔沃在汽车产业与市场中的互补属性使双方在平台共享、业务投资、技术创新等方面有深度的沟通，获得了许多协作经验，加上以李书福为核心的集团领导团队的人格魅力和管理艺术，使人们对新集团充满了乐观的想象。

值得关注的是，重组后的新集团将面临新的管理思想指导下的更加漫长而富有挑战性的工作。首先，基于共生的理念，双方还将进行战略思维的转型升级，构建全新的价值创造生态系统。其次，新型的分布式组织网络，使更深层次的分工和更高水平的协同成为可能，与此相应的液态组织的建构和管理，将成为极具挑战性的工作。再次，新一轮科技革命打破了原有产业边界，汽车产业正在发生一场深刻的范式革命，全面数字化、智能化、网络化、服务化将从底层改变人与人、人与机器、机器与机器的关系，更加广阔的发展空间也带来了巨大的管理挑战。

全面整合的吉利与沃尔沃将进入一个崭新的升华阶段。双方的深度整合将会把握时代风口所带来的历史机遇，在自动驾驶、人工智能、人机交互、云计算、云服务、大数据、工业互联网、工业操作系统等新理论、新技术的推动下，重构生产、分配、交换和消费等各环节，重构产业边界，促进生产服务化，催生更多的新技术、新产品、新产业和新模式。“结构决定功能”，新的组织结构将更有效地促进新集团抓住第四次工业革命所带来的范式转变中的重大机会窗口，实现从“二次创新”到“原始创新”的能力跃迁，站在全球化的制高点上，开启新的征程。

## 非线性成长之“范式转变”

吉利对于创新的探索，源于企业内在的变革基因，同时顺应时代科技潮流的趋势。科技致变时代，汽车企业的转型需要以用户为中心，让产品成为万物互联的一环，以开放共创的态度拥抱不确定性。企业必须抓住范式转变的机会窗口，跳出“追赶陷阱”，通过新的技术范式，实现非线性成长。

吉利内部一直蕴藏着变革的基因，“危机意识 + 自我突破”是推动吉利顺应时代，不断成长进化的根本内驱力。吉利为智慧出行呈现“天地一体”的新格局，从“对标”走向“立标”，着力构建

5G时代的智慧出行生态，致力于成为全球智能网联汽车的领军者。得益于此，吉利才能踏准节奏，围绕下一个机会窗口展开布局。

在数字化制造方面，传统的制造模式是“我造你用”，架构只服务于生产制造。用户时代，架构直接服务于用户，并承载软件，软件也由用户定义，让用户成为这个时代最大的产品经理。吉利让CEO成为首席用户体验官，以一个用户的身份和心态去体验产品，进而思考如何做好产品；同时对企业的内部组织进行变革，设立了专门的用户体验组织，对外理解用户痛点、开发用户场景，对内打破逐层汇报机制，直达决策层，将原来相对独立的组织模块横向打通，实现快速响应，形成企业有机体。设计的感性、研发和生产的理性、渠道和服务的人性，围绕用户体验环环相扣，真正做到了一切为用户创造，一切与用户分享。

吉利在充满不确定性的环境中保持着高度的战略定力，它主要来自企业的愿景和企业家的使命感，而组织的资源和能力在其中起到调节作用（见图13-3）。在动荡的环境中，企业家需要坚毅的品

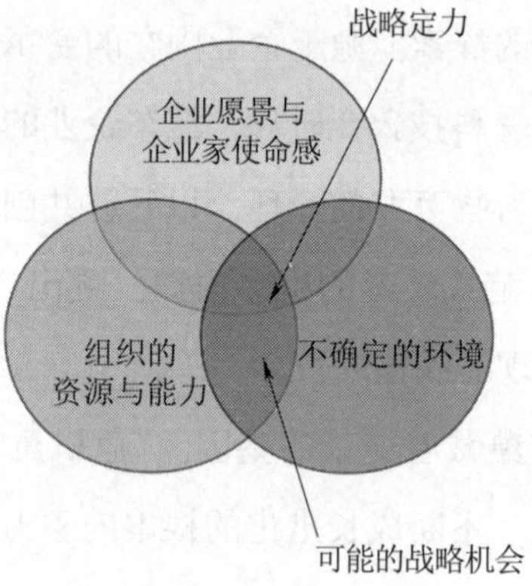


图13-3　战略定力的组成

质，即在逆境中坚持的精神，还要把握大趋势，用科学的方法制定和执行战略，以科学理性让企业走得更高更远。

在不断建立平衡和主动打破平衡的过程中，吉利形成了一套全新的整合模式和公司文化。它的全球化之路不仅为众多企业提供了经验，也给研究者带来了极大的启示。在企业全球化的动态进程中，传统的治理和合作模式逐渐瓦解，吉利倡导的相互尊重、多向互动的新型关系模式日益体现出强大的生命力，其榜样的力量将对包括汽车行业在内的新时代的全球企业产生重大而深远的影响。

结尾篇

# 非线性成长的启示

## 第十四章

# 中国制造的超越追赶

近年来，中国经济的持续高速增长，书写了世界经济发展史上的奇迹。1949 年，中国经济总量占世界经济总量的比例不足 5%，人均国民收入是美国的 1/20；2019 年，中国已是全球第二大经济体，经济总量占世界经济总量的 16%，高达 90 多万亿元。[①] 继农耕文明时代的强盛和工业文明时代的“跌落”之后，中国制造终于又从“追赶”实现了“超越追赶”，成就了一个又一个“世界第一”。

中国经济高速增长的背后有一支不可忽视的力量，就是近年来涌现出的一大批卓越的领军企业。在《财富》杂志 2019 年世界 500 强企业排行榜上，中国企业达到了 129 家，历史上首次超越美国（121 家）。纵观中国企业的发展历程，虽然早期资源与能力积累有限，但优秀的企业家们以敏锐的市场嗅觉和敢为天下先的果敢精神，创造了一批以吉利为代表的行业领军企业，完成了从“后来

① 数据来源：https://www.shijiejingji.net/rediantupian/20210511/361985.html.

者”到“领先者”乃至全球行业“领导者”的角色转变，在某些领域甚至已经进入了“无人区”。

在从无到有、从有到强的奋斗历程中，中国企业在引进的基础上进行“二次创新”，最大限度地发挥出发展中国家的“后发优势”，合理配置全球优势资源，在开放环境中形成自己的竞争力，进而凭借原始创新技术能力，站在了世界的前沿。面对第四次产业革命浪潮、人才红利的释放、中产群体的崛起等大环境的变化，中国企业进一步建立“超越追赶”的创新战略思维，站在全球化的制高点上，开启新的征程。

## 中国制造高速成长的背后

迄今为止，人类社会发生了三次由科学技术引领的工业革命，每一次都极大地改变了人类的生产生活方式，推动了全球格局的深度重塑。18 世纪 60 年代，起源于英国的第一次工业革命带来了蒸汽机和机械动力的广泛应用，从根本上颠覆了传统的生产方式和社会的劳动分工，使英国一跃成为全球第一个工业化国家。19 世纪下半叶，欧洲爆发了第二次工业革命，电力的普遍应用和电灯、电车等新发明改变了人们的生产和生活，美国、德国等国家相继成为世界科技强国。20 世纪 50 年代，全球爆发第三次工业革命，将人类文明推向新的高度，造就了日本、韩国、新加坡等一批新兴工业化国家。

21 世纪以来，世界格局的重大变化之一就是中国经济的快速发展。在全球制造业大规模转移的机会窗口中，中国充分借助人口红利构成的成本结构比较优势与资源禀赋，主动承接欧美发达国家和亚洲新兴工业化国家的劳动密集型产业和低技术高消耗产业，成为世界产业转移的最大承接者和受益者，也逐渐形成了全球范围内独具竞争力的工业体系和高效的生产供应链体系。在此过程中，一大批中国企业充分利用“二次创新”的路径，在全球开放系统中逐步构建起“原始创新”的技术能力。

2001 年，中国正式加入世界贸易组织，借助全球化的浪潮再次推动经济增长。经历了 2008 年金融海啸的短暂下行后，中国 2010 年的 GDP（国内生产总值）在全球占比超过美国，成为全球制造业第一大国。目前，随着中国经济增速逐渐放缓，企业也进入资源深度整合与结构再平衡的新发展期。面对日渐消弭的要素成本优势，传统劳动密集型产业的竞争力正在逐步降低，中国企业必须实施“创新驱动”的转型战略，向高端价值链延伸，突破关键核心技术的“卡脖子”枷锁，形成面向“无人区”的“原始创新”能力，建立全球性共享网络，实现创新资源的全球抓取、全球配置、全球优化，搭建全新的价值创造生态系统，才能应对高度不确定性环境中的机遇与挑战。由此，焕发出创造力的中国企业不仅成为中国经济发展的支柱，更成为世界经济发展的最大推动者。

## 对“经典管理”的再思考

现代意义上的管理学起源于英国工业革命时期。作为最早阐述国民财富起源的人，亚当·斯密的分析奠定了管理学的基础，即国民财富的来源并不是资源禀赋，而是由分工产生的绩效。管理学的意义在于，通过更为科学、精细的劳动分工达到更高的组织目标，这与农业文明基于经验的劳动分工有质的不同。法国的亨利·法约尔整理了14条规则，被称为企业的一般管理原则。马克斯·韦伯则明确而系统地提出“理想组织”的6个特征，对西方经典管理理论的确立做出了杰出贡献。美国的管理学最初学习欧洲尤其是英国的管理思想，伴随着美国大企业的成长，其组织管理理论也开始逐渐成熟。科学的管理理论在美国由泰勒建立，他让人们认识到管理是一门建立在明确法规和原则基础上的科学，把更多的科学成分融入管理体系中，推动了现代管理和科学管理在美国的兴起。然而，有意思的是，人们在运用科学管理理论时却发现了把人看作机器的理论缺陷。梅奥教授在霍桑工厂进行的照明实验揭示了人的能动性和互动现象，促使管理学转向对人与组织的重视。

值得注意的是，管理理论的发展与经济技术的发展有着非常密切的联系，日本和韩国的管理实践很好地诠释了这一点。丰田等公司在管理实践中形成了全面质量管理、精益生产、Z理论等有日本特色的管理思想和管理方法，人们从中看到了精益求精的日本民族文化所起的重要作用。由于日本殖民时代实行的“北工业，南农业”政策，二战以后的韩国几乎没有任何科学技术基础。作为典型的后发国家，韩国的工业体系和技术创新始于对发达国家的全力模仿。韩国学者对企业从模仿到创新的过程做了系统性的研究，提出了自己的追赶理论，典型成果如金麟洙教授的《从模仿到创新》和李根教授的《经济赶超的熊彼特分析》。

我国的现代管理学研究大致始于1949年后对苏联的学习，当时的理论主要关注在一种固有的、稳定的、封闭的系统中寻找管理上的最优解，建立自上而下的层级组织的平衡。这种管理体系通过计划经济的方式运行，在寻求更高的工作效率方面，与泰勒的科学管理相似，但更重视工人的“主人翁”地位。它试图用科学的方法让人们在精密的计划下提高工作效率，但它忽视了人们需求的多样性和技术进步的动态，阻碍了技术创新。换言之，这是封闭系统中的管理，具有加速的“熵增”后果。改革开放后，中国开始全面学习西方的管理理论，于20世纪80年代初引进了技术创新方面的管理理论。

值得我们注意的是，管理理论并不总是滞后于实践，它从实践中来，又能高于实践，引领更多企业乃至整个社会更快、更健康地发展。

## 超越“后发优势”

后发企业如何更好地发挥“后发优势”实现追赶，一直以来都是学术界和企业界讨论的热点话题之一。美国经济史学家格申克龙教授是最早关注后发型现代化的经济学家，他从理论高度揭示了“后发国家在工业化进程方面赶上乃至超过先发国家的可能性”。在不同经济发展水平的国家，技术创新有着不同的特点和规律。发达国家多以“一次创新”为主，而发展中国家则大多在引进发达国家技术的基础上进行创新。

自20世纪70年代开始，随着韩国、新加坡等新兴工业国家的发展，学者们对技术追赶的研究开始转向这些亚洲新兴经济体，创新追赶的路径与战略也成为研究热点。笔者团队在深入研究杭州齿轮箱厂、杭州制氧机厂及上海、宁波等地企业的基础上，于1991年提出了与西方创新管理领域中著名的“U-A 创新动态模型”不同的“二次创新动态模型”（见图 14-1），弥补了以往的创新管理研究局限于单一技术创新周期的缺陷，提出了技术范式转变期的重大机会窗口对后来者的重要意义。

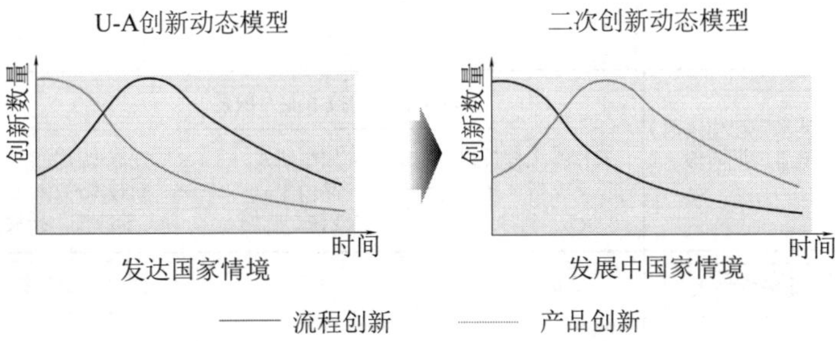


图 14-1　U-A 创新动态模型与二次创新动态模型

该模型开创性地建立了基于发展中国家实际、着眼于超越“后发优势”的二次创新管理理论体系。“二次创新”过程大致可分为三个阶段：第一阶段是模仿中的学习，即引进本国或本地区尚不存在的技术，通过模仿，充分利用本地供给要素进行工艺创新（Ⅰ类二次创新），逐渐掌握这门技术，并达到提高产品质量、降低生产成本的目的。第二阶段是改进型的创新，即通过前一阶段形成的工艺能力，结合本地市场需求，对引进技术进行一定程度的衍生产品创新（Ⅱ类二次创新），以新产品满足本地市场的具体需求。第三阶段是“后二次创新”，即真正意义上的“二次创新”。此时，引进技术的一方已完全掌握该技术的原理并能灵活运用，在此基础上，引进者再发挥自身的研发能力，进行较重大的再创新，直至能够进行原始创新。

“二次创新”是一个企业的创新能力不断积累、进化的动态过程：通过工艺创新实现引进技术的本地化，通过产品创新实现对引进技术的创新应用及挖潜增效，通过融入更新颖的技术实现创新能力的质的跃升。图 14-2 展示了二次创新的基本规律、总体特征与活动过程，这是一个从引进技术之初就开始的创新能力动态升级的过程。

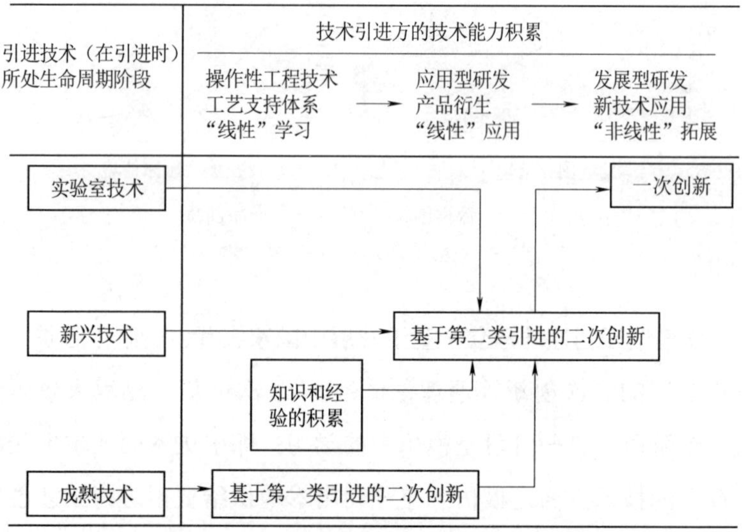


图 14-2　二次创新动态过程

从改革开放以来的众多案例来看，大多数企业是通过“二次创新”来提升创新能力，最终成功实现技术追赶的。从专利数据来看，1990 年，我国反映原始创新的发明专利授权量占 17%，反映“二次创新”的实用新型专利授权量占 75%；到 2016 年，发明专利授权量升至 23%，实用新型专利授权量降至 52%。从创新产品来看，大到火箭卫星、高速铁路、大型飞机、航空母舰，小到监控摄像头、搜索引擎、聊天软件、网上商城，尽管相关技术大都不是中国原创，但通过企业的“二次创新”，这些产品在国内国际市场上都有了很强的竞争力。

“从引进技术之初就开始创新”的二次创新是发展中国家实现技术追赶的主流形式，它虽然起步于已有技术范式，大体上会沿着既定技术轨迹发展，却是创新能力动态提升的关键。二次创新是通过渐进积累赢得后发优势的进化过程，是量变与质变并存的创新能力升级过程，是“从学习中创新”到新旧技术体系相互竞争和相互理解的非线性过程，也是打破原有技术平衡态并形成新的技术平衡的非平衡过程。

## 当“变革”成为新常态

以往，“变革”总是被当成管理活动中的一种例外，遭到忽视和排斥；如今，“变革”已经成为一种常态，需要管理体系以积极的态度去面对。在构建管理系统优化的数学模型时，变革曾经被当作一个干扰项，人们总是试图排除它的影响；随着技术生命周期的缩短，变革加速出现，这个干扰项就变成了一个值得人们重视的非线性因素。

数字化、网络化和智能化是新一轮工业革命的核心技术，也是“中国制造”向“中国智造”转变的突破口和主攻方向。“互联网 +”战略的实施，使我国在推进新型工业化和工业化与信息化融合方面取得了突出进展，以纳米科技、无人驾驶汽车、工业机器人、人工智能、区块链和 5G 通信技术为代表的制造业新技术革命，为我国制造业转型升级，实现由制造大国向制造强国的转变提供了重要的动力引擎。以人工智能为例，在移动互联网、大数据、云计算、人机交互、深度学习、区块链等新理论、新技术的推动下，人工智能将重构生产、分配、交换和消费等经济环节和包括研发、设计、生产、销售在内的制造业全产业链，成为新一轮产业变革的核心驱动力，催生新技术、新产品、新产业和新模式，解决由于人口红利和资源禀赋红利下降带来的制造业成本和结构问题。如何抓住第四次工业革命的重大机会窗口，实现从二次创新到原始创新的跃迁，实现从追赶到超越追赶的重大创新升级，已经成为我国当下创新管理研究的重点和新起点。

传统西方管理学的核心思想是建立均衡有效的分工与协作体系，将建立和维护稳定的平衡作为企业提升绩效的核心命题。然而，当变革成为常态，当打破平衡成为一种主动的管理行为，当迭代、试错、流动、不确定性、灰度等“干扰项”不再是管理制度和机制中的例外，在范式转变的新情境下，以吉利为代表的中国企业从以往相对封闭的环境进入全球化、网络化、数据化的新环境，企业的战略制定、产品开发、组织变革以及组织学习等方面都与传统管理学理论所描述的情况有极大不同。因此，以二次创新为典型形式的后发企业创新路径也需要放在范式转变的环境下重新审视。

## 穿越周期的超越追赶

距离笔者团队最初提出“二次创新动态模型”已近三十年，我们惊喜地看到，大批中国企业已经完成了从落后者、追赶者到领先者乃至全球行业领导者的角色转变，以吉利为代表的中国高新制造业企业甚至已经进入了“无人区”，它们已经充分利用后发优势实现了快速追赶，并进入了引领阶段。对这些企业开展持续深入的研究有着重大的现实意义：首先，中国企业二次创新的成功经验，可以为众多的发展中国家提供宝贵的借鉴；其次，这种经验也能进一步指导更多的我国企业实现成功的技术追赶。当然，对技术范式转变期的重大机会窗口中的不确定性，我们仍要保持清醒认识，制定有效战略。

后发国家企业实现技术追赶有许多不同的路径，例如追随型路径、跳跃型路径、创造型路径等，但是这些路径是基于同一个技术范式的，当技术范式发生重大转变时，尚未成熟的新范式将充满不确定性。尽管许多后发国家企业有机会实施新的技术标准和技术方案，走上新的技术路径，但并不能稳操胜券。充满不确定性的竞争，将是完全不同的管理体系和商业模式之间的竞争，是在混沌中的摸索和创新，它与线性的技术追赶完全不同。

基于中国企业从追赶到超越追赶的创新战略认知和创新管理实践，笔者总结出第四种技术追赶路径，即“超越追赶”。超越追赶是一个复杂系统演化过程中从量变到质变的过程，要素之间的关系从单向联系变为多向互动，其管理体系的核心特征包括转变范式、混沌、灰度、互补、创造性学习等，最终能够超越已有技术范式和技术轨迹，转换到新兴技术范式和技术轨迹上，引领新一轮的产业技术变革，这与追赶状态下的管理模式有着本质不同。

在以 ABCDE 技术（人工智能、大数据、云计算、区块链、边缘计算）

为核心的第四次产业革命时代，我国后发企业在快速迭代中所积累的能力已经发生了根本性的改变，它们能够为了解决特定的商业需要而采取全新乃至跨界的技术，跳出了以往由单一产业内领导者主导的技术范式。后发企业创新能力的发展，并不是被动地沿着已有技术范式所决定的技术轨迹前进，相反，这种跨界的创新能力会推动后发企业发展出与商业模式创新并进的技术模式创新，开发出全面超越的技术、产品和工艺，走出一条与往日的全球领导者不同的创新道路。

就如华为在发展海思芯片的同时开发出鸿蒙操作系统，技术创新与商业模式创新“双轮驱动”，已经成为中国龙头企业实现新型超越追赶的路径。这说明后发企业可以通过这样的路径进入国际技术创新前沿，与发达国家进行技术范式上的竞争，并有机会赢得技术竞争的主导权。目前，中国已有一大批领先企业通过这条路径快速上升为国际一流企业。

## C 理论

《科学》杂志 2005 年 7 月公布的 125 个全球最具挑战性的科学问题中，“为什么有些国家向前发展，而有些国家发展停滞”以其科学性、前沿性和重要性引起了学术界的极大关注。笔者团队早在 20 世纪 80 年代便开始对中国企业追赶路径与创新模式进行系统而深入的研究，并于 1991 年提出不同于西方“U-A 创新动态模型”的“二次创新动态模型”，形成原创的创新管理理论体系。基于吉利汽车的成功实践，研究团队在此基础上持续探索，提出了区别于经典的“技术生命周期假说”的管理理论——C理论。

在既定技术范式上沿着“引进—消化吸收—创新”的线性道路发展起来的企业，面临新兴技术范式的挑战，容易遭到技术不连续性带来的非线性打击，落入“引进—落后—再引进”的“追赶陷阱”。C理论从跨技术生命周期的视角，研究技术范式转变期的机会窗口中的非线性创新管理体系，能够对指导企业穿越技术生命周期，实现非线性成长起到非常关键的作用。

与致力于在单个技术生命周期内建立高度分工协作体系的西方经典管理理论不同，C理论认为，在技术范式变迁加快、技术生命周期缩短的背景下，企业的“超越追赶”必须跨越技术生命周期，因此要以“主动打破旧平衡，迅速建立新平衡”为基本原则，实行“非连续管理”。

如今，我们惊喜地看到，吉利汽车充分运用“二次创新”赢得的后发优势，在“超越追赶”新思维的引导下，实现了从“二次创新”向“原始创新”的能力跃迁，逐渐摆脱了对原有技术路径的依赖，由客户端创新发展为供给端创新，通过更高科技含量的创新走向世界。在不同于欧美发达国家及日韩等新兴经济体的高度复杂的经济社会环境中，中国企业走出了一条现代化的追赶与超越之路。从吉利优秀的企业管理实践中，我们能够发现以下六大特点：冒险且理性的企业家精神，节俭且高效的创新行为，快速且包容的学习能力，范式转变期的战略定力，有韧性和活力的组织模式，动静结合的双元制度。

C理论根植于中国“四位一体”的经济社会环境：转型中的所有制结构、多元化的技术体制、多层次的市场空间以及新兴的网络化趋势，通过强调集体智慧、重视异质资源互补、多元管理、双元组织、包容协同的企业生态创新理念，构建兼顾民族性与世界性的创新体系。这也意味着C理论将引领更多企业实现可持续发展，为世界管理理论界做出源自中国的贡献。

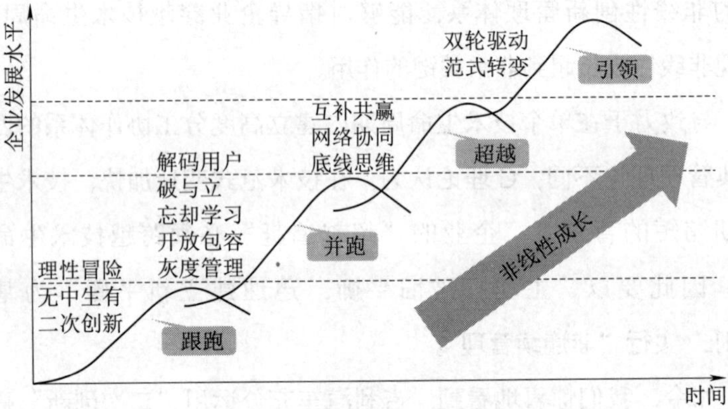

图14-3 C理论中的非线性成长概念模型图

附录一

# 调研记录

| 调研对象 | 调研日期 | 地点 | 访谈板块 |
|---|---|---|---|
| 李书福 | 2019/08/23 | 滨江总部 | 发展战略 |
| 张爱群 | 2019/09/01 | 滨江总部 | 组织变革 |
| 张爱群 | 2019/09/17 | 滨江总部 | 企业文化 |
| 孙宏 | 2019/09/19 | 滨江总部 | 合规建设 |
| 魏梅 | 2019/10/08 | 滨江总部 | 人力资源 |
| 李东辉 | 2019/10/16 | 滨江总部 | 国际化战略 |
| 杨学良 | 2019/10/16 | 滨江总部 | 项目讨论会 |
| 许乃平 | 2019/11/06 | 杭州湾 | 质量战略 |
| 陈梅凤 | 2019/11/17 | 杭州湾 | 质量战略 |
| 尹腾辉 | 2019/11/06 | 研究总院 | 研发体系 |
| 淦家阅 | 2019/11/08 | 滨江总部 | 组织变革 |
| 陈磊 | 2019/11/14 | 滨江总部 | 研发体系 |
| 方晗 | 2019/11/15 | 滨江总部 | 研发体系 |
| 羊军 | 2019/11/15 | 研究总院 | 研发体系、国际化 |
| 李传海 | 2019/11/16 | 研究总院 | 研发体系 |
| 陶江华等 | 2019/11/16 | 研究总院 | 研发体系 |
| 刘铁江 | 2019/11/17 | 春晓工厂 | 现场管理 |
| 金亚平 | 2019/11/17 | 春晓工厂 | 现场管理、发展战略 |
| 丁华 | 2019/11/17 | 研究总院 | 数字生态 |
| 娄源发 | 2019/11/18 | 杭州湾 | 现场管理 |

（续表）

| 调研对象 | 调研日期 | 地点 | 访谈板块 |
| --- | --- | --- | --- |
| 彭延虎 | 2019/12/02 | 电话访谈 | OTD 订单系统 |
| 周大永 | 2019/11/18 | 杭州湾 | 整车开发（汽车安全） |
| 廖慧红 | 2019/11/18 | 杭州湾 | 整车开发（汽车安全） |
| 陈爱国 | 2019/12/24 | 春晓工厂 | 现场管理 |
| 李相才 | 2019/12/24 | 春晓工厂 | 现场管理 |
| 冯擎峰 | 2020/01/09 | 研究总院 | 研发体系 |
| 管宇 | 2020/01/09 | 研究总院 | 供应链体系 |
| 唐宇 | 2020/01/09 | 研究总院 | 供应链体系 |
| 王瑞平 | 2020/01/09 | 研究总院 | 动力总成 |
| 崔载福 | 2020/01/09 | 杭州湾 | 质量管理 |
| 凌世权 | 2020/01/09 | 杭州湾 | 智能制造 |
| 刘金良 | 2020/01/09 | 滨江总部 | 制造服务化 |
| 余见山 | 2020/05/30 | 研究总院 | 技术管理体系 |
| 胡峥楠 | 2020/05/30 | 研究总院 | 研发体系 |
| 陈杰 | 2020/06/15 | 电话调研 | 动力体系 |
| 付军 | 2020/06/18 | 电话调研 | 动力体系 |
| 安聪慧 | 2020/10/25 | 滨江总部 | 发展战略 |
| 张爱群 | 2021/05/23 | 滨江总部 | 发展战略 |
| 刘向阳 | 2021/06/30 | 滨江总部 | 未来制造 |
| 康国旺 | 2021/08/13 | 杭州湾 | 研发体系 |
| 徐云 | 2021/08/13 | 杭州湾 | 智能制造 |

附录二

# 吉利控股组织架构演变

1. 2003年，吉利控股集团设立公司董事会，对股东会负责。

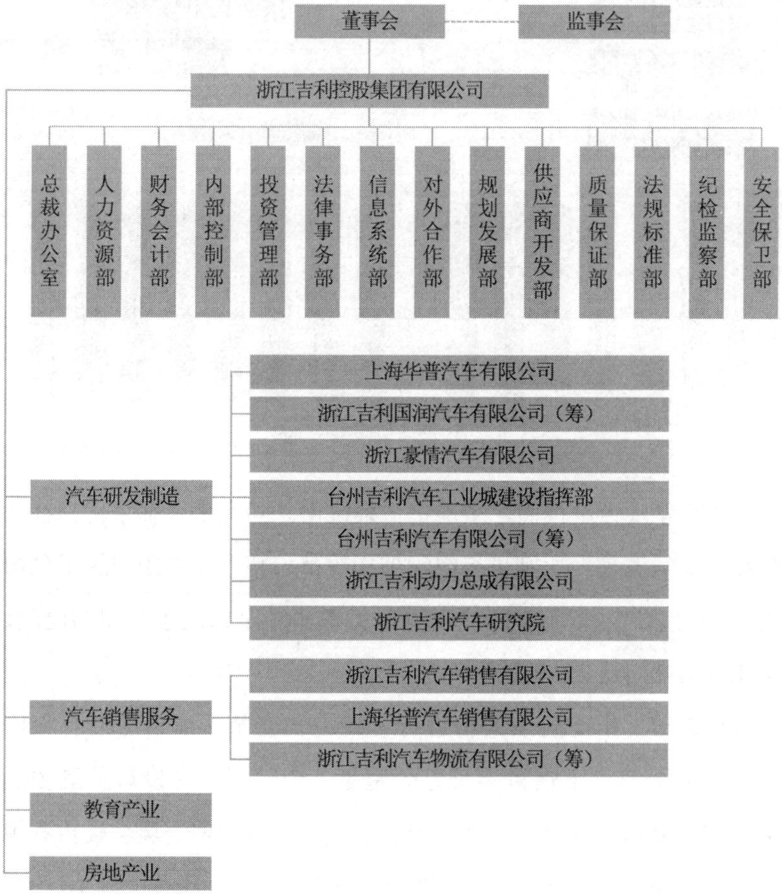


图1　2003年吉利控股组织架构图

2. 2004年，吉利控股集团成立经营管理委员会，实行董事会领导下的经营管理委员会负责制。

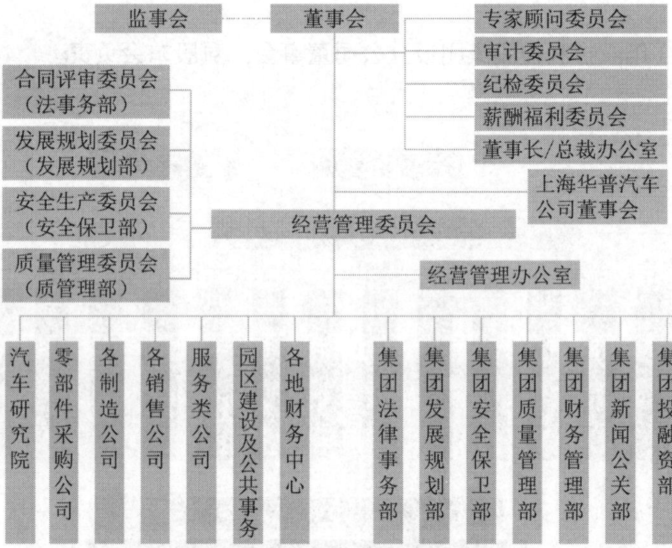


图2 2004年吉利控股组织架构图

3. 2009年，吉利按照“属地化、系统化、同类化、扁平化、社会化和产品线管理”原则进行组织架构改革与整合。集团一级子公司由原来的25个减少到19个，同时撤销了5个二级子公司的建制；集团总部部门从22个减少到15个。

4. 2013年，集团组织架构进行了新一轮变革。董事会设有集团董事局办公室，下辖董事长办公室等7个部门，另设有薪酬委员会、审计委员会等两个专业委员会；集团经营管理委员会是吉利控股集团的经营管理机构，下设四个专业委员会；集团共设置16个职能部门。

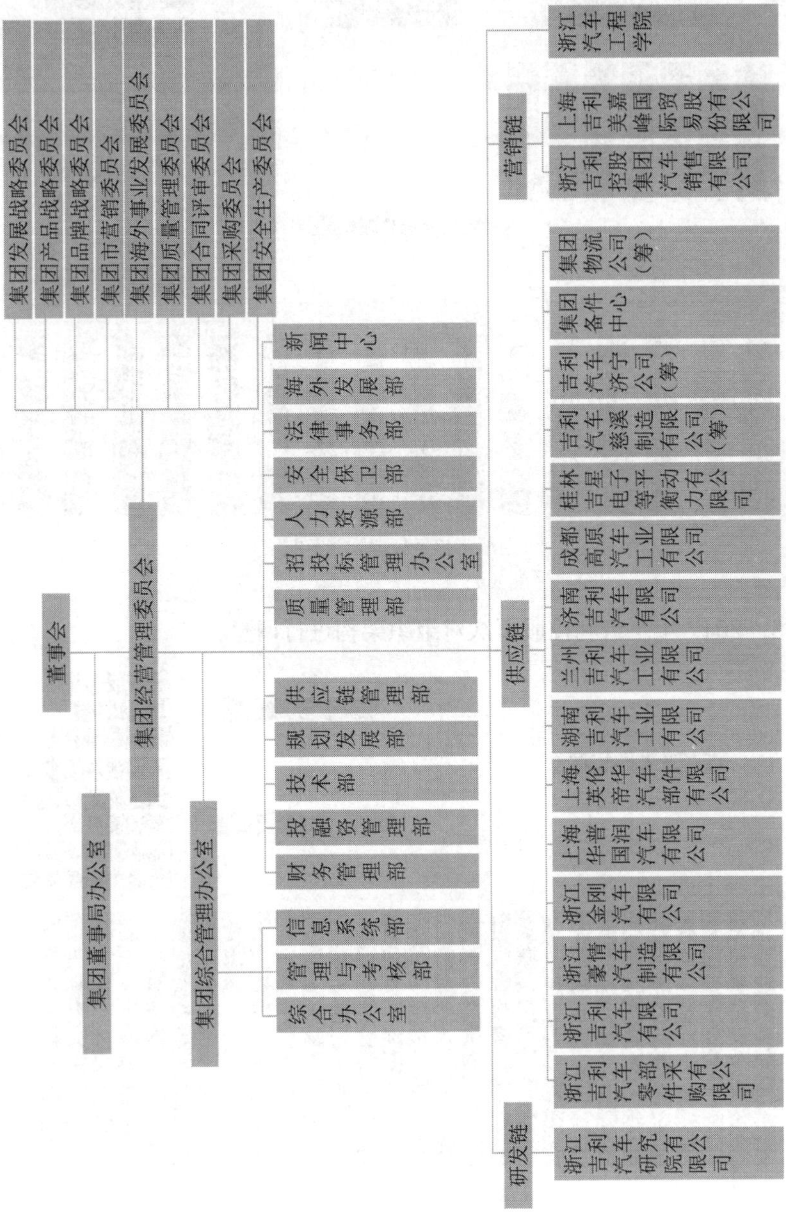


图 3　2009 年吉利控股组织架构图

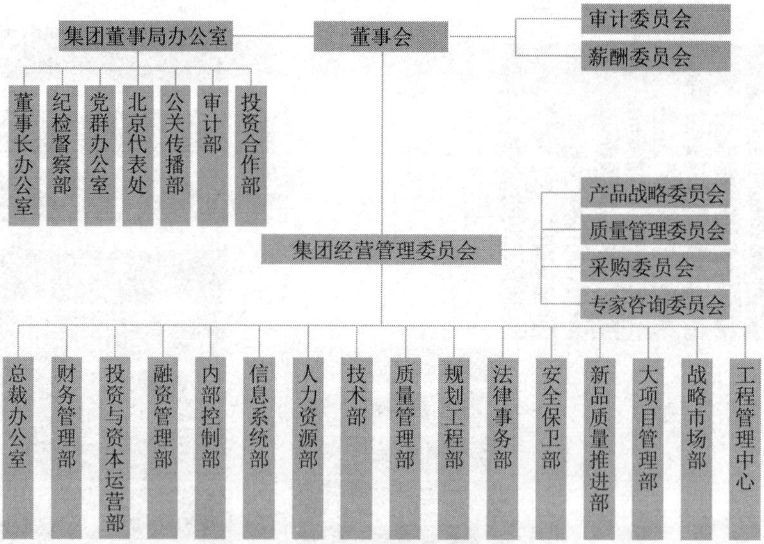


图 4　2013 年吉利控股组织架构图

5. 2017 年，吉利控股再次对组织架构进行调整。

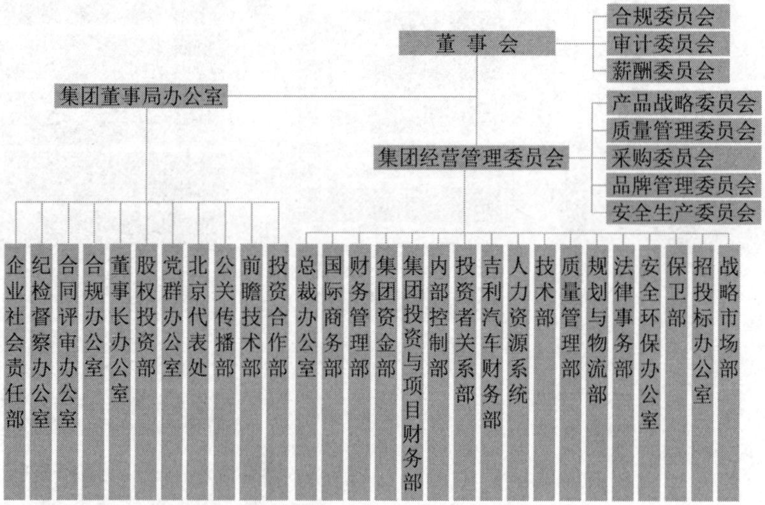


图 5　2017 年吉利控股组织架构

**附录三**

# 吉利控股管理架构演变

1. 2015 年吉利控股管理架构（见图 1）

图 1　2015 年吉利控股管理架构图

2. 2017 年吉利控股管理架构（见图 2）
3. 2019 年吉利控股管理架构（见图 3）
4. 2020 年吉利控股管理架构（见图 4）
5. 2021 年吉利控股管理架构（见图 5）

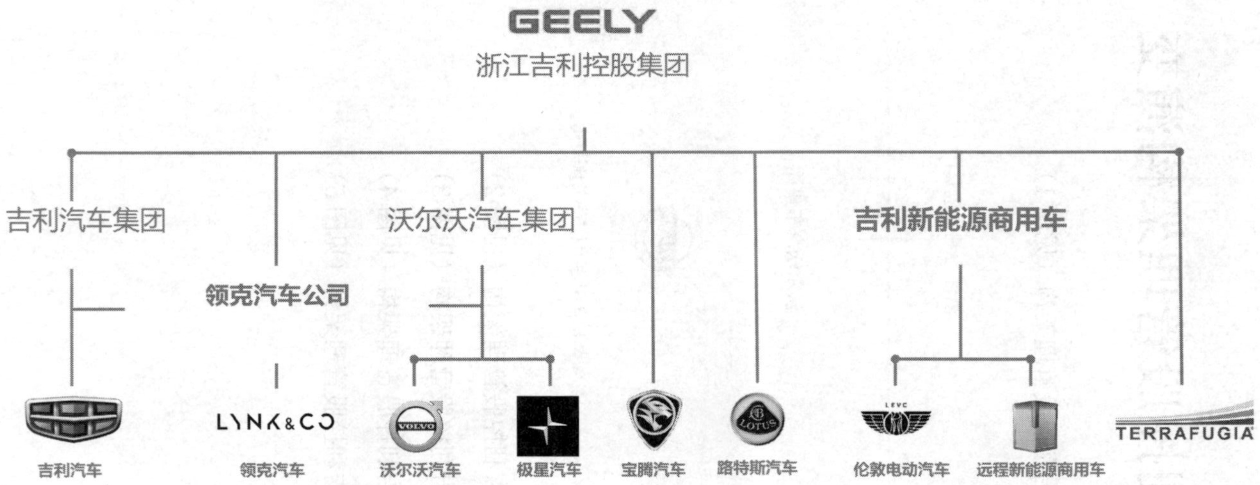


图 2　2017 年吉利控股管理架构图

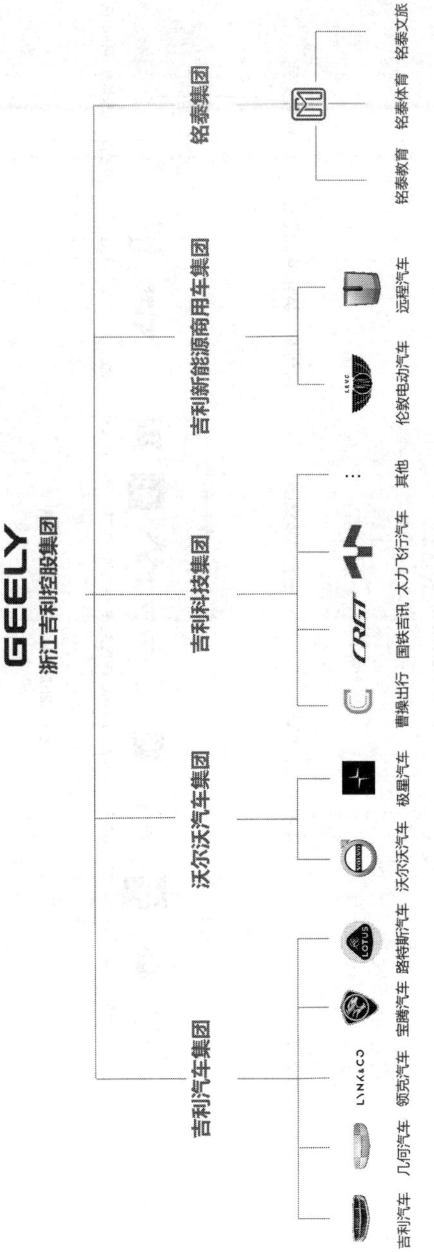


图3　2019年吉利控股管理架构图

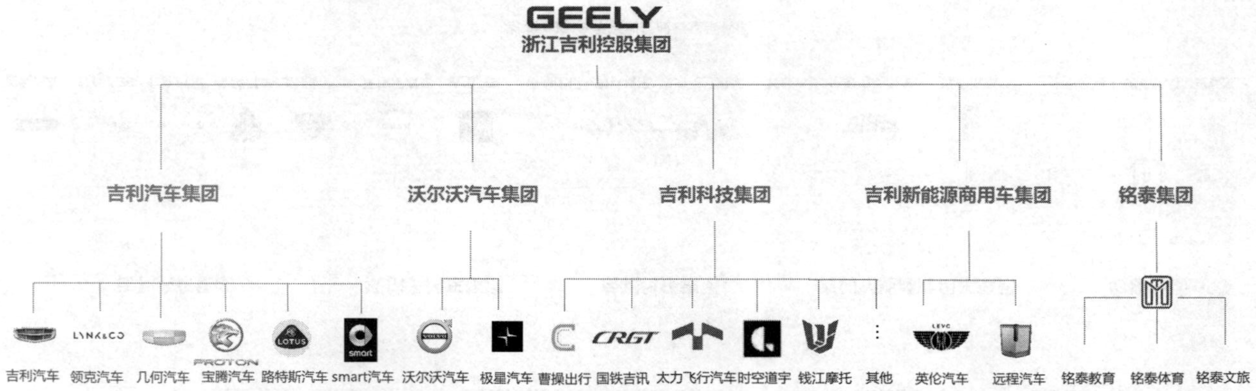


图4　2020年吉利控股管理架构图

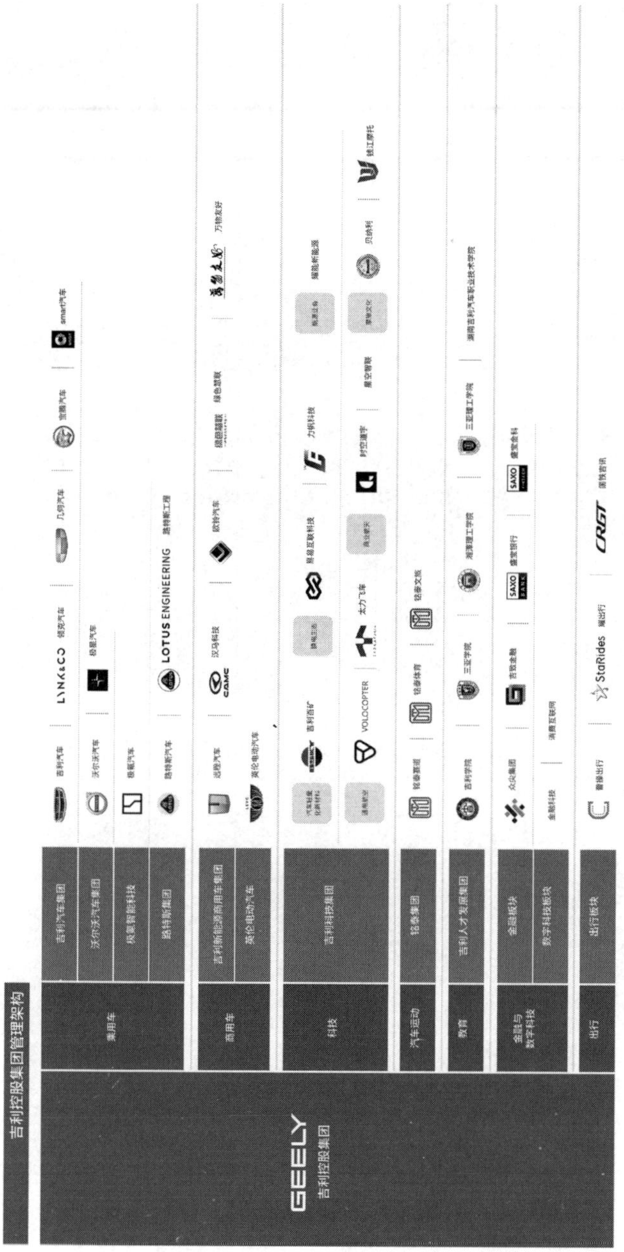


图 5 2021 年吉利控股管理架构图